国家出版基金项目
NATIONAL PUBLICATION FOUNDATION

满族语言与文化研究丛书

主编◎郭孟秀　副主编◎长　山

清代满语文 对蒙古语言文字的 影响研究

QINGDAI MANYUWEN DUI MENGGU YUYAN
WENZI DE YINGXIANG YANJIU

长　山◎著

社会科学文献出版社
SOCIAL SCIENCES ACADEMIC PRESS (CHINA)

黑龙江大学出版社
HEILONGJIANG UNIVERSITY PRESS

图书在版编目（CIP）数据

清代满语文对蒙古语言文字的影响研究 / 长山著
. -- 哈尔滨：黑龙江大学出版社；北京：社会科学文
献出版社，2022.1
（满族语言与文化研究丛书 / 郭孟秀主编）
ISBN 978-7-5686-0601-1

Ⅰ．①清… Ⅱ．①长… Ⅲ．①满语－研究－清代②蒙
古语（中国少数民族语言）－研究－清代 Ⅳ．①H221
②H212

中国版本图书馆 CIP 数据核字（2020）第 272687 号

清代满语文对蒙古语言文字的影响研究
QINGDAI MANYUWEN DUI MENGGU YUYAN WENZI DE YINGXIANG YANJIU
长　山　著

责任编辑　　王瑞琦　　高楠楠
出版发行　　黑龙江大学出版社　社会科学文献出版社
地　　址　　哈尔滨市南岗区学府三道街 36 号　　北京市北三环中路甲 29 号院华龙大厦
印　　刷　　哈尔滨市石桥印务有限公司
开　　本　　720 毫米 ×1000 毫米　1/16
印　　张　　15.75
字　　数　　226 千
版　　次　　2022 年 1 月第 1 版
印　　次　　2022 年 1 月第 1 次印刷
书　　号　　ISBN 978-7-5686-0601-1
定　　价　　56.00 元

本书如有印装错误请与本社联系更换，联系电话：0451-86608666。

总　序

由黑龙江大学出版社联合社会科学文献出版社组织策划的满族语言与文化研究丛书即将出版。丛书荟萃《清代满语文对蒙古语言文字的影响研究》（长山著）、《朝鲜语与满－通古斯语族同源词研究》（尹铁超著）、《满语修辞研究》（魏巧燕著）、《满语借词研究》（哈斯巴特尔著）、《满语认知研究：形态、语义和概念结构》（贾越著）、《俄藏满文文献总目提要》（王敌非著）、《满族社会文化变迁研究》（阿拉腾等著）、《濒危满语环境中的满族祭祀文化》（阿拉腾著）、《满洲崛起对东北少数民族文化认同的影响》（郭孟秀著）、《清代黑龙江地区世居民族交往交流研究》（吕欧著）、《清代东北流人视野中的满族社会生活》（高松著），共十一部力作，是近年来黑龙江大学满学研究院研究成果的集中展现，也是诸位学者"博观而约取，厚积而薄发"的必然结果；同时也体现出黑龙江大学出版社慧眼识金，为满学研究把薪助火的专业精神。在本丛书的十一部著作中，可以归类为满语（通古斯语族）语言学的有五部，可以归类为文化人类学的有四部，另有古籍类一部，民族史类一部。其中涉及满族语言文字方面的内容，笔者并非相关领域专家，无从评价。以下是阅后的几点思考，是为序。

首先，是关于满族文化内涵的思考。

本套丛书把内容定位为"语言与文化"，以展示黑龙江大学满学研究院在满族语言文化研究方面取得的优秀成果。阅读这套丛书后，笔者欲从历时和地理空间的角度思考满族文化的内涵，以便更深刻地理解丛书的内容。

尹铁超教授在《朝鲜语与满－通古斯语族同源词研究》一书中，将同源词研究上溯到了中国古代地方民族政权高句丽国的高句丽语和三韩语，把朝鲜语、高句丽语、满－通古斯语族诸语作为比较研究的对象。郭孟秀研究员提出，满族文化研究的内容框架可参考文化哲学三个层面的研究主题，即对文化现象的一般考察，关于文化的社会历史透视，以及关于文化的价值思考。他认为，除了第一个层面外，满族文化研究在其他两个层面都比较匮乏。① 这一观点无疑是正确的，非常有价值的。阿拉腾等在《满族社会文化变迁研究》一书中对满族文化进行了历时的分期。特别重要的是郭孟秀研究员在《满洲崛起对东北少数民族文化认同的影响》一书中对满族文化进行了纵向、历时的思考，将肃慎族系文化作为整体进行分类研究，包括肃慎－挹娄、勿吉－靺鞨、宋金时期女真人、元明时期女真人，研究其文化特征和满洲文化的形成。从历史发展过程的角度思考满族及其先民的文化的形成、演变过程，无疑为我们提供了非常有意义的研究视角。郭孟秀研究员还在满族文化的内涵研究上进行了创新，提出底层文化（渔猎文化）、表层文化（农耕文化）的概念，并首创满洲文化"轴心期"的新观点，即满洲人学汉语、习汉俗是一种文化选择的结果，更是文化有机体生命力的一种展示。对满族人来说，作为核心的渔猎文化与作为次核心的农耕文化在这一时期既存在一种亲和的相互融合的状态，同时又各自保留具有独立特征的文化张力，是文化二元结构的最佳状态，为满洲文化的发展提供了广阔的空间和愿景。此时的满洲文化表现出未特定化和未确定性，处于充满无限可能的"方成"而非"已成"状态，是满洲文化轴心期的重要标志。而在此之前，满学界就已经开始从人类发展史的角度审视

---

① 郭孟秀：《满族文化研究回顾与反思》，载《满语研究》2016 年第 1 期。

满族文化的形成发展过程。在全国"首届满族文化学术研讨会"上，有学者提出满族文化发展的三个阶段，即远古时期、满洲鼎盛时期（努尔哈赤进入今辽沈以后）、中华人民共和国成立以后的满族新文化时期。有学者提出清朝时期满族文化的四个类型：留守型文化、屯垦型文化、留守与驻防交叉型文化、驻防型文化。驻防型文化层次最高，留守、屯垦型文化保留传统内容较多。[①] 但此次研讨会以后，从人类发展史的角度和自然地理空间的角度研究满族文化的成果还是较少。而满族语言与文化研究丛书的出版，将会成为帮助我们更加全面地了解满族文化内涵的重要资料。

中国远古的文化，由于处于相对封闭的自然地理空间而呈现出独立发展的地域土著特征，很少受到族系外民族的冲击和干扰，形成了自身的半闭环的交流循环体系，黑龙江流域便是中国相对封闭的自然地理空间中的重要一环。黑龙江流域以北是不太适合远古人类生存的，外兴安岭南缘只发现了零星的新石器遗址，而在黑龙江流域内，新石器文化的遗存才开始密集、丰富起来。在满族先民生存的黑龙江下游流域以及乌苏里江、松花江下游流域，其北部是没有外敌存在的，而其东部是大海，只有西部和南部面临着濊貊－夫余族系的威胁，即夫余和高句丽。在公元 7 世纪前，肃慎族系与濊貊－夫余族系间形成了弱平衡关系，在长期的历史发展过程中塑造了具有独特地域特征的文化，即北东北亚类型的渔猎文化。而一旦离开这一具有独特自然地理特征的区域，就会发生文化类型的明显演变。笔者认为，在远古时期，自然地理状况对人类社会的发展进程起到决定性的影响，几乎所有的文明古国都不曾脱离这一规律。古埃及、古巴比伦、古印度文明的发生区域有一个共同的因素，即大河、平原和适合于旱地农业发展的环境。这些文明古国自然地理空间的开放性导致了其文明的中断，而相对封闭的地理空间环境则成为中国古代文明绵延不断的有利条件之一。中国古代文明的发生因素同样是大河（黄河）、平原，黄河从上游至下游流经宁夏平原、河套平原、汾渭平原、华北平原，特别是汾渭平原和

---

① 周凤敏：《"首届满族文化学术研讨会"综述》，载《满族研究》1990 年第 1 期。

华北平原，作为古中国文明的发生地域，远古农业十分发达。据考证，这些地方距今五千年左右出现青铜器，距今三千多年出现象形文字——甲骨文。这些条件与其他三个文明古国有相似之处，即适合远古农业发展的大河、平原，以及象形文字和青铜器。

历史事实证明，黑龙江干流流域不适合旱地农业的发展，若不脱离这一区域便不可能进入古代的文明社会，而是长期滞留于原始的氏族－部落社会。比如，东胡族系的鲜卑人和契丹人在脱离这一区域南下直至中原后，才有机会进入到奴隶制社会，最终进入到封建社会；蒙古族脱离这一区域到漠北草原后才进入到奴隶社会。而那些没有机会脱离黑龙江干流流域的诸氏族部落，比如埃文基人（鄂伦春、鄂温克人）、那乃－赫哲人、乌尔奇人、乌德盖人、尼夫赫人、奥罗奇人、奥罗克人等25个土著"民族"，则根本没有机会脱离氏族－部落社会。因此，我们可以把满族的传统文化划分为四种类型：第一种类型是没有脱离黑龙江干流下游流域、乌苏里江流域、松花江干流下游流域的满族先民的文化，他们仍然处于氏族－部落社会，狩猎、捕鱼是其文化的核心特征，比如肃慎、挹娄、勿吉、靺鞨的大部分及生女真、野人女真等；第二种类型是源自黑水靺鞨的女真人建立金朝后形成的该时期的女真文化；第三种类型是以粟末靺鞨为主建立的渤海国的文化，粟末部是夫余人和勿吉人融合形成的，《旧唐书》记载为"涑沫靺鞨"或"浮渝靺鞨"①，受夫余人影响，粟末靺鞨文化具有鲜明的中原文化特征；第四种类型就是女真－满洲－满族文化，简称满族文化，建立清朝的核心是建州女真，其主要部落胡里改部的源头是黑龙江下游以北的乌德盖部落，逐步迁移至松花江中游（今依兰县）。元末明初，胡里改部和斡朵里部先后南迁，开启了满洲族的历史，也创造了满洲族文化。分析这四种类型的文化我们发现，渤海文化、女真文化、女真－满洲－满族文化之间并没有继承关系，而是表现出明显的差异性，它们的共同点是其源头都与黑龙江下游的原始部落相关，在恶劣的自然环境下形

---

① 刘昫等：《旧唐书》第05部，陈焕良、文华点校，岳麓书社1997年版，第991、992页。

成的剽悍、刚烈和无所畏惧的精神，或许就是它们文化共同性的体现。所以，如果我们用"肃慎－满洲族系"文化来命名满族及其先民的文化的话，其特点则是多样性中蕴含着共同性，且多样性超过其共同性。满族文化包括满族先民的文化（黑龙江下游流域的氏族－部落文化、渤海文化、建立金朝的女真文化）、满族传统文化和革命文化、社会主义先进文化。满族的传统文化处于濒危状态，但满族的现代文化（社会主义先进文化）则正处于形成、发展的过程中，而且必然是综合性的、复合型的新文化。不能将满族现代文化的形成发展视为"汉化过程"，因为这完全违背了中国历史的发展过程。新石器时代的六大文化区系①和六大文化区②，以及先秦时期华夏"中国"的"天下"中夷夏分布、交错杂居的事实，包括秦、楚、吴、越等融入华夏的历史，这些都说明是各民族共同创造了华夏文化。满族现代文化的建设处于中华现代文化建设的范围中，表现为核心文化（中华文化核心价值观、精神力量）的统一和表层、深层文化（满族文化）多样性的统一。中国其他各民族的文化同样处于现代文化的重塑过程中。

其次，是关于满族文化濒危问题的思考。

所谓"濒危文化"包括物质的、非物质的正在消失的文化，而且是不可逆转地即将消失的文化。既然是濒危的文化，其所依存的人文条件和自然地理条件就都已经处于消失的过程中，所以，濒危文化不具有传承性，因为文化的本体内涵和形式都已经经历了长期的变异过程，失去了传播的功能性基础。濒危文化的原始内涵是不可复原的，因为其最核心的文化内涵已经不复存在。比如现在东北地区还存在一些"活态"的萨满祭祀仪式，但无论是规模还是功能都区别于以往。在本套丛书中，《清代满语文对蒙古语言文字的影响研究》《朝鲜语与满－通古斯语族同源词研究》《满语修辞研究》《满语借词研究》《满语认知研究：形态、语义和概念结构》

---

① 苏秉琦、殷玮璋：《关于考古学文化的区系类型问题》，载《文物》1981 年第 5 期。
② 严文明：《中国史前文化的统一性与多样性》，载《文物》1987 年第 3 期。

《濒危满语环境中的满族祭祀文化》，均属于濒危文化研究的范畴。"黑龙江省富裕县三家子村、孙吴县四季屯等一些满族村屯中还有十几位满族老人能够较为熟练使用满语，满语口语即将彻底退出历史舞台。对基础满语语法、满语修辞、满语与锡伯语比较等方面的研究，是在书面语的层面对满语所做的继承与保护，这项工作可以让满族语言作为满族文化的一部分存续下去。"这是本套丛书立项报告中的表述，笔者深以为然。满族濒危文化严格表述应为"满族濒危传统文化"，即将退出社会功能的是过去的文化，而满族新的文化即社会主义先进文化正处于建设过程中，因此从整体视角看，满族文化不存在濒危的问题，而是在发展中出现了变迁。《满族社会文化变迁研究》就是从这个视角进行的研究，非常具有现实意义。

基于上述认识，笔者个人的观点是要重视满族濒危传统文化的资料库建设（文字记载、影像资料制作、博物馆展示建设等）和专业化研究，做好这些工作的基础是有效的精英人才培养机制，如黑龙江大学开展的满族语言文化方向的本科生和研究生培养工作，就是很有远见的举措。满族优秀的传统文化是中华文化的组成部分，我们有责任，更有能力，对其进行深入、系统的研究。

再次，是关于满族语言与文化研究重要价值的思考。

郭孟秀研究员认为，目前针对满族文化价值方面的研究是比较匮乏的，该观点抓住了满族文化研究存在的突出问题。满族及其先民创造了恢宏而又多样的优秀民族文化，诸如渤海文化、女真文化和女真－满洲－满族文化，是中国古代北方地区最具影响力的少数民族文化，对中华文化的发展做出了杰出贡献。从我国旧石器晚期到新石器早期的人类发展状况来看，中原地区并不总是走在前面，先进的文明也并不都是从中原向四周扩散。比如距今约八千年的阜新查海文化的玉器，距今五六千年的红山文化的庙、祭坛、塑像群、大型积石冢、玉猪龙等成套玉器，都说明苏秉琦先生认为中华文明"满天星斗"的观点是正确的。至少在某一个时期内，中原地区还未发现"具有类似规模和水平的遗迹"而走在前面的文明，当然，这并不影响中原地区作为古中国文明核心区域所起到的引领作用。东北地区史前文化的顶峰显然是前红山－红山文化，它作为华夏文化的边缘和"北狄"文化的腹地，成为中华文化向东北地区传播的枢纽和通道，最先受到影响的是濊貊－夫余族系，而后是东胡族系，最后受影响的肃慎－满洲族系却创造了三种类型的文化，从公元7世纪末开始间断影响中国北部一千多年，是少数民族文化与中华文化融合的典型范例。满族先民所创造的这些优秀文化对中华文化的贡献没有得到学界应有的重视，研究成果较少，这是非常遗憾的。应该特别重视女真人两次入主中原、粟末靺鞨人建立"海东盛国"渤海的文化因素研究，以及这些满族先民的文化向中原文化靠拢的原因，这些都是满族文化价值研究的重要课题，但不限于此。"满族缔造的清朝，持续近三百年，对中华民族的近现代历史与文化都产生了重要的影响。因此，从中华民族文化大局的角度研究满族文化具有重要的历史意义与现实意义。"这是本套丛书的重要意义和价值所在。

丛书中《满洲崛起对东北少数民族文化认同的影响》《清代满语文对蒙古语言文字的影响研究》《清代东北流人视野中的满族社会生活》《清代黑龙江地区世居民族交往交流研究》四部著作对满族文化的价值进行了探讨。后金－清政权在入关前，分别发动了对蒙古、赫哲、索伦等族的一系列统一战争，建立了牢固的同盟关系，稳固了后方，同时进一步将中华文化传播到这些地区。通过清朝的统治，东北少数民族逐步接受中华文化并且开始认同中华文化，有一个重要的途径就是通过接受、认同满洲文化来渐次接受、认同中华文化，满洲文化"中华化"的过程使得中华文化在东北少数民族中的传播和影响更为深入、稳固，这是满族文化对中华文化历史建设的重要贡献。当然，这一贡献并不局限于东北地区，还包括中国其他的少数民族地区。

在先秦时期，"天下观"中存在"教化天下"的内涵，自秦朝始，"教化天下"演化出中央与边疆之间"因俗而治"、羁縻制度、土司制度以及朝贡－封赏等多种形式的政治关系，实则是"教化观"外溢扩展的结果。先秦时期"教化天下"不等于华夏"中国"实际控制的"天下"，带有礼治的想象成分，两种"天下"合二为一实现于清朝。也可以这样认为：满洲文化的"中华化"使得先秦时期想象的"天下"和"教化天下"在清朝统一于实践的"天下"。"大一统"的理想之所以能够在清朝实现，文化一统是重要的条件，而在这一过程中，满洲文化"中华化"的贡献是关键因素，其当然成为满族文化价值研究的重要内容。

在满族文化中，语言文字具有重要而独特的学术研究价值。《俄藏满文文献总目提要》等著作就是这方面的研究成果。满文古籍文献包括档案、图书、碑刻、谱牒、舆图等，数量居55个少数民族文字古籍文献之首。"清代，特别康熙、雍正、乾隆三朝，大量公文用满文书写，形成了大量的满文档案。用满文书写印制的书籍档案资料，及汉文或别种文字文献的满译本，构成了满文文献的全部。"此外，中国第一历史档案馆所藏满文文献，就有一百五十万件左右。辽宁、吉林、黑龙江、内蒙古、西藏、北京等省、市、自治区的档案部门或图书馆，中央民族大学、北京大学等大学的图书馆，以及中国社会科学院民族学与人类学研究所等研究机构的图书馆，均藏有满文文献。北京、沈阳、台北是我国三大满文文献收藏宝库。由于历史变迁等一些举世周知并令人难忘的原因，我国珍贵的满文文献还流散在世界各地，如日本、韩国、俄罗斯、英国、美国等地。[①]比如，日本有镶红旗文书（从雍正至清末）资料2402函。1975年，美国国会图书馆藏有满文文献8916册。因此，我国必须培养一批相当数量的满语言文字方面的专业人才，翻译和研究浩如烟海的满文文献，与其他文字的文献对照、补充，还原更加真实、完整的清朝历史与文化，寻觅无文字民族的历史与文化的面貌，其价值自不待言。本套丛书中满语言文字研究方面的著作，就属于这类成果。

最后，是关于满族文化与中华文化关系的思考。

在《满洲崛起对东北少数民族文化认同的影响》一书中，郭孟秀研究员认为东北少数民族对中华文化认同的形成过程，是通过对国家政权的认同发展到对满洲文化的认同，再由此升华到对中华文化的认同。这是非常

---

① 富丽：《满文文献整理纵横谈》，载《中央民族学院学报》1984年第3期。

新颖而有创意的观点。笔者认为，在这个过程中，满洲文化的逐步"中华化"是影响清朝各民族对中华文化产生认同的关键因素。李大龙教授认为，"建立清朝的满洲人则不仅没有回避其'东夷'的出身，反而在天子'有德者居之'旗号下对魏晋以来边疆政权对'大一统'观念继承与发展的基础上有了更进一步发扬，目的是在确立满洲及其所建清朝的'中国正统'地位的基础上实现中华大地更大范围内的'大一统'"①。"大一统"观念自秦朝开始拓展其内涵，从单纯的华夏"中国"统治的合法性、正统性，逐渐形成中央王朝文化一统、政治一统、疆域一统、族系一统等内涵的综合概念，其中，文化一统是实现其他"大一统"的基础。所以，清朝统治者在顶层文化上推行以儒家思想为基础的中华文化，在基础层文化上采取"修其教不易其俗，齐其政不易其宜"②的政策，既包容差异，又实现了中华文化核心价值的统一。在这一过程中，满族文化必然向"中华化"的方向发展，因为文化政策必须服从于统治的合法性和稳定性。

研究满族文化与中华文化的关系，首先要知道什么是中华文化。习近平总书记对此指出："我们灿烂的文化是各民族共同创造的。中华文化是各民族文化的集大成。"③ 在 2021 年的中央民族工作会议上，习近平总书记又指出："要正确把握中华文化和各民族文化的关系，各民族优秀传统文化都是中华文化的组成部分，中华文化是主干，各民族文化是枝叶，根深干壮才能枝繁叶茂。"④ 满族的优秀传统文化亦是中华文化的组成部分，中华文化认同是由包括满族文化在内的各民族文化认同的基础文化层级和中华文化认同的国家文化层级组成的，基础文化层级不应具有政治属性，而国家文化层级则必然具有政治属性。中华文化认同是在认同中华各民族

① 李大龙：《农耕王朝对"大一统"思想的继承与发展》，载《云南师范大学学报（哲学社会科学版）》2020 年第 6 期。

② 《礼记·王制》，见杜文忠：《王者无外：中国王朝治边法律史》，上海古籍出版社 2017 年版，第 72 页。

③ 《习近平：在全国民族团结进步表彰大会上的讲话》，新华网，2019 年 9 月 27 日。

④ 《习近平在中央民族工作会议上强调　以铸牢中华民族共同体意识为主线　推动新时代党的民族工作高质量发展》，新华网，2021 年 8 月 28 日。

文化形成和发展历史的基础上，对中华顶层文化的价值观、精神的认同，或者说顶层文化已经属于国家文化的范畴，每个民族的文化认同都不能与之等同，每个民族的文化都不等同于中华文化。这就厘清了满族文化与中华文化的关系，即枝叶与主干的关系，基础层级与顶层（国家文化）的关系。这一认识应该成为开展满族文化研究的原则，也就是说既不能把满族文化的研究政治化，也不能认为开展满族传统文化研究和发展满族现代文化就有害于中华文化认同，就与极端的、狭隘的民族主义有联系。开展满族文化研究与发展满族现代文化是中华文化建设的一部分，不影响中华文化共同性的增进，包容和尊重差异的共同性才会更有生命力和凝聚力。正常的差异并不会成为中华文化建设的障碍，处理得当，反而会成为动力。

满族语言与文化研究丛书的出版，体现了上述四个思考中提到的理念，笔者期盼更多此类研究成果涌现。

中国民族理论学会副会长，

延边大学、黑龙江大学兼职教授、博导，都永浩

总　导　言

　　满族（满洲）既是一个历史民族，也是一个现代民族，独特的发展历程铸就了其别具一格的文化特质，使之成为中华文明大花园的一朵奇葩。形成于明朝末年的满洲民族共同体，素有"马背上的民族""引弓民族"之称。满族族源可追溯至商周时期的肃慎，汉至两晋时期的挹娄（肃慎），北魏时期的勿吉，隋唐时期的靺鞨，宋、元、明时期的女真等均为肃慎后裔，也是满族的先世。这些部族长期繁衍生息于我国东北的"白山黑水"之间，在军事、政治、社会、文化上都创造了辉煌的成就，对中华民族文化的形成发展影响重大，意义深远。正如著名社会学家、人类学家费孝通先生所言，中华民族是由56个民族构成的多元一体，各民族文化的多样性构成了中华文明的丰富性。因此，研究满族语言及其历史文化具有重要的学术价值与现实意义。

　　全国唯一专门的满语研究机构——黑龙江省满语研究所自1983年成立以来，本着"把科研搞上去，把满语传下来"的办所宗旨，组建了国内第一个满语研究团队。自20世纪80年代以来，黑龙江省满语研究所充分利用地缘优势，连续对日趋濒危的满语进行抢救性调查，采用录音、录像等现代化手段，对黑河地区、齐齐哈尔地区和牡丹江地区仍然能够使用满语的满族老人进行连续性跟踪调查记录，完整保存活态满语口语原始资料。

近年来，抢救性调查范围拓展至赫哲语、鄂伦春语、鄂温克语、那乃语与锡伯语，搜集了较为全面丰富的满－通古斯语族诸语言调查资料。此外，黑龙江省满语研究所对满语语音、语法、词汇等基本理论问题展开了系统的分析研究。

1999 年 11 月，黑龙江省满语研究所整建制迁入黑龙江大学，组建黑龙江大学满族语言文化研究中心，研究领域由单一满语拓展至满族历史与文化，并利用黑龙江大学的人才培养机制，陆续创建与完善中国少数民族语言文学（满语）学士、硕士与博士三级学位培养体系，目前共培养满语本科、硕士、博士毕业生近 170 人。中国少数民族语言文学（满语）专业培养了大量的满语专业人才，毕业生多于满文档案保管机构从事满文档案整理与研究工作。2019 年 6 月，为适应学科建设发展需要，满族语言文化研究中心正式更名为满学研究院，标志着黑龙江大学满学学科建设迈上一个新台阶，成为集满语满学研究、满语人才培养、满族文化传承于一体的教学科研机构。经过几代人的努力，黑龙江大学满学研究团队以学科特色鲜明、学术积淀厚重、学科体系完善、学术研究扎实而享有一定学术声誉和社会影响力。

满族语言与文化研究丛书拟出版的 11 部专著即为满学研究院科研人员的近期学术成果。其中以满语研究为主题的成果 4 部，哈斯巴特尔《满语借词研究》，长山《清代满语文对蒙古语言文字的影响研究》，贾越《满语认知研究：形态、语义和概念结构》，魏巧燕《满语修辞研究》；以亲属语言比较研究为主题的 1 部，尹铁超《朝鲜语与满－通古斯语族同源词研究》；以满文文献研究为主题的 1 部，王敌非《俄藏满文文献总目提要》；以满族历史文化研究为主题的 5 部，阿拉腾《濒危满语环境中的满族祭祀文化》，郭孟秀《满洲崛起对东北少数民族文化认同的影响》，阿拉腾等《满族社会文化变迁研究》，吕欧《清代黑龙江地区世居民族交往交流研究》，高松《清代东北流人视野中的满族社会生活》。丛书研究既涉及基础理论问题，又涵盖以问题为中心的专题探讨；研究主题多偏重于历史范畴，亦有基于田野调查的现实问题研究。

这批成果是黑龙江大学满学研究院的教学科研人员经过一定时期的积累，秉持严谨的态度所推出的原创性成果。但是，学无止境，受自身专业与研究能力限制，相关研究或许还存在一些局限与不足，希望得到学界师友批评指正。

满语文已经退出或者说正在淡出历史舞台，不再具有现实应用性的交际交流功能。因而，满语文研究，乃至以满语文研究为基础的满学研究已经成为"具有重要文化价值和传承意义的绝学冷门学科"。在现代语境下，抢救保护与开发研究少数民族语言文化是一项意义重大而充满艰辛的事业，需要学术工作者坚持严谨的学术操守，抵制急功近利的诱惑，甘于"板凳要坐十年冷"的寂寞，同时更需要社会各界的大力支持与积极参与。

满族语言与文化研究丛书的出版要特别感谢香港意得集团主席高佩璇女士。自 2009 年开始，高佩璇女士从中华民族传统文化传承与保护的高远视角，先后出资 700 余万元资助黑龙江大学与香港大学饶宗颐学术馆合作开展"满族文化抢救开发与研究"项目。该项目旨在对现存活态满族文化进行抢救性调查与挖掘，对现存满文档案开展整理翻译与研究开发，以加强后备人才培养，拓展深化满族语言与历史文化研究。德高望重的国学大师饶宗颐先生大力倡导这一功在当代、利在千秋的民族文化事业，并为项目亲自题写牌匾"满族文化抢救开发与研究"。高佩璇女士以黑龙江省政协常务委员身份，多次撰写建议提案，向各级领导及社会呼吁关注支持满学研究与满族文化事业，并得到省委、省政府、省政协领导的重视与批示，彰显了深切的民族情怀与企业家的担当奉献精神。香港大学饶宗颐学术馆馆长李焯芬教授、副馆长郑炜明教授等在项目论证和实施中开展了大量细致工作。经过项目组成员十余年的努力，目前项目第二期即将结项，此次出版的 11 部专著即为该项目第二期的部分成果。在此谨向令人敬仰与怀念的饶宗颐先生（已故）致以敬意，向高佩璇女士等支持关注满学事业的社会各界仁人志士表示由衷感谢。

满族语言与文化研究丛书出版之际，还要感谢黑龙江大学领导及黑龙江大学重点建设与发展工作处的大力支持。感谢黑龙江大学出版社的帮助，正是在他们的努力下，本丛书得到了国家出版基金的资助；他们对所有选题进行认真审核，严把意识形态关，并邀请相关领域专家对每部专著内容予以审读，提出修改建议，大大提升了学术成果的严谨性。部分论著涉及满语文及音标，给录入排版造成了一定困难，幸有诸位编辑不辞辛苦，认真校对，保证内容的规范与质量，在此一并致谢！

黑龙江大学满学研究院院长，

博导、研究员，郭孟秀

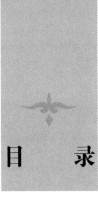

目　录

绪　论

历史上，满族和蒙古族的先世毗邻而居，其语言相互影响而借用彼此成分。在清代，满语被称为"国语"，满文被称为"国文"，清代统治者全面推行"国语骑射"教育。在这种"国语"教育的推广下，清代蒙古语言文字深受满语、满文的影响，不仅蒙古书面语及方言土语借用满语成分，蒙古文也吸收了大量满文要素。清代满语文对蒙古语言文字的影响问题受到国内外学者的广泛关注，相关研究亦取得一定成就。其中，国外学者多关注满语和蒙古语的相互影响问题，国内学者则除此之外，还兼顾满文和蒙古文相互影响的研究。

一、研究内容

本书以清代满语文对蒙古语言文字的影响为研究对象，在系统鉴别蒙古文及蒙古语中满文、满语借用成分的基础上，分析其特点及被借用轨迹，阐释满语文借用成分对蒙古语言文字的影响。在具体研究中集中研究以下四项内容。

（一）满语与蒙古语的接触历程

在满语和蒙古语的历史演变研究方面，由于保存下来的满文和蒙古文文献资料的历史不甚悠久，仅利用满语和蒙古语的书面语材料及口语材料，很难构拟其早期的相互接触情况。因此，本书梳理了汉文典籍中有关古代满－通古斯语族语言和蒙古语族语言的记载，分析研究《女真译语》《蒙古秘史》等以汉文拼写女真语（满语）、蒙古语的文献中的蒙古语借词及女真语（满语）借词，梳理满语和蒙古语的演变历程及接触轨迹。

（二）满语对蒙古语的影响

清代，满语和蒙古语之间产生全方位、多层次的接触，蒙古书面语及科尔沁土语、巴尔虎土语、察哈尔土语等蒙古语方言土语借用较多满语词语，发展丰富了蒙古语方言土语词汇。本书在对蒙古书面语及其方言土语中的满语借用成分进行分门别类鉴别研究的基础上，分析借用成分的语音、语义及结构特点，总结蒙古语输出满语借用成分的规律，解释满语成分的借用对蒙古书面语及蒙古语方言土语发展演变的影响。

（三）满文借用蒙古文的特点

1599 年，额尔德尼和噶盖仿效蒙古文创制满文；1632 年，达海改进了满文。额尔德尼、噶盖创制的满文，学界称"老满文"或"无圈点满文"；达海改进的满文，学界称"新满文"或"加圈点满文"。目前问世的有关蒙古文字史的研究论著或清代满蒙文文献的研究著作，以宏观梳理满文和蒙古文历史渊源的为主，缺乏从微观分析满文借用蒙古文的方法，以及满文、蒙古文字母符号与书写规则的内在联系等相关内容。因此，本书立足于前人研究成果，分析《十七世纪蒙古文文书档案（1600—1650）》《满文原档》等近代蒙古文和满文文献资料中满蒙文的字母符号和书写规则，梳理蒙古文、满文的发展历程，阐释满文仿效蒙古文字母符号与书写规则的特点。

（四）满文对蒙古文的影响

清代的"国语"教育不仅对蒙古人的语言教育产生影响，而且使清代至民国时期以满文书写蒙古语或以满文为蒙古语注音的现象盛行于世，在蒙古文书中出现"以满文书写蒙古语中的借词"、"以满文转写蒙古文"及"混合书写满文和蒙古文"的现象。在以满文书写蒙古语或以满文为蒙古语注音的过程中，满文对蒙古文字母符号产生影响，满文因素逐渐渗透到蒙古文当中，使蒙古文的书写规则得到进一步完善。因此，本书拟在分析总结清代"国语"教育对蒙古人语言教育的影响，以及清代满文对蒙古文书写影响的基础上，阐明清代满文对蒙古文的影响。

二、国内外相关研究动态

（一）满语对蒙古语的影响研究

在国外，满蒙语言文字相互影响研究的发展与阿尔泰语系语言比较研究的发展息息相关，尤其是满语和蒙古语亲缘关系及相互影响的研究，一直是历代阿尔泰语言学家所重点关注的内容。阿尔泰语系语言同源学说的奠基人兰司铁在其著作《阿尔泰语言学导论》中指出，满语和蒙古语除了大量的同源成分之外，还存有为数不少的相互借用成分。[1] 鲍培在继承兰司铁观点的基础上，还重点关注满语和蒙古语等语言之间的相互影响问题，出版了阿尔泰学经典著作《阿尔泰语比较语法》[2]《阿尔泰语言学导论》[3]，其在后一部著作中指出，在清代满族语言文化的影响下，蒙古语言文字亦曾受到满语文的影响，借用其成分。在阿尔泰语系语言相互影响的研究方面，波兰学者科特维奇亦是举足轻重的人物。他一方面认为，阿尔泰语系语言的共同特征为诸语言长期相互接触的结果，另一方面亦同意阿尔泰语系诸语言在远古时期曾经有过统一语言基础的观点。[4]

与兰司铁、鲍培等学者不同，反对阿尔泰语系语言同源学说的学者则认为，阿尔泰语系语言的共同成分仅为诸语言相互影响的结果。如，持该

---

[1] 兰司铁：《阿尔泰语言学导论》，周建奇译，内蒙古教育出版社2004年版。

[2] 鲍培：《阿尔泰语比较语法》，周建奇译，内蒙古教育出版社2004年版。

[3] 鲍培：《阿尔泰语言学导论》，周建奇译，内蒙古教育出版社2004年版。

[4] 科特维奇：《阿尔泰诸语言研究》，哈斯译，内蒙古教育出版社2004年版。

观点代表人物之一的克劳森认为，阿尔泰语系语言共同特点的形成是这些语言长期相互影响的结果，即满语和突厥语之间的共同成分是 7 世纪至 10 世纪使用突厥语的人和通古斯人来往的结果，而满语和蒙古语之间的共同成分是 10 世纪至 12 世纪契丹人所建的辽朝、12 世纪至 13 世纪女真人兴起的时代，以及 17 世纪至 18 世纪间通古斯人和蒙古人相互接触的产物。①

此外，苏联、蒙古国、日本、韩国等国家的阿尔泰语言学家也曾对满语文对蒙古语言文字的影响及相关问题进行研究。如，蒙古国学者高·米吉德道尔吉在其著作《蒙满书面语关系》一书中，曾就满蒙书面语的关系问题进行专门研究。② 可以说，国外阿尔泰语言学研究论著或满蒙语言研究论著，均或多或少涉及满语对蒙古语的影响问题。

与有关满语和蒙古语亲缘关系及相互影响问题的较为集中的研究局面相比，国外学者对满文影响蒙古文的问题鲜有触及，仅有屈指可数的研究成果形成。如，有匈牙利学者卡拉的《蒙古人的文字与书籍》等少数论著，在研究梳理蒙古文字史时，对清代蒙古文当中的满文因素问题进行了探讨。③ 另外值得关注的是，日本人栗林均等学者长期从事清代满蒙文文献的整理研究工作。这种研究虽未涉及满蒙语言文字的关系问题，但其整理出版的满蒙文文献资料为清代满蒙语言文字相互影响研究提供了方便。

在国内，满语对蒙古语的影响研究是满语或蒙古语研究的重点内容之一。根据研究视角的不同，国内相关研究成果可分为如下三种类型。

其一，满语和蒙古语比较研究视域下满语对蒙古语的影响研究。在亲属语言同源词研究中，鉴别借词的研究至关重要，鉴别和剔除语言之间的相互借用成分和偶然的同音现象，是亲属语言历史比较研究的首要任务。因此，国内满语和蒙古语亲缘关系的研究论著，均对满语和蒙古语相互借用的成分予以关注。如，额尔登泰《满语中的〈蒙古秘史〉词汇》④、达

① 王远新：《突厥历史语言学研究》，中央民族大学出版社 1995 年版，第 18 页。

② 高·米吉德道尔吉：《蒙满书面语关系》，乌兰巴托油印本，1976 年版。

③ 卡拉：《蒙古人的文字与书籍》，范丽君译，内蒙古人民出版社 2004 年版。

④ 额尔登泰：《满语中的〈蒙古秘史〉词汇》，见《民族语文》编辑部编：《民族语文研究文集》，青海民族出版社 1982 年版。

古拉《关于蒙语和满语中人体部位的同源词》^①等有关满语和蒙古语词汇比较研究或同源词研究的论文，均涉及鉴别蒙古语中满语借词的问题。

其二，阿尔泰语系语言比较研究视域下满语对蒙古语的影响研究。如，金炳喆的《蒙古、突厥、满—通古斯三个语族共有词的探讨——〈五体清文鉴〉研究》^②、斯钦朝克图的《阿尔泰诸语人体部位名称比较》^③等文章，均以某一语义场的词汇为例，运用历史比较法对阿尔泰语系诸语言词汇进行比较，分析满语和蒙古语的相互借用成分。同样，力提甫·托乎提主编的《阿尔泰语言学导论》^④等论著，在分析研究阿尔泰语系语言的相互借用成分时，专门探讨了蒙古语中的满 – 通古斯语族语言借用成分。

其三，蒙古语方言土语词汇研究视域下满语对蒙古语的影响研究。如，波·索德的《蒙古语科尔沁土语中的满语借词考》^⑤、斯勤巴特尔的《蒙古语察哈尔土语中的满语借词》^⑥等文章，立足于蒙古语方言土语及满 – 通古斯语族语言资料，在鉴别蒙古语方言土语中满语借词的基础上，对借词的音义及语用特点加以分析梳理。

（二）满文对蒙古文的影响研究

清代满文对蒙古文的影响问题，曾受到国内语言学家的广泛关注，相关研究也取得一定的成就。

首先，有关 18 世纪至 20 世纪在满文影响下蒙古文书写规则的演变与完善研究，是清代蒙古文字史研究的重中之重。如，包祥的《蒙古文字学》^⑦、

① 达古拉：《关于蒙语和满语中人体部位的同源词》，载《内蒙古大学学报（蒙古文版）》2003 年第 1 期。

② 金炳喆：《蒙古、突厥、满—通古斯三个语族共有词的探讨——〈五体清文鉴〉研究》，载《民族语文》1990 年第 4 期。

③ 斯钦朝克图：《阿尔泰诸语人体部位名称比较》，载《民族语文》2004 年第 2 期。

④ 力提甫·托乎提：《阿尔泰语言学导论》，山西教育出版社 2004 年版。

⑤ 波·索德：《蒙古语科尔沁土语中的满语借词考》，载《满语研究》2005 年第 2 期。

⑥ 斯勤巴特尔：《蒙古语察哈尔土语中的满语借词》，载《满语研究》1995 年第 1 期。

⑦ 包祥：《蒙古文字学》，内蒙古教育出版社 1984 年版。

乌·满达夫的《蒙古语言研究》①、图力古尔的《蒙古文字史概要》② 等论著，均对清代以来蒙古文人模仿满文改进蒙古文的尝试及蒙古文书写规则的演变轨迹加以探讨。

其次，春花的《清代满蒙文词典研究》③ 及达古拉的《〈清内秘书院蒙古文档案汇编〉语言研究》④ 等论著也以某类或某一文献为研究对象，分析其中来自满文的因素，推动了清代满蒙语言文字相互影响研究的发展。

此外，张永江、宝玉柱等学者注重研究满语文对清代蒙古人语文教育的影响，取得一定成绩。如，张永江在其研究清代蒙古人教育及科考制度的系列论著中，通过对清前期蒙古地区所设各类学校及其教育、科考制度的梳理，分析研究了清代蒙古人的语言教育概况。宝玉柱专著《清代蒙古族社会转型及语言教育》主要关注清中后期蒙古人语言教育的变革状况，从语言教育的视角分析研究清代蒙古人的蒙古、满、藏、汉等各类语言教育的发展过程，阐明这些语言的教育模式及其相互依存关系。⑤

（三）研究评述

通过上述各种研究可知，国内外的清代满语文对蒙古语言文字的影响研究具有以下特点和发展趋势。

其一，研究人员主要运用历史语言学的研究方法，比较研究满语和蒙古语词汇，力求鉴别其同源成分和借用成分。这种研究的目的，在于以同源词的语音对应来证明满语和蒙古语的亲缘关系或阿尔泰诸语言的亲缘关系，而不在于解释蒙古语中满语借用成分的分布与特点。因而，对于清代满语对蒙古语方言土语的影响及蒙古语方言土语中满语借用成分的研究来说，还存在很多不足之处。

其二，部分论著以某种方言土语为个案，分析研究蒙古语中的满语借

---

① 乌·满达夫：《蒙古语言研究》，内蒙古教育出版社 1990 年版。

② 图力古尔：《蒙古文字史概要》，内蒙古文化出版社 1998 年版。

③ 春花：《清代满蒙文词典研究》，辽宁民族出版社 2008 年版。

④ 达古拉：《〈清内秘书院蒙古文档案汇编〉语言研究》，内蒙古大学博士学位论文，2012 年。

⑤ 宝玉柱：《清代蒙古族社会转型及语言教育》，民族出版社 2003 年版。

用成分,解释其音义特点。然而,就已问世的多数研究论著来看,多以"静态"描写的方法分析蒙古语中的满语借用成分,而未将其看作"动态"的"过程",缺乏满语成分借入蒙古语时所产生变化及被借入后对蒙古语所产生影响的研究。同时,在借词分析研究中,存在语料排列较多、分析解释偏少的现象。至于综合研究清代满语对蒙古语方言土语影响的专著则尚未问世。

其三,蒙古文字史研究或清代蒙古文文献研究论著,偏重于满文与蒙古文相互影响的宏观探讨,忽视了满文对蒙古文演变所产生影响的微观分析。在清代满蒙语言文字相互影响研究中,只有在宏观把握满蒙语言文字相互接触状况的基础上,再予每个文字符号的来龙去脉以微观分析,才能深入阐释蒙古文所借用满文要素乃至满文对蒙古文书写规则的影响。

三、研究思路及研究方法

本书主要运用历史语言学和文献学的理论与方法,在鉴别蒙古语中满语借用成分,考证蒙古文中满文因素的基础上,分析解释借用成分的特点,阐明清代满语、满文对蒙古语言文字的影响。在具体研究当中,结合清代"国语"政策对蒙古人语言教育与蒙古文书写影响的研究,理清蒙古语言文字借用满语、满文的轨迹,鉴别蒙古语言文字中的满语、满文因素,阐明满语、满文的借用对蒙古语言文字演变的影响。因此,课题研究注重运用以下三种研究方法。

(一)历史比较法

鉴别蒙古书面语及蒙古方言土语中的满语借用成分,属于历史语言学的研究范畴。本书在满语对蒙古语及其方言土语的影响研究部分,除了注重使用历史比较法以外,还使用了构词结构分析、语义特点分析等结构分析方法,以准确鉴别蒙古语中的满语借用成分。

（二）文献校勘法

考证清代蒙古文及蒙古文文献资料中的满文因素，阐述清代满文对蒙古文影响的研究，属于文献学研究范畴。因此，该部分研究注重运用文献校勘和语文学研究方法，探明历代蒙古文文献资料中的满文痕迹，理清清代满文影响蒙古文的历程。

（三）描写分析法

本书在使用以上研究方法，客观鉴别蒙古语言文字中满语和满文借用成分的基础上，系统描写其特点及被借用轨迹，分析借用成分在满语文和蒙古语文之间的内在差别，阐明满语、满文因素在被借用过程中所产生的变化及对蒙古语言文字所产生的影响。

四、语料来源及相关说明

第一，本书中满语文和蒙古语文的语料主要来自清代满文文献与蒙古文文献及当代人的满蒙语言文字调查资料与研究论著，亦有笔者进行田野调查所搜集到的语料。

第二，本书用穆麟多夫转写法转写满文，转写方案见表 0-1。

表 0-1　满文拉丁转写方案表

满文	᠊ᠠ	᠊ᠡ	᠊ᡳ	᠊ᠣ	᠊ᡠ	᠊ᡡ	᠊ᠨ	᠊ᡴ	᠊ᡴ	᠊ᡤ	᠊ᡤ	᠊ᡥ	᠊ᡥ	᠊ᠪ
罗马文	a	e	i	o	u	ū	n	k	k	g	g	h	h	b
音值	a	ə	i	ɔ	u	ɷ	n	q	k	ɢ	k	χ	x	b
满文	᠊ᡦ	᠊ᠰ	᠊ᡧ	᠊ᡨ	᠊ᡩ	᠊ᠯ	᠊ᠮ	᠊ᠴ	᠊ᠵ	᠊ᠶ	᠊ᠷ	᠊ᡶ	᠊ᠸ	᠊ᠩ
罗马文	p	s	š	t	d	l	m	c	j	y	r	f	w	ng
音值	p	s	ʂ	t	d	l	m	tʂ	dz	j	r	f	w	ŋ

第三，本书用内蒙古大学蒙古学研究院蒙古语文研究所编写的《蒙汉词典（增订本）》的转写法转写蒙古文，转写方案见表 0-2。

表 0–2　蒙古文拉丁转写方案表

蒙古文	ᠠ	ᠡ	ᠢ	ᠢ	ᠣ	ᠤ	ᠥ	ᠦ	ᠨ	ᠪ	ᠫ	ᠭ	ᠺ	ᠠ
罗马文	a	e	i	i	o	u	ö	ü	n	b	p	q	k	γ
音值	a	ə	i	ɪ	ɔ	ɷ	o	u	n	b	p	χ	x	ɢ

蒙古文	ᠭ	ᠮ	ᠯ	ᠰ	ᠱ	ᠲ	ᠳ	ᠴ	ᠵ	ᠶ	ᠷ	ᠩ	ᠩ	ᠸ
罗马文	g	m	l	s	š	t	d	č	ǰ	y	r	nγ	ng	w
音值	g	m	l	s	ʃ	t	d	tʃ	dʒ	j	r	ŋ	ŋ	w

第四，引用他人论著时，沿用原著音标，改动他人著作音标时，特做相关说明。

第一章

满语与蒙古语的接触历程

满语与蒙古语是同属阿尔泰语系的语言，在语音、词汇、构词等方面存有较多相同或相似的成分，而这些成分的形成，除了与二者之间的亲缘关系和类型特点有关之外，还与古代满族和蒙古族的历史接触与相互影响有着密切关系。在漫长的历史演变过程中，阿尔泰语系诸语言在不断分化的同时，与毗邻语言相互影响，借用彼此成分，不断充实自己。语言接触"是指不同民族、不同社群由于社会生活中的相互接触而引起的语言接触关系"①，所以，探讨满语和蒙古语的相互接触及彼此影响历程，有必要与满族、蒙古族先民的历史接触结合起来。

第一节　满蒙语言的发展历程及接触轮廓

　　由本书"绪论"部分的梳理分析可知，满族和蒙古族的文化交流与语言接触问题，受到历代阿尔泰语言研究者的广泛关注。如，阿尔泰学家鲍培认为，在古代阿尔泰语系共同体中，朝鲜语是最早分出去的。此后，突厥、蒙古和满－通古斯统一体维持了很长时间，在现今的突厥语前身分出去之后，蒙古和满－通古斯统一体还维持了相当长的时间。后来，由于古代蒙

---

① 戴庆厦：《社会语言学概论》，商务印书馆 2004 年版，第 86 页。

古族和满－通古斯民族的交往及杂居，其在文化上的相互影响较深，语言上相互借用了较多彼此成分。① 而且"满语有大量蒙语借词。全部满语词汇中，出自蒙语的词不下于 25% ~ 30%。这是想象得到的，因为在最初接触之时，蒙古人比满洲人有较高的文化水平。后者还借用了蒙文以用于他们的语言"②。在本小节中，笔者立足于历史学家与阿尔泰语言学家对中国古代北方民族历史语言的研究资料，梳理分析满语和蒙古语的历史接触与相互影响轮廓。

一、满语发展概况

关于满族与满语历史渊源的问题，学者常将其与古代肃慎人联系起来进行研究。据历史学研究，肃慎族系源远流长，公元前一千多年，周武王灭商之后，肃慎人前来祝贺，"贡楛矢石砮"。汉代，肃慎改称挹娄；在南北朝时期，挹娄更名勿吉；隋朝，勿吉又叫靺鞨；五代，靺鞨改称女真。③ 在明朝初期，女真人分三个部落：建州女真、海西女真与野人女真。其中建州女真分布于牡丹江、绥芬河及长白山一带，海西女真分布于松花江流域，野人女真分布于黑龙江流域、库页岛一带。后来建州女真杰出领袖努尔哈赤及其子孙统一女真各部，1636 年建立清朝。在后金及清朝初期，努尔哈赤与皇太极曾自称为 jušen "女真"，天聪九年（1635 年）皇太极把 jušen "女真"改为 manju "满洲"。1644 年清军入关，入主中原，1912 年清朝灭亡。

肃慎、挹娄、勿吉、靺鞨等满族先世的语言资料遗留下来的极少，其语言介绍散见于汉文典籍对古代中国北方少数民族的相关记载中。如，《三国志·乌丸鲜卑东夷传》载："挹娄在夫余东北千余里，滨大海，南与北沃沮接，未知其北所极。其土地多山险。其人形似夫余，言语不与夫余、句丽同。"《北史·勿吉传》载："勿吉国在高句丽北，一曰靺鞨。邑落

---

① 鲍培：《阿尔泰语比较语法》，周建奇译，内蒙古教育出版社 2004 年版，第 6 页。

② 鲍培：《阿尔泰语言学导论》，周建奇译，内蒙古教育出版社 2004 年版，第 198 页。

③ 戴逸：《简明清史》，中国人民大学出版社 2006 年版，第 12—19 页。

自有长，不相总一。其人劲悍，于东夷最强，言语独异。"《新唐书·黑水靺鞨传》载："其酋曰大莫弗瞒咄"。"大莫弗"满语形式为 da mafa，语义为"高祖"。^①此类记载均为对古代肃慎族系部族语言的简略介绍，缺乏对语言结构的详细分析。因此，多数阿尔泰语系语言研究者依据古代肃慎族系各部族居住活动区域的相同性，及其社会生活、经济文化的一致性和传承性推测，其所使用的语言具有历史传承性。

众所周知，金代女真文资料是古代满－通古斯语族语言最早的语料。天辅三年（1119 年），金太祖完颜阿骨打颁行女真大字，天眷元年（1138 年），金熙宗完颜亶颁行女真小字。金朝灭亡后，女真字在女真人当中仍普遍使用，并形成了数量可观的语言文字资料。现存女真语资料可分为女真文碑文、女真译语及汉文典籍中的女真语三种类型，它们是当今学者研究古代满－通古斯语族语言的珍贵语料。

阿尔泰语系语言历史比较研究证明，女真语和满语基本词汇的语音对应规律系统整齐，同源关系较为明显。因此，阿尔泰语言学家将二者归为满－通古斯语族满语支的语言。甚至有部分研究者认为，清代满语是由金代女真语演变而来的。但是，哈斯巴特尔在对《女真文辞典》所收录的1952 条女真语词语和清代满语之间的语音对应关系进行研究后发现：

第一，在《女真文辞典》所收录的女真语词条中，较多词语的语音形式与清代满语基本相同或完全相同，仅少量词语有语变现象。

第二，在女真语和满语的共有词中，部分女真语词语保留早期形式，这些词语的语音在满语中发生演变，与此相对，部分满语词语保留早期形式，这些词语的语音在女真语中发生演变。

第三，女真语中派生演变的词语，在满语中未发生派生演变，仍保留早期形式。^②

哈斯巴特尔的研究说明，在女真语和满语的关系研究中，不能依据简单的时间顺序将二者之间的关系解释成前后继承关系，其关系较为复杂，

① 孟达来：《北方民族的历史接触与阿尔泰诸语言共同性的形成》，中国社会科学出版社 2001年版，第 36 页。

② 哈斯巴特尔：《女真语与满语的关系》，载《满语研究》2008 年第 2 期。

不能排除二者或为一种语言的不同方言，或为具有亲属关系的不同语言的可能性。

在清代，满语被誉为"国语"，满文被誉为"国文"，清政府推行"国语"教育政策。但在满族入关之后，受强势的汉语的影响，满语开始趋向濒危。据季永海研究，在全国范围内，满语文的濒危历程如下：

首先，除东北、内蒙古及北京城之外的八旗驻防人员最早转用汉语，他们在康熙朝后期已经基本转用汉语。

其次，京旗满族从康熙朝中后期，即 18 世纪初已经普遍进入满汉双语阶段。之后又经过百年，大约在 18 世纪末 19 世纪初，从整体上放弃满语，完成汉语的转用。

再次，东北、内蒙古等地的满族大约从清后期开始陆续转用汉语。

最后，东北地区部分满族聚居区的满族人，在 20 世纪末 21 世纪初完成由满汉双语向汉语的转用。[1]

目前，满文被弃用，满语已濒危，除了黑龙江地区部分偏僻的满族村落的满族老人还在日常生活中偶尔使用满语外，其他地区的满族已全部转用汉语。清代形成的大量满文文献资料真实记录了满语文的发展历程，为当今满语及阿尔泰语系语言研究提供了丰富的语料。

二、蒙古语发展概况

蒙古语是属于阿尔泰语系蒙古语族的语言，蒙古族及其先世则是属于古代东胡系的民族。"东胡人的语言是古老的阿尔泰语系语言。根据文献记载，鲜卑人和室韦人、契丹人的语言有一脉相传的遗传联系，保留下来的语言资料虽然为数不多，还是指示出了某些语言的个别特征，使我们可以对东胡后裔的语言作个大体的判断。作过较深入研究的学者常常认为东胡后裔的语言属于蒙古语。"[2] 当然，东胡族系早期部族的语言与现代蒙古语族语言之间的关系，并非是简单的古今之别，其历史发展曾经历了十

---

① 季永海：《从辉煌走向濒危：季永海满学论文自选集》，辽宁民族出版社 2012 年版，第 30—39 页。

② 亦邻真：《亦邻真蒙古学文集》，内蒙古人民出版社 2001 年版，第 556 页。

分复杂的分合过程，毗邻民族语言亦对其产生了一定影响。

据历史学家研究，东胡人就是鲜卑人和乌桓人，他们使用具有亲属关系的语言。《三国志·魏志·乌丸鲜卑东夷传》载："乌丸、鲜卑，即古所谓东胡也。"《魏书》载："乌桓者，古东胡也"，"鲜卑者，东胡之余种也"。并且鲜卑人"言语习俗与乌桓同"[1]。"按大多数研究者的看法，鲜卑人，包括东部鲜卑和拓跋鲜卑，他们的语言是蒙古语。应当更确切地说，鲜卑语各方言属于东胡后裔诸语言，这些语言与蒙古语有共同的祖源。"[2] 唐代地理书《元和郡县图志》载："纥真山，在县东三十里。虏语纥真，汉言三十里。"在此，"纥真"为拓跋鲜卑人的语言，与蒙古书面语 γučin "三十" 具有同源关系。此外，《南齐书·魏虏传》记载了鲜卑语中十三个官职名称："国中呼内左右为直真，外左右为乌矮真，曹局文书吏为比德真，檐衣人为朴大真，带仗人为胡洛真，通事人为乞万真，守门人为可薄真，伪台乘驿贱人为拂竹真，诸州乘驿人为咸真，杀人者为契害真，为主出受辞人为折溃真，贵人作食人为附真，三公贵人通谓之羊真。"[3] 这十三个专用名词均有"真"，该词缀在蒙古语中以 -čin 形式存在，是由名词派生专用名词的词缀。

北魏以后，在东胡人的故地有契丹人和室韦人。"史书上说，契丹、室韦语言相同。在契丹语的基本词汇中，有与蒙古语互通的部分。有人认为'室韦'就是'鲜卑'一名的异译。"[4] 据齐木德道尔吉的研究，契丹语和蒙古语之间具有较多的相同或相似词语（见表 1-1）。[5]

---

① 范晔：《后汉书·乌桓鲜卑列传第八十》，中华书局 1965 年版，第 2985 页。

② 亦邻真：《亦邻真蒙古学文集》，内蒙古人民出版社 2001 年版，第 561—562 页。

③ 亦邻真：《中国北方民族与蒙古族族源》，载《内蒙古大学学报（哲学社会科学版）》1979 年第 Z2 期。

④ 亦邻真：《畏吾体蒙古文和古蒙古语语音》，载《内蒙古大学学报（哲学社会科学版）》1976 年第 2 期。

⑤ 齐木德道尔吉：《从原蒙古语到契丹语》，载《中央民族大学学报》2002 年第 3 期。

表1-1　契丹语和蒙古语对照表

契丹语汉字记音	语音构拟	语义	蒙古语	语义
斡鲁朵	*ordo	宫帐	ordu	宫殿
匣列	*qäri/γäri	复来	qari	返回
陶里	*tauli	兔	taulai	兔
捏褐	*näho	狗	noqai	狗
讨	*tau	五	tabu	五
鹘里	*huli	偷盗	qulaγaila	偷
阿庐朵里	*aldori	贵显名	aldar	名气
阿鲁	*aru	北	aru	北
乌鲁古	*uruγu/urγu	孳息	urγu	生长
爪	*ǰoo	百	ǰaγu	百
没里	*möri	江	mören	江
乌	*uu	水	osu	水
奢	*šä	好	sain	好

当然，契丹语和蒙古语的关系问题，还需要进一步的研究。正如《关于契丹小字研究》一文指出："尽管契丹语和蒙古语同属一个大的语系，但是在两者的词汇之间完全划等号，那也是不对的"，"把契丹、蒙古词汇中的相同成分无限扩大，用纯粹的蒙古语来释读契丹字，这就走到了反面"①。

在辽金时期，蒙古语以诸部落或氏族语言形式存在，到了12世纪末13世纪初，随着蒙古汗国成立，这些部族（氏族）语言趋于统一，形成统一的蒙古语。在14世纪至16世纪间，由于蒙古汗国大规模的军事行动和其他历史原因，蒙古人彼此分散，相隔遥远，趋于统一的蒙古语又开始分裂，各自发展，形成各自独立的蒙古语族语言。蒙古语是蒙古国和中国蒙古族使用的语言，而中国境内的蒙古语可分为西部方言（卫拉特方言）、中部

① 清格尔泰、刘凤翥、陈乃雄等：《关于契丹小字研究》，载《内蒙古大学学报（哲学社会科学版）》1977年第4期。

方言（内蒙古方言）、东部方言（巴尔虎布里亚特方言）三大方言。

三、满语和蒙古语的接触轮廓

古代东胡族系和肃慎族系的语言情况，因文献史料的缺乏，我们难以揭示其真实面目，仅能在部分历史文献中看到其语言文化的相似特点。如：

《魏书·失韦传》："语与库莫奚、契丹、豆莫娄国同。颇有粟、麦及穄，唯食猪鱼，养牛马，俗又无羊。……有曲酿酒。"

《隋书·北狄传》："契丹之类也，其南者为契丹，在北者号室韦。……气候多寒，田收甚薄。无羊少马，多猪牛。造酒。食啖与靺鞨同俗。"

《北史·室韦传》："……盖契丹之类。其南者为契丹，在北者号为失韦。……语与库莫奚、契丹、豆莫娄国同。颇有粟、麦及穄。……有曲酿酒。……气候多寒，田收甚薄。无羊，少马，多猪牛。与靺鞨同俗。"

《通典·边防》："室韦气候多寒，田收甚薄。无羊少马，多猪牛。造酒。食啖言语与靺鞨同。"

《唐会要》："室韦者，契丹之别种……气候多寒，田收甚薄。无羊少马，多猪牛。言语与靺鞨相通。"

《新唐书·北狄传》："其畜无羊少马，有牛不用。有巨豕，食之，韦其皮为服若席。其语言，靺鞨也。"

以上历史文献[①]，简略记载了使用蒙古语族语言的契丹、室韦人和使用满–通古斯语族语言的靺鞨人在语言文化上的相同之处。虽然这些文献记载有不确切的地方，但也在某种程度上反映出古代满–通古斯语和蒙古语之间存在密切关系。此外，《旧唐书·北狄·乌罗浑》中记载，乌罗浑国，"东与靺鞨"邻，"西与突厥"邻，风俗与靺鞨同。乌罗浑是《新唐书·室韦传》所载室韦部之一的乌罗护，其民最早居住于呼伦贝尔一带。乌罗浑

---

① 亦邻真：《亦邻真蒙古学文集》，内蒙古人民出版社 2001 年版，第 568 页。

在唐代南迁的过程中，其风俗习惯逐渐靺鞨化。① 此外，《通典》中提及契丹人，并认为其俗颇与靺鞨同。从 7 世纪开始，居住在中国东北地区及黑龙江沿岸的一些蒙古语族部落，受黑水靺鞨的影响而经历了满通古斯化的过程。② 由此可知，古代蒙古语除了受突厥语族语言影响之外，还受到满－通古斯语族语言的影响。

关于后来的满族（女真人）与蒙古族的历史接触与语言影响情况，通过历史研究我们可以看出一些轮廓。如，"早在金代蒙古部落首领，包括成吉思汗及其父祖就从金朝获得官号，在政治文化上受到女真影响。元代，蒙古贵族又居于统治地位，女真在政治文化上屈从于蒙古"③。在明代，经历了元朝统治后，女真人深受蒙古语言文化影响，并行使用女真语言文字和蒙古语言文字。"女真各个部落对外文书往来，不仅使用女真文，而且使用蒙古文。明隆庆（1567—1572）万历间，女真文不见于史，而蒙古语言、文字却广为流行，尤其是清太祖起兵后，满文创制及其推行的初期，蒙古语文在一段时期内，几乎完全取代了女真文。"④

明朝初期，蒙古人和女真人保持着文化交流关系，当时很多女真人懂蒙古文，到 16 世纪末，建州女真人的文书往来必用蒙古文字。"明四夷馆靺鞨馆的译官有代译女真馆'来文'的现象，其原因是自明正统九年（1444）开始，女真人与明朝往来的文书改用蒙古文字书写，这证明当时除了明朝有官办学校教习蒙古文字之外，明代的部分女真人也有可能学习蒙古语言文字。"乌云高娃对"在日本东洋文库、德国柏林图书馆、北京图书馆善本室所藏的《华夷译语》中的靺鞨馆'来文'进行比较，发现这些靺鞨馆'来文'中有以蒙古语书写的女真馆'来文'，这证明明四夷馆靺鞨馆的译官确实曾经代译过女真馆'来文'"⑤。此外，在现存的明四

① 孟达来：《北方民族的历史接触与阿尔泰诸语言共同性的形成》，中国社会科学出版社 2001 年版，第 49 页。

② 涅斯捷罗夫：《阿穆尔河沿岸地区的北室韦》，王德厚译，载《北方文物》1998 年第 1 期。

③ 达力扎布：《明代漠南蒙古历史研究》，内蒙古文化出版社 1997 年版，第 261 页。

④ 滕绍箴：《明代女真与满洲文史论集》，辽宁民族出版社 2012 年版，第 364—365 页。

⑤ 乌云高娃：《明四夷馆靺鞨馆及〈华夷译语〉靺鞨"来文"研究》，中国社会科学出版社 2014 年版，第 3 页。

夷馆《高昌馆课》中，就保留了许多当时女真人用蒙古文所写的奏文。

努尔哈赤起兵，辅佐他的文人——巴克什都是海西人或蒙古人。"万历二十七年（1599），努尔哈赤令额尔得尼等以蒙古文字母创制满文，有了自己的文字。此后设牛录，建八旗，四十四年建立后金政权，设五大臣、十扎尔固齐，开始自成体系。但是仍未完全摆脱蒙古文化的影响，五大臣及扎尔固齐官名都保留着旧称。"①"天命四年（1619），满文已经创制二十年之久，后金国内仍是'只知蒙书，凡文簿皆以蒙字记之'，如若向朝鲜致书，亦'先以蒙字起草'，这种状况延续很长一段时期。时至崇德二年（1637），大清国已经诞生了，仍是'大小文字皆以蒙古书翻译，进览于皇帝前'。"②明末清初的一段时间内，虽然清统治者已创制满文，但是，蒙古文仍是满族统治地区内通行的文字，而新创制的满文则处于试用、改进和推广阶段。

后金兴起之时，蒙古各部正处于分裂状态。天聪八年（1634 年），林丹汗战死，其子额哲降服，于是漠南蒙古诸部纷纷归附后金。其中，科尔沁等部落与满族之间的关系极为密切，他们之间不只限于政治上的互相利用和贵族阶层的联姻关系，而且涉及了深层的文化交流和语言接触。尤其在清朝统治时期，满语成为"国语"，满族贵族统治阶级极力提倡"国语骑射"，在蒙古族地区的语文教育中，满语教育成为重要的环节，出现了"满语－蒙古语－藏语"或"满语－蒙古语－汉语"等语言教育模式。其结果是，当时的蒙古族贵族阶层与文人都学会了满语，而有些蒙古族文人为了区别蒙文读音，模仿使用满文加圈、点的方法。③到 20 世纪中叶，蒙古地区以满文"十二字头"学习蒙古文的现象仍相当普遍。④

满族与蒙古族在历史上不仅有政治、文化上的接触交流，在生活区域上也出现过大量杂居的现象。"女真、蒙古杂居，明初已有成局。"⑤在

① 达力扎布：《明代漠南蒙古历史研究》，内蒙古文化出版社 1997 年版，第 264 页。
② 滕绍箴：《明代女真与满洲文史论集》，辽宁民族出版社 2012 年版，第 365 页。
③ 详见本书第四章相关论述部分。
④ 图力古尔：《蒙古文字史概要》，内蒙古文化出版社 1998 年版，第 18—19 页。
⑤ 滕绍箴：《满族发展史初编》，天津古籍出版社 1990 年版，第 210 页。

蒙古部落中，常常有"金人杂其中"①。"明代蒙古与女真各部杂居共处，亦相当普遍。"②万历四十七年（1619年），后金灭叶赫部，有一部分叶赫人携带牧群投奔科尔沁的明安部。因此，直到康熙年间，科尔沁左、右翼属下仍有大量的女真人。③明朝中期，大批蒙古部落东进，与女真部落"环徽而居"，对女真风俗文化的影响极其深远。日本学者稻叶君山认为："女真受元朝风俗之感染，虽信仰起居之微，殆无不取法于蒙古。""清太祖努尔哈赤亦云：女真、蒙古'言虽殊而服发亦类也'，甚至自称'我是蒙古遗种'。"④

以上提及的民族交往及民族杂居所带来的直接后果之一就是其语言的接触及互相影响。尤其是满语（女真语）和蒙古语之间的亲缘关系及在类型上的相同特点，为其相互借用提供了天然的便利条件。而这种亲缘关系和类型上的相同特点，给本课题对蒙古语中满语借词的鉴别工作带来了较大困难。

第二节　古代女真语中的蒙古语借用成分

在早期满语和蒙古语的接触研究中，古代女真语文献提供了重要语料。但是，目前遗留下来的女真文语料较少，学界研究女真语言文字，除了女真文碑文以外，还须依靠汉文典籍中收录的女真语及《女真译语》中的女真语。本节将分析研究《金史》所载女真语及《女真译语》当中的蒙古语借用成分，进一步深化古代蒙古语对满－通古斯语族语言的影响研究。

一、《金史》女真语中的蒙古语借词

元代编修的《金史》，用汉语拼写载录较多的女真语词语，为当今金

---

①　滕绍箴：《满族发展史初编》，天津古籍出版社1990年版，第210页。

②　滕绍箴：《满族发展史初编》，天津古籍出版社1990年版，第210页。

③　达力扎布：《明代漠南蒙古历史研究》，内蒙古文化出版社1997年版，第268页。

④　滕绍箴：《明代女真与满洲文史论集》，辽宁民族出版社2012年版，第366页。

代女真语研究者提供了语料，而清代编纂的《钦定金史语解》，则用满语转写和解释《金史》所载女真语，为其相关研究提供了方便。虽然《金史》中以汉文记录的女真语具有同名异译、用字不规范、缺乏语义解释等缺陷[①]，但其末尾所附《金国语解》一卷是研究金代女真语不可缺少的语料，对古代满语与蒙古语接触研究具有重要意义。下面，笔者将分析研究《金史》所载"国语"中的蒙古语借用成分，以勾勒古代蒙古语对金代女真语的影响轮廓。

昂吉泺。《金史》卷二十四中"西京路抚州柔远县"之注文载："昂吉泺，又名鸳鸯泺。"由此可知，《金史》中"昂吉泺"之语义为"鸳鸯，黄鸭"，孙伯君将其语音构拟为 *anggir。[②]金代女真语"昂吉泺"（anggir）之满语形式为 anggir"黄的，黄鸭"。该词借自蒙古语 anɣɣir"黄鸭"。

首先，古代蒙古语"鸳鸯"一词的语音形式为 anɣɣir，而《女真译语》中"鸳鸯"一词的语音形式为 gūyahū。如，《华夷译语·鸟兽门》中载"昂吉儿"，语义解释为"鸳鸯"，对应的蒙古文为 anɣɣir[③]。《女真译语·鸟兽门》中将"鸳鸯"写作"古·牙·忽"，齐木德道尔吉将其语音构拟为 gūyahū。[④]

其次，满语(女真语)和蒙古语同属阿尔泰语系，二者虽然在语音、构词、词汇等方面具有较多的相同或相似特点，但在语言类型方面存在不同特点。如，音节结构方面，满语音节末尾辅音 b、k、r、s、t、n、m、l、ng 之辅音 n、ng 可出现于固有词的词尾（部分拟声词或拟态词以其他辅音结尾），而其他辅音不能出现在固有词的词尾位置。与此相比，蒙古语音节末尾辅音 b、ɣ/g、r、s、d、n、m、l、nɣ/ng 不仅可出现于音节末尾，而且可出现于词尾。根据这种语音特点，我们可以确定，满语（女真语）中以 n、ng 之外辅音结尾的词是借用其他语言的词语，且多数是蒙古语借词。如，满语中 noor"湖"（借用蒙古语 naɣur"湖"），kuluk"骏马"（借用蒙古

---

① 道尔吉：《女真语音初探》，载《内蒙古大学学报（哲学社会科学版）》1983 年增刊。

② 孙伯君：《金代女真语》，辽宁民族出版社 2004 年版，第 200 页。

③ 张双福：《华夷译语》，内蒙古教育出版社 2017 年版，第 356 页。

④ 齐木德道尔吉：《女真语音初探》，载《内蒙古大学学报（哲学社会科学版）》1983 年增刊。

语 kölög "骏马，良马"），jak "灼木，查克木"（借用蒙古语 jaɣ "梭梭"），cahar "察哈尔"（借用蒙古语 čaqar "察哈尔"）等以辅音 k 或 r 结尾的词语，均是借用蒙古语的词语。① 依此类推，女真语和满语中 anggir 一词是借用蒙古语的 anɣɣir。

最后，在结构及语义方面，蒙古语 anɣɣir 的基本语义为"黄的"，"黄鸭"全称应作 anɣɣir noɣosu，anɣɣir 为其简化形式，引申出"黄鸭，鸳鸯"的语义。女真语和满语中 anggir "鸳鸯"一词是借用蒙古语 anɣɣir noɣosu "鸳鸯，黄鸭"的简化形式 anɣɣir。

由以上三点分析可知，《金史》中女真语"昂吉泺"语义为"鸳鸯，黄鸭"，语音形式为 *anggir，是借用古代蒙古语的 anɣɣir "鸳鸯，黄鸭"。

拔离速（拔里速）。《金史》卷七十二出现人名"完颜拔离速"。《金史·金国语解》将"拔离速"解释为"角抵戏者"，孙伯君构拟其语音为 *barisu。② 笔者认为，女真语"拔离速"（*barisu）一词是借用古代蒙古语的 *barisu。

首先，《金史·金国语解》将"拔离速"解释为"角抵戏者"，其中"角抵"即指"摔跤"。由此可知，"拔离速"之语义为"摔跤手"。据金启孮研究，秦汉时期开始，摔跤作为一种娱乐形式被称作"角抵之戏"，而至辽金元时期，此项运动非常盛行。女真人的"拔离速"沿袭契丹人的"角抵"，而清代满族称摔跤为 buku "布库"，系承袭蒙古人的摔跤运动 büke "孛可"而来的。③ 古代女真人的"拔离速"与蒙古人的"孛可"之间存在相互影响关系。

其次，现代蒙古语中"摔跤"动作为 barildu，这是由动词 bari- "抓"之后添加互动态词缀 -ldu 而派生的动词，基本语义为"互相抓住"，引申语义为"摔跤"。虽然古代蒙古语 barisu 一词在现代蒙古语中已消失，但根据其构词结构可将其分为 bari- 和 -su 两个部分。词干 bari- 与 barildu "摔跤"

① 长山：《满语词源及文化研究》，社会科学文献出版社 2014 年版，第 106—107 页。

② 孙伯君：《金代女真语》，辽宁民族出版社 2004 年版，第 201 页。

③ 金启孮：《中国式摔跤源出契丹、蒙古考》，载《内蒙古大学学报（哲学社会科学版）》1979 年第 Z2 期。

之词干 bari-"抓"相同。词缀 -su 是蒙古语由动词派生名词的词缀。如：蒙古语 nilbu "吐痰"—nilbusu "唾沫"、baγa "拉屎"—baγasu "粪便"、γada "装订"—γadasu "钉子"、sige "撒尿"—sigesu "尿水"。由此可以推断，古代蒙古语 barisu 一词的语义为"摔跤手"，亦与《金史·金国语解》对"拔离速"的解释"角抵戏者"相吻合。

此外，在清代编纂的满蒙等多种文字合璧的大型辞书《五体清文鉴》中，与蒙古语 barildu "摔跤"对应的满语词语为 jafunu。显而易见，满语 jafunu 是由动词 jafa-"抓"之后添加互动态词缀 -nu 而派生的动词，在构词结构方面与蒙古语 barildu 完全相同。在蒙古语族语言中，与蒙古语 bari-"抓"同源的词语有：达斡尔语 bariltʃ-"摔跤"[1]，东部裕固语 bar-"拿，提，捉"[2]，土族语 vaːldə-"摔跤，角力"[3]，保安语 war-"抓，握，捉"[4]，东乡语 bari-"抓，拿"[5]。在满-通古斯语族语言中，与满语 jafa-"抓"同源的词语有：锡伯语 dʑavə-"握"，鄂温克语 dʑawɷ-"握"，鄂伦春语 dʑawa-"握"，赫哲语 dʑafa-"捉"。[6] 由此看来，bari-"抓"为蒙古语族语言共有的固有词，jafa-"抓"为满-通古斯语族语言共有的固有词，而《金史》中女真语"拔离速"（barisu）是借用蒙古语的词语。

忒邻。该词在《金史》中出现于人名当中，《金史·金国语解》有载"忒邻，海也"，孙伯君将其语音构拟为 *telin。[7] 女真语"忒邻"（*telin）与蒙古语 dalai "海"语音相近，系前者借用后者。《女真译语·地理门》载："脉忒厄林，海"[8]。在满-通古斯语族语言中与之同源的词语有：满语 muduri "海"，锡伯语 mədərj "海"，赫哲语 mədəri "海"。[9]《华

---

① 恩和巴图等：《达斡尔语词汇》，内蒙古人民出版社 1984 年版，第 72 页。注：引号内文字为词语释义，非引用内容，释义参考原文献，根据具体情况有所调整，此情况全书同理。

② 保朝鲁等：《东部裕固语词汇》，内蒙古人民出版社 1985 年版，第 31 页。

③ 哈斯巴特尔等：《土族语词汇》，内蒙古人民出版社 1986 年版，第 242 页。

④ 陈乃雄等：《保安语词汇》，内蒙古人民出版社 1986 年版，第 227 页。

⑤ 布和等：《东乡语词汇》，内蒙古人民出版社 1983 年版，第 38 页。

⑥ 孙宏开：《中国少数民族语言简志丛书（第 6 卷）》，民族出版社 2008 年版，第 705、811、924、985 页。

⑦ 孙伯君：《金代女真语》，辽宁民族出版社 2004 年版，第 259 页。

⑧ 齐木德道尔吉：《女真语音初探》，载《内蒙古大学学报（哲学社会科学版）》1983 年增刊。

⑨ 孙宏开：《中国少数民族语言简志丛书（第 6 卷）》，民族出版社 2008 年版，第 612、701、982 页。

夷译语·地理门》载："答来，海，dalai"①，在蒙古语族语言中，与其同源的词语有：达斡尔语 dali:"海"②，土族语 dali:"海，湖"③，东部裕固语 dali:"海"④。对比分析蒙古语族语言和满－通古斯语族语言"海"一词的语音形式可以确定，《金史》中"忒邻"一词是借用古代蒙古语的 dalai"海"。

活离罕。该词在《金史》中也出现于人名当中，《金史·金国语解》有载"活离罕，羔"，孙伯君构拟其语音为 *horihan。⑤ 笔者认为，《金史》中女真语"活离罕"（*horihan）系借自蒙古语 qurayan"绵羊羔"。在清代满文辞书及现代人编纂的满文辞书中均未发现专指"绵羊羔"的词语，满语中将牲畜的幼崽统称为 deberen。在蒙古文文献资料及蒙古语族语言中，与蒙古语 qurayan"绵羊羔"同源的词语有：《华夷译语·鸟兽门》"忽里罕，羔，quriqan"⑥，达斡尔语 kurbw"绵羊羔"⑦、东部裕固语 xurɢan"绵羊羔"⑧、土族语 xœrɢa"绵羊羔"⑨，东乡语 ɢuʁaŋ"绵羊羔"⑩，保安语 ɢɔrɢaŋ"绵羊羔"⑪。根据蒙古语族语言和满－通古斯语族语言"绵羊羔"一词的分布情况可以确定，《金史》中女真语"活离罕"（*horihan）是借用古代蒙古语的词语。

除了《金史》之外，宋代成书的《三朝北盟会编》《建炎以来系年要录》《松漠纪闻》《北行日录》等也录入了为数不多的女真语词语。其中，《三朝北盟会编》《建炎以来系年要录》所收录的女真语比较准确地反映了女

---

① 张双福：《华夷译语》，内蒙古教育出版社 2017 年版，第 345 页。

② 恩和巴图等：《达斡尔语词汇》，内蒙古人民出版社 1984 年版，第 275 页。

③ 哈斯巴特尔等：《土族语词汇》，内蒙古人民出版社 1986 年版，第 190 页。

④ 保朝鲁等：《东部裕固语词汇》，内蒙古人民出版社 1985 年版，第 125 页。

⑤ 孙伯君：《金代女真语》，辽宁民族出版社 2004 年版，第 227 页。

⑥ 张双福：《华夷译语》，内蒙古教育出版社 2017 年版，第 354 页。

⑦ 恩和巴图等：《达斡尔语词汇》，内蒙古人民出版社 1984 年版，第 158 页。

⑧ 保朝鲁等：《东部裕固语词汇》，内蒙古人民出版社 1985 年版，第 54 页。

⑨ 哈斯巴特尔等：《土族语词汇》，内蒙古人民出版社 1986 年版，第 81 页。

⑩ 布和等：《东乡语词汇》，内蒙古人民出版社 1983 年版，第 84 页。

⑪ 陈乃雄等：《保安语词汇》，内蒙古人民出版社 1986 年版，第 89 页。

真语的语音。① 古代汉文典籍中的女真语词语是古代满－通古斯语研究的重要语料，鉴别其中蒙古语借用成分的研究能为古代满蒙语言的相互影响研究提供帮助。

二、《女真译语》中的蒙古语借词

与《金史》不同，《女真译语》所载女真语为明代女真语，其与金代女真语有一定区别，并具有记音更准确的特点。《女真译语》是明代四夷馆所编写的《华夷译语》中《女真馆杂字》和《女真馆来文》的合称。《女真译语》为女真文、汉文合璧的辞书，在女真文后，用汉字标注女真文的语音，并附加其汉语语义。现传世的《女真译语》是明朝永乐年间编写的，主要有两种版本，一种为德国柏林图书馆所藏，简称"柏林本"，另一种为日本东洋文库所藏，简称"东洋文库本"。除此以外，我国"国内还有一种抄本，它只有新增一门的五十个女真语词，内容和柏林本、东洋文库本的新增门基本相同，汉字注音稍有不同"②。以上版本中，柏林本门类齐全，词条最多。

据有关学者研究，《女真馆杂字》中与蒙古语相似或相对应的词约占全部词语的30%③，其中部分词语的语音形式与满－通古斯语族语言相差较大，系借自蒙古语。笔者对比分析了道尔吉整理的柏林本《女真馆杂字》之女真文④，鉴别其中的蒙古语借词（见表1–2）。

① 齐木德道尔吉：《女真语音初探》，载《内蒙古大学学报（哲学社会科学版）》1983年增刊。

② 齐木德道尔吉：《女真语音初探》，载《内蒙古大学学报（哲学社会科学版）》1983年增刊。

③ 孟达来：《北方民族的历史接触与阿尔泰诸语言共同性的形成》，中国社会科学出版社2001年版，第49页。

④ 齐木德道尔吉：《女真语音初探》，载《内蒙古大学学报（哲学社会科学版）》1983年增刊。

表 1-2 《女真馆杂字》中的蒙古语借词表

注音汉字	汉字读音	语音构拟	语义	蒙古语	满语
都鲁·温	tu lu un	*dulun[1]	阳	dulaɣan "暖"	fiyakiyan "暖"
兀的·厄	u di ej	*udige[2]	野	ködege "野外"	bigan "野外"
素·黑	su xei	*suhei[3]	柳	suqai "红柳"	fodoho "柳"
忽·舒	xu ʃy	*hūšu[4]	核桃	qusiɣa "核桃"	mase ušiha "核桃"
一·马·剌	i ma la	*imala[5]	山羊	imaɣan "山羊"	niman "山羊"
希儿·厄	xi ri ej	*hirge[6]	桌	sirege "桌"	dere "桌"
扎·失·安·肥·子	tʃa ʃi ʔan fei tsʅ	*jašiŋan fise[7]	令牌	jasaɣ "令"	salgiyan temgetu "令牌"
捏苦·鲁	nie k'u lu	*nekuru[8]	朋友	nökör "朋友"	gucu "朋友"
申·纳·剌	ʃin na la	*šinala[9]	愁	sinalamui "愁"	suilambi "愁"
巴撒	pa sa	*basa[10]	又	basa "又"	geli "又"
琐里·都蛮	suo li tu man	*soriduman[11]	厮杀	surildumui "厮杀"	sušumbi "厮杀"
南·克·洪	nam k'əj xuŋ	*namkehun[12]	薄	nimgeken "微薄"	nekeliyen "薄"
乖·于	kuai y	*guiyu[13]	非	ügei "非"	waka "非"
以·勒	i ləj	*ire[14]	入	ire "来"	dosimbi "入"
失·捏	ʃi nie	*šine[15]	幼	sine "新"	ajigan "幼"
者·温	tʃe un	*jeŋun[16]	右	jegün "东"	ici "右"
退·卜连·兀里·昧	t'uei pu lien u li mei	*tuiburen ulimei[17]	延留	ulimui "留"	tebumbi "使坐"
兀鲁·麻·弗塞·登	u lu ma fu sai teŋ	*uluma fusuheden[18]	强盛	ulum "更"	ele "更"
捏苦·勒·昧	nie k'u ləj mai	*nekulemei[19]	呼朋	nökörlemüi "交友"	guculembi "交友"

注：1. "都鲁·温"之语音形式，山路广明构拟为 *dulun，清濑义三郎构拟为 *dulhun，齐木德道尔吉构拟为 *dulun。
2. "兀的·厄"之语音形式，山路广明构拟为 *udige，清濑义三郎构拟为 *udige，齐木德道尔吉构拟为 *udige。
3. "素·黑"之语音形式，山路广明构拟为 *suhe，清濑义三郎构拟为 *suhe，齐木德道尔吉构拟为 *suhei。
4. "忽·舒"之语音形式，山路广明构拟为 *hušu，清濑义三郎构拟为 *hūšu，齐木德道尔吉构拟为 *hūšu。
5. "一·马·刺"之语音形式，山路广明构拟为 *imala，清濑义三郎构拟为 *imala，齐木德道尔吉构拟为 *imala。
6. "希儿·厄"之语音形式，山路广明构拟为 * hilge，清濑义三郎构拟为 * hirge，齐木德道尔吉构拟为 * hirge。
7. "扎失·安·肥·子"之语音形式，山路广明构拟为 *jasian feidzu，清濑义三郎构拟为 *jašigan faiji，齐木德道尔吉构拟为 *jašiŋan fise。
8. "捏苦·鲁"之语音形式，山路广明构拟为 *nekur，清濑义三郎构拟为 *nekur，齐木德道尔吉构拟为 *nekuru。
9. "申·纳·剌"之语音形式，山路广明构拟为 *sinalambi，清濑义三郎构拟为 *sinnala，齐木德道尔吉构拟为 *šinala。
10. "巴撒"之语音形式，山路广明构拟为 *basa，清濑义三郎构拟为 *basa，齐木德道尔吉构拟为 *basa。
11. "琐里·都蛮"之语音形式，山路广明构拟为 *soriduman，清濑义三郎构拟为 *soriduman，齐木德道尔吉构拟为 *soriduman。
12. "南·克·洪"之语音形式，山路广明构拟为 *nanggehun，清濑义三郎构拟为 *nankehun，齐木德道尔吉构拟为 *namkehun。
13. "乖·于"之语音形式，山路广明构拟为 *guai-u，清濑义三郎构拟为 *gaiyu，齐木德道尔吉构拟为 *guiyu。
14. "以·勒"之语音形式，山路广明构拟为 * re，清濑义三郎构拟为 *iriye，齐木德道尔吉构拟为 *ire。
15. "失·捏"之语音形式，山路广明构拟为 *šine，清濑义三郎构拟为 *šiniya，齐木德道尔吉构拟为 *šine。
16. "者·温"之语音形式，山路广明构拟为 *jegun，清濑义三郎构拟为 *jegun，齐木德道尔吉构拟为 *jeŋun。
17. "退·卜连·兀里·眜"之语音形式，山路广明构拟为 *tuiburen ulimbi，清濑义三郎构拟为 *tuwiburen ulimei，齐木德道尔吉构拟为 *tuiburen ulimei。
18. "兀鲁·麻·弗塞·登"之语音形式，齐木德道尔吉构拟为 *uluma fusuheden。
19. "捏苦·勒·眜"之语音形式，山路广明构拟为 *nekurlembi，清濑义三郎构拟为 *nekulemai，齐木德道尔吉构拟为 *nekulemei。

　　由上可知，虽然《女真馆杂字》载录了很多与蒙古语音义相似的女真语词语，但多数词语为女真语和蒙古语的同源词，能考证的蒙古语借词数量较少。以上表格中的蒙古语借词有以下特点：

　　首先，在语音结构方面，《女真馆杂字》多借用蒙古语口语形式，因此蒙古语借词语音与其书面语语音形式有一定差别。如，女真语"都鲁·温"（*dulun）"阳"借用了蒙古书面语 dulaɣan "暖"之口语形式 dula:n。在此，蒙古书面语语音丛 -aɣa- 在蒙古口语中演变为长元音 a:，而女真语用短元音 a 的形式输出了蒙古书面语 -aγa- 的口语形式 a:。

其次，蒙古语词语在被借用过程中，语义发生变化。如：

蒙古书面语 jegün "东"—女真语者·温（*jeŋun）"右"；蒙古书面语 sine "新"—女真语失·捏（*šine）"幼"；蒙古书面语 ire "来"—女真语以·勒（*ire）"入"；蒙古书面语 suqai "红柳"—女真语素·黑（*suhei）"柳"。

最后，女真语的蒙古语借词在满语中被淘汰。如：

女真语捏苦·勒·昧（*nekulemei）"呼朋"—蒙古书面语 nökörlemüi "交友"—满语 guculembi "交友"；女真语琐里·都蛮（*soriduman）"厮杀"—蒙古书面语 surildumui "厮杀"—满语 sušumbi "厮杀"；女真语申·纳·刺（*šinala）"愁"—蒙古书面语 sinalamui "愁"—满语 suilambi "愁"；女真语巴撒（*basa）"又"—蒙古书面语 basa "又"—满语 geli "又"。

第三节　古代蒙古语中的满语借用成分

在蒙古语历史语言学研究中，《蒙古秘史》《华夷译语》等用汉字拼写蒙古语的文献资料具有重要价值。如，《蒙古秘史》是用汉字为蒙古语注音的史书，具有成书时间早、词汇丰富、汉字拼写缜密的特点，是研究中世纪蒙古语的第一手宝贵资料。因为《蒙古秘史》在蒙古语历史语言学研究中具有重要地位，所以，正确阐释其词语的语音、语义及语法结构是中世纪蒙古语研究的重点。《蒙古秘史》语言研究属于蒙古语历史语言学研究的范畴，在具体研究中必须参考阿尔泰语系语言及文献资料，对其词语来源进行分析和解释。如，泰亦·满昌的《新译注释〈蒙古秘史〉》[①]，额尔登泰、乌云达赉、阿萨拉图的《〈蒙古秘史〉词汇选释》[②]，阿尔达扎布的《新译集注〈蒙古秘史〉》[③]等论著，广泛运用突厥语族语言、

---

① 泰亦·满昌：《新译注释〈蒙古秘史〉》，内蒙古人民出版社 1985 年版。

② 额尔登泰、乌云达赉、阿萨拉图：《〈蒙古秘史〉词汇选释》，内蒙古人民出版社 1980 年版。

③ 阿尔达扎布：《新译集注〈蒙古秘史〉》，内蒙古大学出版社 2005 年版。

满－通古斯语族语言及蒙古语族语言方言土语资料，解析《蒙古秘史》中词语的音义或词源，有力推进了中世纪蒙古语研究的发展。

古代阿尔泰语系民族之间的语言接触与文化交流，在《蒙古秘史》语言中有明显的反映。据相关学者研究，《蒙古秘史》的语言中除了大量突厥语借词以外，还有为数不少的满通古斯语借词，其中金朝授予成吉思汗的"名分"——"札兀忽里"一词就是借自金代女真语。

"札兀忽里"是金朝丞相完颜襄在蒙古部落的帮助之下打败塔塔儿部落之后，授予成吉思汗的"名分"。对于此事，《蒙古秘史》第 134 节有详细记载[①]：

篾古真·薛兀勒圖 宜 阿剌主為 客延 篾迭額惕 馬石 巴牙思抽。成吉思
　人名　　　　行　 殺了　　 麼道 知了 好生 喜歡着　太祖
中合罕納　札兀惕中忽舌里　捏舌列　 斡克罷。
　皇帝行　　　　　　　　 名分　　　 與了
杀了篾古真等。大欢喜了。与太祖札兀忽里的名分。

"札兀忽里"在《蒙古秘史》的汉字注音部分写作"札兀惕中忽舌里"，该"名分"是金朝授予成吉思汗的，但原文献缺少旁译，因此，其词源及语义解释成为蒙古语及蒙古历史研究者广泛关注的热点问题。目前，学界对"札兀惕中忽舌里"的语义解释可谓众说纷纭，有解释为"昭武统帅""部族官""百夫长""军统领""招讨使""一旗之长""女真统领"等的多种语义。

对"札兀惕中忽舌里"的众多解释中，孙伯君的解释——该词来自于女真语"朱里先你忽鲁"（jursin i huri），词义为"女真的统领"，最为可靠。[②]孙伯君在其《"札兀惕忽里"考释》一文中对比分析了《蒙古秘史》《史集》及《华夷译语》的相关记载，对"札兀惕中忽舌里"的词源做出如下分析：

第一，《蒙古秘史》第 134 节中"札兀惕中忽舌里"缺少旁译，总译写作"札兀忽里"。第 179 节写作"察兀惕中忽舌里"，旁译写作"官名"，

① 额尔登泰、乌云达赉：《〈蒙古秘史〉校勘本》，内蒙古人民出版社 1980 年版，第 242 页。
② 孙伯君：《"札兀惕忽里"考释》，载《中央民族大学学报》2006 年第 1 期。

总译写作"札兀忽里"。第281节写作"札^中忽敦"，旁译写作"金人的"，总译写作"札兀忽里"。第281节另一处写作"札^中忽惕"，旁译写作"金人每"，总译写作"札兀忽里"。此外，《圣武亲征录》中曾出现"察兀忽鲁"一词，如，"金兵回，金主因我灭塔塔儿，就拜上为察兀忽鲁"。

第二，拉施特《史集》将"札兀惕"写作"札兀忽惕"，如，"出征乞台、哈剌－契丹、女真诸地以及蒙古人称做札兀忽惕、汉人用汉语称做乞台的地区去了"①。

第三，对比以上的文献记载可以发现，"札兀惕"是古代蒙古人对女真的指称，语义为"女真人"或"女真"。明代的蒙古"译语"辞书对"女真人"或"女真"记载如下：《至元译语·人事门》载"主十歹"；《鞑靼译语·人物门》载"主儿彻""主儿赤"。

结合以上三点可知，"札兀惕^中忽^舌里"为女真语（*jursin i huri），语义为"女真统领"。其中，"札兀"是女真语 *jur 的对译，"惕"应该为"锡"之讹化字，"札兀惕"与女真语 *jursin i 对应，"^中忽^舌里"语音为 *huri，语义为"统数部者"，即"统领"或"总帅"。②

其实，在《蒙古秘史》中，除了"札兀惕^中忽^舌里"之外，还有其他较多的满语（女真语）借词。额尔登泰比较研究了《蒙古秘史》词汇与满语词汇，该研究是当时研究《蒙古秘史》的新课题。在《满语中的〈蒙古秘史〉词汇》一文中，额尔登泰从《蒙古秘史》中选出 160 个词语，将其与《御制满蒙文鉴》中的有关词语进行比较研究，试图解决《蒙古秘史》研究中的难解词问题。③ 当然，在额尔登泰分析研究的 160 个词语中，多数词语为满语（女真语）和蒙古语的同源词，少数词语为满语（女真语）借词。在额尔登泰的长文发表后，高娃的硕士论文《〈蒙古秘史〉和满语共有词比较研究》分析研究了《蒙古秘史》中部分词语在现代蒙古语族语言或方言土语中已消失、但满语中存在与其相同或相近词语的现象。④ 笔者在研读《蒙古秘史》时发现，《蒙古秘史》的部分词语在音义及结构方面具有

① 拉施特：《史集（第一卷 第二分册）》，余大钧、周建奇译，商务印书馆 1983 年版，第 227 页。

② 孙伯君：《"札兀惕忽里"考释》，载《中央民族大学学报》2006 年第 1 期。

③ 额尔登泰：《满语中的〈蒙古秘史〉词汇》，见《民族语文》编辑部：《民族语文研究文集》，青海民族出版社 1982 年版，第 635—672 页。

④ 高娃：《〈蒙古秘史〉和满语共有词比较研究》，中央民族大学硕士学位论文，1996 年。

鲜明特点，基于阿尔泰语系语言的相关知识，可以得出这些词语是借自满语（女真语）的结论（见表 1–3）。

表 1–3　《蒙古秘史》中的古代满语借词

《蒙古秘史》语	蒙古文复原	《蒙古秘史》旁译	备注
俺巴孩	ambaɣai	（名）	ambaɣai 一词的语义为"大的，大者"，是由 amba- 和 -ɣai 构成的。在《蒙古秘史》中，该词与 qan"汗"一词组合，以 ambaɣai qan 形式指蒙古部落的首领。amba 为满语，语义为"大，大的"，在蒙古语中与其对应的词语为 yeke"大，大的"。词缀 -ɣai 为蒙古语派生形容词的词缀，有 -gei、-ɣui、-güi 等变体。如：蒙古语 abu"父亲"—蒙古语 abuɣai"先生"，蒙古语 beri"妻子"—蒙古语 bergei"嫂子"，蒙古语 büse"带子"—蒙古语 büsegüi"女的"。[1]由此可知，《蒙古秘史》中 ambaɣai 一词是由满语借词 amba"大的，大者"之后缀加蒙古语派生形容词的词缀 -ɣai 而构成的"混合"形式的词语。
锁儿^中罕失^舌剌	sorqan (šira)	（人名）	人名 sorqan（šira）中，sorqan 借自满语 sureken，语义为"略聪明"，šira 为蒙古语，语义为"黄"。在清代多文种合璧辞书《五体清文鉴》中，与满语 sure 对应的蒙古语为 sečen，语义为"聪明"。[2]在满–通古斯语族语言中，与满语 sure 同源的词语有：锡伯语 surə"聪明"[3]。在蒙古语族语言中，与蒙古语 sečen"聪明"同源的词语有：东乡语 šidzan"聪明"[4]。词缀 -ken 为满语形容词比较级词缀，有变体 -kan/-kon，缀加于性质形容词之后，使其性质加强或减弱。如：amba"大"—ambakan"大些"，goro"远"—gorokon"稍远"，ice"新"—iceken"略新"，sahaliyan"黑"—sahaliyakan"略黑"。[5]在组合形式上，《蒙古秘史》语"锁儿^中罕失^舌剌"为复合式词组，其中 sorqan 为古代满–通古斯语借词，šira 为蒙古语固有的词语。

续表

《蒙古秘史》语	蒙古文复原	《蒙古秘史》旁译	备注
薛凉格	selengge	（地名）	满语 selengge 一词由 sele- 和 -ngge 构成，词干 sele 语义为"铁"，蒙古语中与其对应的词语为 temör"铁"。在满–通古斯语族语言中，与满语 sele"铁"同源的词语有：锡伯语 səl"铁"，鄂温克语 səl"铁"，鄂伦春语 ʃələ"铁"，赫哲语 sələ"铁"。[6] 在蒙古语族语言中，与蒙古语 temör"铁"同源的词语有：东部裕固语 temər"铁"[7]，土族语 təmur"铁"[8]，东乡语 tɕiəmu"铁"[9]，保安语 temər"铁"[10]。词缀 -ngge 为满语派生关系形容词的词缀，有 -ngga/-nggo 等变体，依满语元音和谐律，缀加于名词之后派生关系形容词。[11] 如满语：morin"马"—moringga"骑马的"，erdemu"德"—erdemungge"有德的"，kubun"棉花"—kubungge"棉的"，orho"草"—orhonggo"有草的"。
阿勒斤赤	alɣinči	头哨	该词由 alɣin- 与 -či 构成，其中词干在满语中以 algin 形式存在，语义为"声望"，在蒙古语中与其对应的词语为 aldar"名声"。在满–通古斯语族语言中，与满语 algin"声望"同源的词语有：锡伯语 algin"声望"[12]。在蒙古语族语言中，与蒙古语 aldar"名声"同源的词语有：达斡尔语 aldər"消息"[13]。-či/-ci 为蒙古语和满语中由名词派生名词的词缀。如：蒙古语 tariya"田地"—蒙古语 tariyači"农民"，蒙古语 mal"牲畜"—蒙古语 malči"放牧人"，蒙古语 qoni"绵羊"—蒙古语 qoniči"放羊人"，蒙古语 silüg"诗歌"—蒙古语 silüči"诗歌家"[14]；满语 adun"牧群"—满语 aduci"放牧人"，满语 sejen"车"—满语 sejeci"车户"，满语 asu"网"—满语 asuci"网户"。[15]

《蒙古秘史》语	蒙古文复原	《蒙古秘史》旁译	备注
捏坤	nekün	人家，（名）	该词借自古代满语 neku "女伴侣，女同伴"，蒙古语中与其对应的词语为 nökür "朋友，友人"。在满－通古斯语族语言中，与满语 neku "女伴侣，女同伴"同源的词语有：鄂温克语 nəxun "朋友"[16]。在蒙古语族语言中，与蒙古语 nökür "朋友，友人"同源的词语有：达斡尔语 nuɣur "爱人，朋友"[17]，东部裕固语 nøkør "朋友，同志"[18]，土族语 nokor "同伴，伴侣，同路人，情人"[19]，东乡语 nokiə "爱人，伙伴"[20]。在满语和蒙古语的同源词中，蒙古语词尾辅音 r 在满语中脱落的现象比较常见。如：蒙古语 uɣur "臼"—满语 ogo "臼"，蒙古语 dabqur "双层"—满语 tafakū "双层"，蒙 古 语 oɣtor "短"— 满语 mokto "短"，蒙古语 simrgür "吸取的"—满语 cimekū "吸取的"。[21] 虽然满语 neku "女伴侣，女同伴"和《蒙古秘史》语 nekün（人名）语音相近，但其间不存在语音对应关系。《蒙古秘史》语 nekün（人名）是借用古代满－通古斯语的 neku，借用时，在其后添加了辅音 n。蒙古书面语中，在名词词干之后添加辅音 n 即可直接修饰名词。如蒙古语：naran quwar "葵花"、saɣsun bömbüge "篮球"、nabčin tamaki "寒烟"等。[22]
斡舌儿洹	orqon	（水名）	满语 orho 语义为 "草"，与其对应的蒙古语词语为 ebesü "草"。在满－通古斯语族语言中，与满语 orho "草"同源的词语有：锡伯语 orχ^w "草"，鄂温克语 ɔrttɔ "草"，鄂伦春语 ɔrttɔ "草"，赫哲语 oroχɔ "草"。[23] 在蒙古语族语言中，与蒙古语 ebesü "草"同源的词语有：达斡尔语 əus "草"[24]，土族语 veso "草"[25]，东 乡 语 osuŋ "草"[26]，保 安 语 ebsəŋ "草"[27]。在蒙古语中，与满语 orho "草"同源的词语为 oryo-"生长"，二者语音对应，语义相通，具有同源关系。与此相比，虽然蒙古语 orqon（水名）与满语 orho "草"语音相似，但其间没有语音对应关系，系前者借用后者。《蒙古秘史》语 orqon 在借用古代满－通古斯语 orho 时，在其后添加了辅音 n，而《蒙古秘史》中水名 orqon ɣool 之语义为 "有草之河"。

续表

《蒙古秘史》语	蒙古文复原	《蒙古秘史》旁译	备注
（中合中剌温）礩都	（qaraun）jidun	（山名）	满语 jidun 语义为"山脊，山梁，山岗"。在《五体清文鉴》中，与满语 jidun 对应的蒙古语为 sina，语义为"山脊"。在满－通古斯语族语言中，与其同源的词语有：锡伯语 dʒidun "山梁"，鄂温克语 dʒidəŋ "山梁"，鄂伦春语 dʒidən "山梁"，赫哲语 dʒidun "山梁"。[28]
额列	ele	所有	满语 ele 语义为"所有，一切，更，越"，与 mangga "厉害"结合后，以 ele mangga 形式表达"更加，反而"之语义。在满－通古斯语族语言中，与满语 ele "所有，一切，更，越"同源的词语有：锡伯语 əli "更"，鄂温克语 əli "更"，鄂伦春语 əli "更"，赫哲语 əli "更"。[29] 在蒙古语中，与满语 ele 对应的词语为 ulam "更"。《蒙古秘史》语 ele 借自古代满－通古斯语 ele。
捏勒克	nelkei	裹孩儿的被	满语 nereku 语义为"斗篷，雨衣"。nereku 是由 nere- 之后加 -ku 构成的，其中 nere- 语义为"披"，-ku 有变体 -kū，是由动词派生名词的词缀。如：满语 ana- "推"—满语 anakū "钥匙"，满语 obo- "洗"—满语 obokū "脸盆"，满语 inje- "笑"—满语 injeku "笑柄"，满语 eri- "扫"—满语 eriku "扫帚"。[30] 古代满－通古斯语 nereku 在被借用的过程中发生了一定的语音变化。
客秃格勒毡	ketügeljen	横越	该词词干 ketü 借自满语 hetu "横"，与其对应的蒙古语词语为 köndelen "横"。在满－通古斯语族语言中，与满语 hetu "横"同源的词语有：锡伯语 xətw "横"，赫哲语 xətu "横"。[31] 在蒙古语族语言中，与蒙古语 köndelen "横"同源的词语有：达斡尔语 xundul "横"[32]，土族语 kondəlen "横"[33]，保安语 gəndəlaŋ "横"[34]。《蒙古秘史》语 ketügeljen 之词缀 -geljen 有变体 -ɣaljan，是蒙古语派生形容词的词缀。在满语和蒙古语相互借用的词语中，借用成分之后缀加该词缀而派生新词的现象比较常见。

续表

《蒙古秘史》语	蒙古文复原	《蒙古秘史》旁译	备注
撒察（别乞）	sača（beki）	（人名）	满语 saca 语义为"头盔"，在原始阿尔泰语系语言中 beki 为官称。在蒙古语中，与满语 saca 对应的词语为 duɣulaɣa "头盔"。
秃速舌儿格	tüsürge	酒局	该词借自满语 tusergen "宴席上放置盘杯的高桌"。在《五体清文鉴》中，与满语 tusergen 对应的蒙古语为 sarqud un sirege "酒桌"。
中合儿乞	qarki	流道	该词借自满语 hargi "水流最急处"。在蒙古语中，与满语 hargi 对应的词语为 targil "水流最急处"。

注：1. 斯琴：《现代蒙古书面语构词附加成分研究》，内蒙古教育出版社 2004 年版，第 221—222 页。
2. 《五体清文鉴》，民族出版社 1957 年版，第 1451 页。
3. 孙宏开：《中国少数民族语言简志丛书（第 6 卷）》，民族出版社 2008 年版，第 987 页。
4. 布和等：《东乡语词汇》，内蒙古人民出版社 1983 年版，第 131 页。
5. 季永海、刘景宪、屈六生：《满语语法》，民族出版社 1986 年版，第 186 页。
6. 孙宏开：《中国少数民族语言简志丛书（第 6 卷）》，民族出版社 2008 年版，第 701、807、920、982 页。
7. 保朝鲁等：《东部裕固语词汇》，内蒙古人民出版社 1985 年版，第 117 页。
8. 哈斯巴特尔等：《土族语词汇》，内蒙古人民出版社 1986 年版，第 179 页。
9. 布和等：《东乡语词汇》，内蒙古人民出版社 1983 年版，第 153 页。
10. 陈乃雄等：《保安语词汇》，内蒙古人民出版社 1986 年版，第 165 页。
11. 季永海、刘景宪、屈六生：《满语语法》，民族出版社 1986 年版，第 147—148 页。
12. 朝克：《满通古斯语族语言词汇比较》，中国社会科学出版社 2014 年版，第 300 页。
13. 恩和巴图等：《达斡尔语词汇》，内蒙古人民出版社 1984 年版，第 9 页。
14. 诺日金：《蒙古语构词后缀汇总》，内蒙古教育出版社 2001 年版，第 174 页。
15. 季永海、刘景宪、屈六生：《满语语法》，民族出版社 1986 年版，第 105 页。
16. 孙宏开：《中国少数民族语言简志丛书（第 6 卷）》，民族出版社 2008 年版，第 809 页。
17. 恩和巴图等：《达斡尔语词汇》，内蒙古人民出版社 1984 年版，第 63 页。
18. 保朝鲁等：《东部裕固语词汇》，内蒙古人民出版社 1985 年版，第 26 页。
19. 哈斯巴特尔等：《土族语词汇》，内蒙古人民出版社 1986 年版，第 34 页。
20. 布和等：《东乡语词汇》，内蒙古人民出版社 1983 年版，第 31 页。
21. 哈斯巴特尔：《蒙古语和满洲语研究》，内蒙古大学出版社 1991 年版，第 67—68 页。
22. 高·照日格图、额勒森其其格：《蒙古语格研究》，内蒙古教育出版社 2001 年版，第 158 页。
23. 孙宏开：《中国少数民族语言简志丛书（第 6 卷）》，民族出版社 2008 年版，第 703、808、922、983 页。

24. 恩和巴图等：《达斡尔语词汇》，内蒙古人民出版社 1984 年版，第 20 页。

25. 哈斯巴特尔等：《土族语词汇》，内蒙古人民出版社 1986 年版，第 243 页。

26. 布和等：《东乡语词汇》，内蒙古人民出版社 1983 年版，第 14 页。

27. 陈乃雄等：《保安语词汇》，内蒙古人民出版社 1986 年版，第 12 页。

28. 朝克：《满通古斯语族语言词汇比较》，中国社会科学出版社 2014 年版，第 20 页。

29. 朝克：《满通古斯语族语言词汇比较》，中国社会科学出版社 2014 年版，第 512—513 页。

30. 季永海、刘景宪、屈六生：《满语语法》，民族出版社 1986 年版，第 109 页。

31. 孙宏开：《中国少数民族语言简志丛书（第 6 卷）》，民族出版社 2008 年版，第 708、987 页。

32. 恩和巴图等：《达斡尔语词汇》，内蒙古人民出版社 1984 年版，第 125 页。

33. 哈斯巴特尔等：《土族语词汇》，内蒙古人民出版社 1986 年版，第 89 页。

34. 陈乃雄等：《保安语词汇》，内蒙古人民出版社 1986 年版，第 95 页。

以上所分析研究的满语（或女真语）借词，在语音和语义方面与清代满语基本相同，在满语和蒙古语相关词语的对比分析中，基本能鉴别其来源。除此以外，《蒙古秘史》中有部分满语（或女真语）借词在语义方面与清代满语具有一定的差别。如，《蒙古秘史》语"赤出阿"借自古代满－通古斯语 *ʃiʃuga "鞭子"一词[1]，其语音形式与满语 šushiha "鞭子"具有一定差别。

在《蒙古秘史》中，"赤出阿"一词共出现四次，旁译均为"鞭子"。如，第 76 节载：

薛兀迭舌列徹　不速　那可兒　兀該，　薛温額徹　不速　赤出阿　兀該……

　　影外　　　別　伴當　無　　　尾外　　別　鞭子　無

除影儿外无伴当，除尾子外无鞭子……

第 125 节载：

薛兀列扯　不速　赤出阿　兀該突舌兒，薛兀勒　孛勒周，只舌鲁格　米訥

　尾子處　别　鞭子　　無時　　　尾子　做着　　心　　我的

阿木兀勒罷。

安了

在我尾巴外无鞭时，来做我的鞭子，使我放心。

---

① 文化、长山：《〈蒙古秘史〉语"赤出阿"探源》，载《满语研究》2013 年第 2 期。

中世纪蒙古语研究学者认为，《蒙古秘史》语"赤出阿"之中古蒙古语读音为 ʧiʧu'a，蒙古文为 čičuɣa。虽然《蒙古秘史》中"赤出阿"处已有明确旁译"鞭子"，但有些学者认为此译有误，以致关于"赤出阿"之语义及来源的观点各异，众说纷纭。

其一，《蒙古秘史》研究者巴雅尔等学者依据原著的旁译"鞭子"，将"赤出阿"释为"鞭子"。①

其二，蒙古国学者舍·嘎丹巴根据《黄金史》中与《蒙古秘史》"赤出阿"对应的词 čučige，提出"赤出阿"之蒙古文形式为 čičige，语义为"刺具"。②

其三，阿尔达扎布译注《蒙古秘史》时，根据蒙古语额鲁特方言的 čičuɣa "绵羊尾巴骨头的细尖儿"一词，把"赤出阿"释为"尾巴，尾巴之脂肪"。③

其四，官布扎布认为，"赤出阿"语义为"驮子"。④

通过比较不难发现，以往的释义研究有以下几个特点：

第一，多数学者在解释"赤出阿"的语义时，虽然参照了多种文献资料及蒙古语方言土语中与《蒙古秘史》"赤出阿"语音形式相近的词语，但缺乏对所比较词语之间语音对应关系及演变规律的分析。

第二，部分学者从字面语义上理解句子"除影儿外无伴当，除尾子外无鞭子"和"在我尾巴外无鞭时，来做我的鞭子，使我放心"中"鞭子"与"尾巴"的关系，认为"赤出阿"的旁译"鞭子"有误。以上两个句子均使用了比喻的修辞法，其中第一个句子为比喻形式的熟语。熟语常用借代、比喻等修辞方法表达语义，其实际语义和字面语义之间相差甚大。为正确理解熟语的语义，客观分析"借体"和"喻体"之间的关系是极为重要的。

---

① 巴雅尔：《蒙古秘史》，内蒙古人民出版社 1980 年版。

② 舍·嘎丹巴：《蒙古秘史》，蒙古国国家出版社 1990 年版。

③ 阿尔达扎布：《新译集注〈蒙古秘史〉》，内蒙古大学出版社 2005 年版。

④ 官布扎布：《关于〈蒙古秘史〉中的一些谚语》，见《〈蒙古秘史〉国际学术讨论会论文集》，1988 年。

第三，巴雅尔等学者虽然认可原著旁译，但未解释"赤出阿"的语义和语音来源，从而缺乏词源的解释依据。

《蒙古秘史》成书时间早，并借用了较多其他语言的词语，因此，在对其进行语言研究时，参照阿尔泰语系相关文献资料至关重要。在对"赤出阿"一词的词源进行解释时，对比研究蒙古语族和满－通古斯语族语言材料，从二者的相互借用关系的视角进行分析极为重要。

现代蒙古语中表示"鞭"的词语为 tasiɣur、milaɣa，在蒙古语族语言中与其同源的词语有：东乡语 mina"鞭"，达斡尔语 minaa"马鞭"，保安语 məla"鞭"，东部裕固语 muna"马鞭"。[①] 现代蒙古语 milaɣa"鞭"、tasiɣur"鞭"二词之中，milaɣa"鞭"为蒙古语族语言的共有形式。

在满－通古斯语族语言中，表示"鞭"的词有：满语（morin）şaxka"（马）鞭"，锡伯语 susχa"鞭"，鄂温克语 sısɷɡɷ"鞭"，鄂伦春语 ʧiʧawa"鞭"，赫哲语 tʂutʂa"鞭"。[②] 这些词语语音对应，语义相通，具有同源关系，根据语音对应规律，可将其原始形式构拟为 *ʧiʧuga。

历史上，蒙古语族语言受突厥语族和满－通古斯语族语言的影响较深，并互相借用较多的成分。从蒙古语族语言及满－通古斯语族语言"鞭子"一词的语音形式和分布情况来看，《蒙古秘史》语"赤出阿"一词系借自古代满－通古斯语族语言的 *ʧiʧuga，语义为"鞭子"。

就《蒙古秘史》语言的词源研究而言，由于保存下来的蒙古语言文字的历史文献材料较少，且其形成时间较晚，仅依据蒙古语族内部的方言及书面语材料，很难解释部分词语的音义及词源。在这个问题上突厥语言学家科诺诺夫说得好："如果只利用突厥语言材料，实际上不可能勾画出公元七世纪前的突厥语言状况；七世纪以来，语音和语法结构变化得很小，以致只根据上述材料不可能重拟突厥语言的源语模式，甚至连最初的工作假说也无法建立。所以，能指出用来顺利解决编写突厥语历史比较语法这

---

① 孙宏开：《中国少数民族语言简志丛书（第6卷）》，民族出版社2008年版，第173、317、374、436页。

② 孙宏开：《中国少数民族语言简志丛书（第6卷）》，民族出版社2008年版，第616、704、810、923、985页。

一基本问题的唯一办法就是把研究者引到突厥语系范围以外。只有在阿尔泰系语言材料的基础上才有可能着手重拟突厥语言的语音和语法……没有诸蒙古语言和通古斯－满洲语言的历史比较语法，就使完成阿尔泰语言学的这一个最重要的任务更加困难。"[①] 这一段话的精神，也非常适合《蒙古秘史》语言的词源研究。蒙古语文献材料的形成较晚，且与古代阿尔泰语系语言的接触频繁，因此，要想解释《蒙古秘史》中词汇的语音、语义，不借助于整个阿尔泰语系语言的比较研究，是行不通的。

① 科诺诺夫：《苏联现代突厥语言学总结和问题》，许浩福译，见《阿尔泰语文学论文选译》（内部资料），中国社会科学院民族研究所语言研究室 1980 年版，第 43—44 页。

第二章

满语对蒙古语的影响

据前文分析，满族和蒙古族的先世毗邻而居，其语言相互影响，借用彼此成分。在清代，满语和蒙古语之间产生了全方位、多层次的接触，蒙古书面语及科尔沁土语、巴尔虎土语、察哈尔土语等蒙古语方言土语较多借用满语词语，发展丰富了蒙古语及其方言土语词汇。鉴别分析蒙古语中的满语借词及其特点，不仅能为阿尔泰语系理论提供依据，而且能揭示蒙古语词汇的历史演变过程，推动蒙古语词汇研究的新发展。

第一节　鉴别满语借词的方法

同源词和借词的鉴别，是亲属语言历史比较的首要环节。据徐通锵的研究，历史比较语言学研究语言的演变历史至少应包括以下几个步骤：第一，"收集、鉴别材料，剔除那些于历史比较无用的偶然同音现象、借用现象"；第二，"在方言或亲属语言的有差异的形式中找出语音对应关系，并据此确定同源成分"；第三，"确定那些有差异的形式的先后年代顺序，以便弄清语言发展的时间层次"；第四，"拟测原始形式，并利用各种可能的办法来检验拟测的可靠性"。[①] 由此来看，准确鉴别同源成分和借用

① 徐通锵：《历史语言学》，商务印书馆1991年版，第72页。

成分是亲属语言历史比较研究成功的关键所在，也是当今阿尔泰语系语言比较研究的首要任务。

在鉴别阿尔泰语系语言的同源成分与借用成分问题上，以往阿尔泰语言学家主要依据的是诸阿尔泰语言之间的语音对应规律。如，阿尔泰语言研究者鲍培（又译波普）认为，"阿尔泰语拥有一大批共同词。其中有很多是从一种阿尔泰语借入另一种阿尔泰语的，但很多词是出自一个共同的起源。一种阿尔泰语中的取自另一种阿尔泰语的借词的存在，从来也没有被否认过。但是，阿尔泰语系的所有的共同词并不全是借词。在大部分情况下，借词和同源词是彼此有区别的。标准是语音对应"①。从某种意义上说，同源词和借词的区分，直接关系到阿尔泰语系诸语言亲属关系的确定问题，而在区分同源词和借词问题上，首先需要解释关系词语音对应的性质。② 而随着历史比较语言学研究的深入，学者们逐渐发现，在阿尔泰语系语言历史演变过程中，成套借词同样能产生系统的语音对应现象。因此，单凭语音对应关系还很难说明阿尔泰诸语言是否存在更为古老的亲缘关系。以往的满语和蒙古语词汇比较研究也以研究关系词的语音对应为主，未说明关系词语音对应的实质，也就是说，学者们发现的具有语音对应关系的部分词语，很可能不是同源词。为了准确鉴别阿尔泰语系语言之间的相互借用成分，英国学者克劳森、匈牙利学者罗纳－塔斯等人提出了鉴别突厥语族语言和蒙古语族语言相互借用成分的方法。③

关于鉴别蒙古语中的早期突厥语成分，克劳森提出以下几种方法：

1. 统计表示重要概念的同义词，如果两种语言中的一种语言用词语 A 表达一种概念，而另一种语言则用词语 A 及词语 B 来表达同一概念，便可设想 A 在第二种语言中是借词；

2. 通过同根词比较，分析形态成分，鉴别借词；

---

① 波普：《评阿尔泰语系词汇比较研究》，周建奇译，见中国社会科学院民族研究所语言室：《民族语文研究情报资料集（1985 年第 5 集）》，第 14 页。

② 长山：《满语词源及文化研究》，社会科学文献出版社 2014 年版，第 90 页。

③ 罗纳－塔斯与克劳森的观点转引自王远新：《突厥历史语言学研究》，中央民族大学出版社1995 年版，第 20—23 页。两位学者的观点，对本研究之蒙古语中的满语借词分辨工作颇有参考价值，故笔者按照《突厥历史语言学研究》的整理，将其录入本书。

3. 分析派生词的结构及构成特点，识别借词；

4. 研究各语言共有词的语音结构，识别借词；

5. 使用确定年代的方法，鉴别借词；

6. 使用参照民族经济与文化发展资料的方法，识别借词。

匈牙利学者罗纳－塔斯则对此问题做过进一步讨论，他认为，鉴别阿尔泰语系语言之间的相互借用成分，可以使用以下论据：

1. 词源学论据。如果一个词语在语言甲和语言乙里有着系统的对应形式，但语言甲里没有其词源，而其构词成分在语言乙当中存在，那么，此词语是语言甲从语言乙借用的。

2. 历史语义论据。如果一个词语在语言甲和语言乙里有着系统的对应形式，但在语言甲里只表达具体专门化的语义，而在语言乙里表达的语义却十分广泛，那么，这个词语是语言甲从语言乙借用的。当然，也完全可能有另一种解释，即语言甲可能对该词语义进行再限制。但是，如果这类有语义对应关系的词语数量较多，那么，这种词语是语言甲从语言乙借用的。

3. 同义词论据。如果语言甲里有一对同义词表示同一个事物，其中之一存在于语言乙当中，那么，语言甲的词语为借词。

4. 基本词汇论据。在语言甲和语言乙里，基本词汇的对应越多，其间具有亲缘关系的可能性就越大。但理论上基本词汇中任何一个选择不当的单词都可能是借词，从语言历史角度看，还需要大量的相互关联词语做证据。正确的方法不是指明两种语言的对应现象，而是解释对应关系的本质。如果语言乙里的大量基本词汇在语言甲中有固定的对应形式，但其在语言甲里并不属于基本词汇，那么，这些词语是借词。

5. 数词论据。阿尔泰语系语言数词之间只存有极少数的共同特点，实际没有对应关系，这当然是反对阿尔泰语言亲缘关系的论据。如果十位数数词体系在阿尔泰语分解之前尚未形成，那么，此证据则无助于亲缘关系和借用关系的相关研究。

6. 代词论据。在阿尔泰语系语言代词体系中，单数第一、第二人称代词的语音对应最为系统整齐，单数第三人称代词也有一定的对应关系。然而，复数人称代词在语音及形态上均不相同。阿尔泰语系语言复数人称代词是在原始语分解之后发展起来的。

7. 文化历史论据。如果文化经济及社会历史有关术语的综合在语言甲和语言乙里一致，而且是在原始语分解之后出现的，那么这一整套术语，或者在语言甲里是借用的，或者在语言乙里是借用的，或者在两种语言里都是借用的。

8. 外语借词论据。语言甲和语言乙有相互对应的词语，如果能证明语言乙里的这个词语是借自第三种语言的，那么，在语言甲当中，该词也是借入的。

9. 语言地理学论据。如果语言甲、乙、丙是亲属语言，那么由共同原始语继承下来的对应现象，在三种语言里或多或少是相同的。如果语言甲和语言乙里的大量有对应关系的词语，在语言乙和语言丙里没有对应关系，或者，在语言乙和语言丙里有对应关系的词语，在语言甲和语言乙里没有对应关系，那么，这些对应关系是相互借用的结果。

10. 音位体系的论据。如果语言甲和语言乙里构拟出来的最古老的音位体系的每一成分都是一致的，那么，二者具有亲属关系。阿尔泰语系语言音位体系的构拟在许多方面仍处于讨论阶段，而所构拟的突厥、蒙古、满－通古斯语音体系之间又有着重要差别，于是，所研究的三种体系在结构上各不相同，而且这种不同是较早发展起来的，但本身又都不完善。这种情况提示研究人员，每一种原始语言在各自的发展中都经历过漫长的道路。

11. 历史音位学论据。如果语言甲的音位在语言乙里有两套对应现象，那么对其可有两种解释：其一，语言甲中的音位 a^1 可能是原来两个音位（a^1 和 a^2）合并的结果；其二，语言甲里有过 $a^1 \rightarrow a^2$ 的发展过程。在这两种情况下，音位 a^1 在语言乙里可能是继承的，也可能是借入的，而共时的 a^2 在语言乙里只能是借入的。

两位学者的观点，虽然有些仍需要进一步的论证，但其对鉴别蒙古语中满语借词的研究具有较高的参考价值。本研究在参考以往阿尔泰语系语言鉴别借词研究的基础上，综合使用以下研究方法，鉴别蒙古语及其方言土语中的满语借词：

第一，结构分析。对于满语和蒙古语等黏着性语言来讲，辨别其借词的一种行之有效的方法就是对其构词成分进行来源分析，即首先把词语分解为词干和词缀，然后通过相关语言的构词成分来确定该词是否是借用的。这种方法的关键在于分析比较某个词语词根和词缀的来源。如果一个词在满语和蒙古语里有着系统的对应形式，但蒙古语里没有该词的构词成分，而其词根或词缀却在满语里存在，那么，蒙古语中的该词是从满语借用的。

第二，语音分析。阿尔泰语系语言比较研究是以形态比较为基础建立起来的。但是，对于亲属语言的历史比较研究来讲，无论是形态比较，还是词汇比较，都离不开其语音的比较。亲属语言的形态比较归根到底是形态成分的语音比较，因此，语音比较是满语和蒙古语比较研究的基础。在满语和蒙古语的词汇比较研究中，除了历史比较语言学的语音对应关系分析，还可以通过词语的语音特点来分辨蒙古语中的满语借用成分。

第三，语义分析。借用词语是使语言产生同义现象的主要原因之一，通过对同义词的语义特点进行分析，亦能鉴别蒙古语中的满语借词。如果一个词在满语和蒙古语中都存在，且其语音形式非常相似，在满语里表达一种具体的或专门化的语义，而在蒙古语中所表达的语义更广泛，那么，蒙古语中的这个词很可能是从满语里借用的。还有一种情况是，如果蒙古语中有两个词语表示同一个事物，其中之一也存在于满语之中，那么，这个词语是借自满语的。

第四，语族语言分布情况分析。对词语在满－通古斯语族语言和蒙古语族语言中的使用情况及文献记载进行分析，亦对鉴别蒙古语中的满语借词有很大帮助。本书通过比较研究满－通古斯语族语言和蒙古语族语言的语料，鉴别蒙古语中的满语借词。此外，与固有词相比，借词的构词能力和组合能力较弱，因此，本书在鉴别蒙古语中的满语借词时，也将着重观察词语在满蒙两种语言中的构词能力及组合能力。

本书将运用结构分析、语音分析、语义分析、构词能力分析、组合能力分析、亲属语言中的分布情况分析等研究方法，比较研究满语和蒙古语词汇，鉴别蒙古语中的满语借用成分。当然，笔者提倡在具体研究过程中综合运用多种研究方法，以更准确而客观地鉴别蒙古语及其方言土语中的满语借词。

第二节　蒙古书面语中的满语借词

蒙古书面语是以蒙古文记载，在蒙古口语基础上形成的符号系统。由于蒙古书面语是在文本交流中所使用的语言，所以其比蒙古口语更具有内在稳定的特点。尽管蒙古语各方言土语具有内部差异性，但中国境内的蒙古族所使用的是统一的蒙古书面语。在清代满蒙语言文化的交流过程中，蒙古书面语借用了为数不少的满语词语，举例说明如下。[①]

amban "大的，都统"，借自满语 amban "大，大臣"。

第一，满语 amban "大，大臣" 是由 amba "大" 缀加构词词缀 -n 构成的。其中，amba 为词干，表 "大" 之语义，-n 为构词词缀。在满语中，名词类词干之后缀加构词词缀 -n 派生新词的现象比较常见，如：amsu "皇帝饮食" —amsun "献神酒食"，asha "翅膀" —ashan "旁边，副"，ejehe "记录" —ejehen "注释"，doro "道理，政权" —doron "印章"。蒙古书面语 amban "大的，都统" 为词根词，对其无法进行构词成分的分析。

第二，在满－通古斯语族语言中，与满语 amban "大，大臣" 的词根 amba "大" 同源的词语有：锡伯语 ambu "大"[②]，女真语安巴·剌（amba-la）"大，多"[③]。蒙古语中与满语 amba "大" 对应的固有词为 yeke "大"，在蒙古语族语言中与其同源的词有：东乡语 fugiəs "双亲，长辈"[④]，土族

---

① 本节内容曾载入笔者拙著《满语词源及文化研究》，社会科学文献出版社 2014 年版。在此做一定修改和调整。

② 孙宏开：《中国少数民族语言简志丛书（第 6 卷）》，民族出版社 2008 年版，第 707 页。

③ 金启孮：《女真文辞典》，文物出版社 1984 年版，第 35 页。

④ 布和等：《东乡语词汇》，内蒙古人民出版社 1983 年版，第 53 页。

语 ʂgʒ "大"①，达斡尔语 xiɣ "大"②，东部裕固语 ʃike "大"③，保安语 ʂgo "大"④。

第三，满语 amban "大，大臣" 一词有较强的组合能力，由其组合构成的词组有：amban nimanggi "大雪"、amban ama "大伯"、horon gungge amban "武功大夫"、doro de tusa araha amban "资政大夫"。而由其词根 amba "大" 派生的词有：ambaki "大样，高傲"、ambalinggū "大方，雄伟，魁伟"、ambakilambi "自大，高傲"、ambarambi "张大" 等。与此相比，蒙古语 amban "大的，都统" 一词的组合能力较弱，仅以词组 amban noyan 形式指 "清代官员"。

由以上分析可证明，蒙古语 amban "大的，都统" 系借自满语 amban "大，大臣"。

beise "贝子"、beile "贝勒"，两词分别借自满语 beise "贝子"、beile "贝勒"。

在满－通古斯语言中，与蒙古书面语 beise "贝子"、beile "贝勒" 相关的词语有：满语 beise "贝子"、beile "贝勒"；女真语背·塞（bəgi-sə）"诸孛堇，官们，臣等"，背·勒（bəgi-lə）"官，臣，勃极烈"。其中，满语 beile "贝勒"、beise "贝子" 分别是女真语背·勒（bəgi-lə）"官，臣，勃极烈" 和背·塞（bəgi-sə）"诸孛堇，官们，臣等" 之词中辅音 g 脱落的形式。

女真语背·勒（bəgi-lə）一词为 "官称"，《金史·金国语解》载："都勃极烈，总治官名，犹汉云冢宰。谙版勃极烈，官之尊且贵者。国论勃极烈，尊礼优崇得自由者。胡鲁勃极烈，统领官之称。移赉勃极烈，位第三曰'移赉'。阿买勃极烈，治城邑者。乙室勃极烈，迎逆之官。札失哈勃极烈，守官署之称。昃勃极烈，阴阳之官。迭勃极烈，倅贰之职。"⑤背·塞

---

① 哈斯巴特尔等：《土族语词汇》，内蒙古人民出版社 1986 年版，第 163 页。

② 恩和巴图等：《达斡尔语词汇》，内蒙古人民出版社 1984 年版，第 113 页。

③ 保朝鲁等：《东部裕固语词汇》，内蒙古人民出版社 1985 年版，第 107 页。

④ 陈乃雄等：《保安语词汇》，内蒙古人民出版社 1986 年版，第 147 页。

⑤ 脱脱：《金史》，中华书局 1975 年版，第 2891—2892 页。

（bəgi-sə）一词在《金史·金国语解》中未得到解释。

从构词上看，女真语 bəgi-lə（满语 beile）和 bəgi-sə（满语 beise）分别是由 bəgi-+-lə、bəgi-+-sə 构成的，其中词缀 -lə、-sə 是古代满－通古斯语言中的名词复数词缀。

在清代满语中，词缀 -sa/-se/-so 根据元音和谐规律，缀加于指人的名词之后，表达复数语义。如：ecike"叔叔"—ecikese"叔叔们"、monggo"蒙古"—monggso"蒙古们"、amban"大臣"—ambasa"大臣们"、irgen"百姓"—irgese"百姓们"。

词缀 -lə/-le 与满语复数词缀 -ri 之间存在同源关系。兰司铁提出，在满－通古斯语中，我们见到作为复数古标志的是 -l、-il 和 -r，其中 -l 用于以元音结尾的词干，-il 用于以辅音结尾的词干，-r 用于以 -n 结尾的词干。[①] 在满语中，满－通古斯语的复数词缀 -l/-il/-r 以 -ri 的形式保留，但其使用范围极小。季永海指出，在满语中，用复数附加成分 -ri、-si 的指人名词不多，尤其是用 -ri 的指人名词，是极个别的。[②] 其中，词缀 -ri 只缀加于 mafa"祖辈"等词语之后表达复数语义，如 mafari"祖辈们"。满语 beile 和女真语 bəgi-lə 中的词缀 -le/-lə 与满语复数词缀 -ri 同源，早期亦是名词复数词缀。

词干 bəgi 为阿尔泰语系诸语言共有的词语，如：古代突厥语 bäg"匐，官员"，bäglik"匐的"[③]；土耳其语 bey"王子"；维吾尔语 bäg"伯克，主人"；鄂温克语 bəgin"主人，首领"；涅基达尔语 bəgin"主人，首领"。[④] 中古蒙古文献《蒙古秘史》中亦出现别乞（beki）一词，旁译为官名。如：亦巴中合·别乞（ıbaq-a beki）（人名）、必勒格·别乞（bilge beki）（人名）、中合只温·别乞（qaǰiγun beki）（人名）。[⑤]

原始阿尔泰语 *bäg（*beki）一词，虽然在满－通古斯语族语言与突厥

① 兰司铁：《阿尔泰语言学导论（形态学）》，陈伟、沈成明译，中国社会科学出版社 1981 年版，第 53—54 页。

② 季永海、刘景宪、屈六生：《满语语法》，民族出版社 1986 年版，第 115 页。

③ 耿世民：《古代突厥文碑铭研究》，中央民族大学出版社 2005 年版，第 235 页。

④ 力提甫·托乎提：《阿尔泰语言学导论》，山西教育出版社 2004 年版，第 356 页。

⑤ 额尔登泰、乌云达赉：《〈蒙古秘史〉校勘本》，内蒙古人民出版社 1980 年版。

语族语言中以不同形式而存在，但它在现代蒙古语及其方言土语中已消失。现代蒙古语的 beile "贝勒"、beise "贝子" 二词是在 17 世纪末到 18 世纪中期满族与蒙古族文化的密切交流中，蒙古语借用满语官衔 beile "贝勒"、beise "贝子" 的结果。两词在现代蒙古语中的使用范围较窄，仅出现于与清代历史文化有关的文档当中。

erin "时代，时候"，借自满语 erin "时，时节，时候，时分"。

首先，在语用方面，蒙古语 erin "时代，时候" 不能单独使用，而以词组 čaɣ erin 之形式表达 "时候，时刻" 的语义。

其次，在词组 čaɣ erin "时候，时刻" 中，čaɣ "时，时刻" 为蒙古语固有词，在蒙古语族语言中与其同源的词语有：东乡语 tʂa "时间，时刻"，土族语 tɕaɢ "时间，时刻"，东部裕固语 ʧeg "时间，时刻"。[1] 在满－通古斯语族语言中，与满语 erin "时，时节，时候，时分" 同源的词语有：锡伯语 ərin "时候"，鄂温克语 ərin "时候"，鄂伦春语 ərin "时候"，赫哲语 ərin "时候"。[2]

此外，满语 erin "时，时节，时候，时分" 和蒙古语 čaɣ "时，时刻" 均为多义词，且义项基本相同。虽然在满语和蒙古语中，erin 一词的语音形式相同，但其在蒙古语中所表达的语义较窄。由此可知，蒙古语 erin "时代，时候" 一词借自满语，在被借用过程中受到蒙古语固有词 čaɣ "时，时刻" 的影响，语义发生了变化。

ɣačaɣa "嘎查，内蒙古行政区划单位，相当于村、乡村、村庄"，借自满语 gašan "乡村，村庄"。

第一，在满－通古斯语族语言中，与满语 gašan "乡村，村庄" 同源的词语有：女真语哈·沙（ga-ʃa）"村"[3]。在蒙古语中，表 "村庄" 义的词语为 ail，在蒙古语族语言中与其同源的词语有：《蒙古秘史》语阿寅

---

① 孙宏开：《中国少数民族语言简志丛书（第 6 卷）》，民族出版社 2008 年版，第 174、224、437 页。

② 孙宏开：《中国少数民族语言简志丛书（第 6 卷）》，民族出版社 2008 年版，第 701、807、920、982 页。

③ 金启孮：《女真文辞典》，文物出版社 1984 年版，第 87 页。

勒（ayin）"营，人家"，东乡语 aʁəŋ "村庄"①，土族语 ajil "村庄"②，达斡尔语 ail "村庄"③，东部裕固语 ail "村庄"④，保安语 aɢal "（与寺院相对而言的，俗人居住的）村庄"⑤。

第二，在满语中，gašan "乡村，村庄"一词的组合能力较强，由其组合构成的词组有：gašan falan "乡村，乡党"，gašan falga "乡村，村里"，gašan fafuri "乡勇"，gašan i aha "乡奴"，gašan i calu "社仓"，等等。与此相比，蒙古语 γačaγa 的构词能力和组合能力较弱，仅以词组 γačaγa küi 和 γačaγa tosqon 的形式表达"村庄"之义。

此两点可证明，蒙古语 γačaγa "嘎查"系借自满语 gašan "乡村，村庄"。

gürün "国，国家"，借自满语 gurun "国，国家，部落，人"。

首先，在用汉文拼写蒙古语和女真语（满语）的文献资料中，"国家"分别写作"兀鲁思"（ulus）"百姓，国家"和"国论"（gurun）"百姓，国家"。如，在《蒙古秘史》中"兀鲁思"（ulus）一词共出现 104 次，旁译多为"百姓"。⑥《金史》中"国论"（gurun）一词多次出现，《金史·金国语解》载录："国论勃极烈，尊礼优崇得自由者。"《钦定金史语解》卷六解释："古伦贝勒，古伦，国也，贝勒，管理众人之称。卷二作国论勃极烈。"⑦

其次，在蒙古语族语言中，与蒙古语 ulus "国家"同源的词语有：土族语 lus "国家"、东部裕固语 ulus "国家"。⑧在满–通古斯语族语言中，与满语 gurun "国，国家，部落，人"同源的词语有：锡伯语 gurun "国家"、鄂温克语 gurun "国家"、鄂伦春语 gurun "国家"、赫哲语 golo "国家"。⑨

① 布和等：《东乡语词汇》，内蒙古人民出版社 1983 年版，第 2 页。

② 哈斯巴特尔等：《土族语词汇》，内蒙古人民出版社 1986 年版，第 9 页。

③ 恩和巴图等：《达斡尔语词汇》，内蒙古人民出版社 1984 年版，第 2 页。

④ 保朝鲁等：《东部裕固语词汇》，内蒙古人民出版社 1985 年版，第 1 页。

⑤ 陈乃雄等：《保安语词汇》，内蒙古人民出版社 1986 年版，第 5 页。

⑥ 宏英：《"兀鲁思"词义演变及历史现象》，中国蒙古语文学会语言文化专业委员会首届蒙古语言文化学术研讨会论文，2006 年。

⑦ 孙伯君：《金代女真语》，辽宁民族出版社 2004 年版，第 218 页。

⑧ 孙竹：《蒙古语族语言词典》，青海人民出版社 1990 年版，第 673 页。

⑨ 孙宏开：《中国少数民族语言简志丛书（第 6 卷）》，民族出版社 2008 年版，第 705、811、924、985 页。

此外，在蒙古语中，gürün 一般不单独使用，而与 ulus "国"组合，构成固定词组 ulus gürün，表"国家"之义。

从上面的三点分析来看，蒙古语 gürün "国，国家"一词借自满语 gurun "国，国家，部落，人"，在借用过程中语义发生变化，演变为单义词。

meiren "梅林"，借自满语 meiren "肩膀，围肩，副都统（梅林）"。

满语 meiren 之基本语义为"肩膀"，引申语义为"围肩，副都统"[①]，蒙古语借用其引申语义"副都统"。

首先，在满 – 通古斯语族语言中，与 meiren "肩膀，围肩，副都统"同源的词语有：锡伯语 mirin "肩膀"、鄂温克语 miir "肩膀"、鄂伦春语 miirə "肩膀"。[②] 在蒙古语中，与满语 meiren "肩膀，围肩，副都统"同源的词语为 mörön "肩膀"。而在蒙古语族语言中，与蒙古语 mörön "肩膀"同源的词语有：东部裕固语 murə "肩膀"[③]、达斡尔语 mur "肩膀"[④]。

其次，据阿尔泰语言学家鲍培的研究，满语 meiren "肩膀，围肩，副都统"由原始阿尔泰语系语言 *möiren 演变而来，其演变过程可构拟为 meiren ∠ *möiren。[⑤] 依此类推，蒙古语 mörön "肩膀"的原始形式及语音演变历程可构拟为：mörön ∠ *mören ∠ *möiren。满语 meiren 和蒙古语 mörön 之间有语音对应关系，是同源词；而蒙古语 meiren 与满语 meiren 虽然语音完全相同，但其间不存在语音对应规律，是相互借用的结果。

此外，meiren 一词在满语和蒙古语中的组合能力亦说明，蒙古语 meiren "梅林"一词系借自满语。在满语中，meiren "肩膀，围肩，副都统"一词有较强的组合能力，由其组合派生的词组有：meiren giranggi "肩骨"、meiren i ejen "副都统"、meiren adame "并肩"、meiren i janggin "副都统"等。而蒙古语 meiren "梅林"一词的组合能力较弱，仅以词组 qusiɣu meiren 的

---

① 在清代满语中，由身体部位名称引申制度名称的现象较为常见。如：uju（基本语义为"头，首"，引申义为"首领"），gala（基本语义为"手"，引申义为"翼"，如 jebele gala "右翼"、danhūwan gala "左翼"）等。

② 孙宏开：《中国少数民族语言简志丛书（第 6 卷）》，民族出版社 2008 年版，第 703、809、922 页。

③ 保朝鲁等：《东部裕固语词汇》，内蒙古人民出版社 1985 年版，第 96 页。

④ 恩和巴图等：《达斡尔语词汇》，内蒙古人民出版社 1984 年版，第 208 页。

⑤ 鲍培：《阿尔泰语比较语法》，周建奇译，内蒙古教育出版社 2004 年版，第 41 页。

形式表达"旧时的旗主"之义。

ombolo"孙子"，借自满语 omolo"孙子"。

第一，omolo"孙子"为满语固有词，在满–通古斯语族语言中与其同源的词语有：女真语斡莫·罗（omo-lo）"孙子"[1]，锡伯语 omol"孙子"，鄂温克语 ɔmɔlɛɛ"孙子"，鄂伦春语 ɔmɔlɛɛ"孙子"，赫哲语 omuli"孙子"。[2]

第二，在蒙古语族语言中，omolo 一词除了蒙古语，还在达斡尔语中以 omul"孙子"的形式存在。在蒙古语中，表示"孙子"的词为 ači，在蒙古语及其方言土语中，与其同源的词语有：蒙古书面语 ači"孙子"、蒙古语标准语 aʧ"孙子"、卫拉特方言 aʧ"孙子"、喀尔喀方言 aʧ"孙子"。

第三，在蒙古文文献资料中，如《北虏考》《蒙古译语》《译语》《华夷译语》《译部》等用汉字拼写蒙古语的文献中，表示"孙子"的词为"阿赤"（ači）。[3]除此之外，在 1926 年印刷的《蒙文分类辞典》中，表示"孙子"的词也为 ači。

通过比较研究 omolo"孙子"和 ači"孙子"在满–通古斯语族语言、蒙古语族语言及满文、蒙古文文献资料中的分布情况，我们可以确定，蒙古语 ombolo"孙子"一词是借自满语的。

据斯琴巴特尔研究，满语 omolo"孙子"一词在被借用于蒙古语之后，对蒙古语的亲属称谓系统产生了很深的影响。在满语借词 ombolo"孙子"的影响之下，蒙古语固有词 ači"孙子"的语义演变为 ači"侄子"。同时，由 ombolo"孙子"经语音交替而派生的 dombolo"曾孙"一词，使蒙古书面语及其方言土语中的 jiči"曾孙"一词逐渐被淘汰。同样，有些蒙古语方言土语中由 ombolo"孙子"派生的 šombolo"玄孙"一词，亦呈现出取代蒙古语固有词 γuči"玄孙"的趋向。[4]

orqodai"人参"，借自满语 orho i da"人参"。

第一，满语 orho i da"人参"是由 orho"草"、i（属格词缀，表示"的"），

---

① 齐木德道尔吉：《女真语音初探》，载《内蒙古大学学报（哲学社会科学版）》1983 年增刊。

② 孙宏开：《中国少数民族语言简志丛书（第 6 卷）》，民族出版社 2008 年版，第 704、809、923、984 页。

③ 乌·满都夫：《蒙古译语词典》，民族出版社 1995 年版，第 83、223、317、449、635 页。

④ 斯琴巴特尔：《蒙古语中满语借词 ombolo 及其相关问题探析》，载《满语研究》2009 年第 2 期。

以及 da "根，头目"组合而成的合成词，而蒙古语中 orqodai "人参"一词为词根形式，不能对其做构词成分分析。

第二，虽然蒙古语方言土语中也有 da "长，头目"一词，以词组 ail yin da、sumun da、qusiɣun da 形式分别表达"村长"、"乡长"和"旗长"之义，但蒙古语 da 也借自满语。在满－通古斯语族语言中，与满语 da "根，头目"同源的词语有：鄂温克语（ud）də "（县）长"。[1] 在蒙古语中，与满语 da 对应的固有词为 daruɣa "首领，领导"，蒙古语族语言中与其同源的词语有：土族语 da:rəlɢa- "使压"[2]，东部裕固语 darəlɢa- "使压者"[3]，达斡尔语 darɢa "首领、领导"。[4]

第三，蒙古语中与满语 orho "草"同源的词为 orɣo- "生长"，二者语音对应，语义相通。虽然蒙古语 orqodai "人参"与满语 orho i da "人参"语音相似，但其语音没有对应关系。据历史语言学的研究，"语音对应和语音相似是两回事。借词的语音很相似，但不存在有规律的语音对应关系，而有时候语音上看起来完全不同的词却可能具有对应关系，因而可以藉此确定它们为同源词"[5]。虽然满语 orho 与蒙古语 orqo 之语音形式完全相同，但其间没有语音对应规律，这也进一步证明蒙古语 orqodai "人参"系借自满语 orho i da "人参"。

quwaran "军营，营地"，该词借自满语 hūwaran "圈子，院子，军营，营房，坟地"。

第一，满语 hūwaran "圈子，院子，军营，营房，坟地"由 hūwa "院子，庭院，天井"之后缀加构词词缀 -ran 构成，而蒙古语 quwaran "军营，营地"为词根形式，不能对其做构词成分的分析。

第二，在蒙古语中，与满语 hūwaran 同源的词语为 qoriyan "院子，军营"，该词是由 qori- "圈进"之后缀加构词词缀 -yan 构成的。在蒙古语

① 孙宏开：《中国少数民族语言简志丛书（第 6 卷）》，民族出版社 2008 年版，第 809 页。

② 哈斯巴特尔等：《土族语词汇》，内蒙古人民出版社 1986 年版，第 188 页。

③ 保朝鲁等：《东部裕固语词汇》，内蒙古人民出版社 1985 年版，第 126 页。

④ 孙竹：《蒙古语族语言词典》，青海人民出版社 1990 年版，第 202 页。

⑤ 徐通锵：《历史语言学》，商务印书馆 1991 年版，第 76 页。

族语言中与 qori- "圈进"同源的词语有：达斡尔语 xore:- "集中"①、土族语 xɵrə- "圈进"②、东乡语 goroŋ "院子"③。

第三，在蒙古语中，quwaran "军营，营地"一词的构词能力和组合能力较弱，仅以 čerig un quwaran 的形式表"军营，营地"之义。

以上三点证明，蒙古语 quwaran "军营，营地"是借自满语 hūwaran "圈子，院子，军营，营房，坟地"的，但仅借用了其第三个义项"军营"。

在满语和蒙古语相互影响的问题上，学者们都认为蒙古语对满语的影响很大，承认满语中有很多蒙古语借词。如，阿尔泰学家鲍培在其专著《阿尔泰语言学导论》中谈到蒙古语族语言和满 – 通古斯语族语言之间词汇相互借用的情况。鲍培指出，满语中有大量的蒙古语借词，而满语对蒙古语的影响很小，所给予蒙古语的是少数有关行政的用语，以及 17 世纪末和 18 世纪中进入蒙古语的一些头衔。④鲍培的观点值得商榷，从上文的借词情况来看，满语对蒙古语也有一定的影响，而在下文，我们将继续探讨满语对蒙古语科尔沁土语、察哈尔土语及巴尔虎土语产生的深刻影响。因此，在阿尔泰语系语言研究中，不能仅着眼于语言单方向的影响研究，还应重视语言之间的相互影响研究。

第三节　科尔沁土语中的满语借词

历史上，蒙古语科尔沁土语深受汉语和满语的影响，借用了较多的汉语和满语成分。在清代，科尔沁部落与清政府之间交往频繁，贵族之间联姻人次较多，是清代众蒙古部落中与清政府关系最为紧密的部落。清代科尔沁部落和满族之间的密切关系，使蒙古语科尔沁土语借用了较多的满语词语。

---

① 恩和巴图等：《达斡尔语词汇》，内蒙古人民出版社 1984 年版，第 121 页。

② 哈斯巴特尔等：《土族语词汇》，内蒙古人民出版社 1986 年版，第 80 页。

③ 布和等：《东乡语词汇》，内蒙古人民出版社 1983 年版，第 83 页。

④ 鲍培：《阿尔泰语言学导论》，周建奇译，内蒙古教育出版社 2004 年版，第 198 页。

aidɤ-"愈好，病好"，借自满语 aitu-"复活，复苏，苏醒，（瘦弱的牲畜）上膘"。

在语族语言分布方面，在满－通古斯语族语言中，与满语 aitu-"复活，复苏，苏醒，（瘦弱的牲畜）上膘"同源的词语有：锡伯语 aitəvə-"救人"、鄂温克语 ajtɯbɯɯra-"救"、鄂伦春语 ajtabɯɯra-"救人"。[1] 蒙古书面语中表示"愈好，病好"的词语为 edegere-，蒙古语族语言中与其同源的词语有：达斡尔语 ədəɣ-"复原，恢复，好转"。[2]

在语音方面，满语 aitu-"复活，复苏，苏醒，（瘦弱的牲畜）上膘"在被借用于科尔沁土语的过程中，第二音节元音 u 弱化为 ɤ，同时辅音 t 演变为 d。首先，科尔沁土语以弱化元音 ɤ 输出满语非词首音节元音。如：科尔沁土语 sarɤg "碗架"—满语 sarhū "隔板，碗架"；科尔沁土语 taxɤr "差夫"—满语 takūran "官差、差役"；科尔沁土语 tatɤg "抽屉"—满语 tatakū "抽屉"；科尔沁土语 gɛrɤb "好害羞"—满语 giruba "好害羞的"。其次，蒙古书面语 d 在科尔沁土语中发作 d 或 t 的现象较为常见。如：蒙古书面语 udasu "线"—科尔沁土语 ɯdɤs~ɯtɤs "线"；蒙古书面语 oɤudur "短"—科尔沁土语 ɔgdɤr~ɔgtɤr "短"；蒙古书面语 tula daɤan "由此"—科尔沁土语 dɯlda:n~dɯlta:n "由此"。[3] 在科尔沁土语中，满语借词 aitu-"复活，复苏，苏醒，（瘦弱的牲畜）上膘"之辅音 t 亦发生如上的音变。

在语义方面，满语 aitu- 之语义为"复活，复苏，苏醒，（瘦弱的牲畜）上膘"，在被借用于科尔沁土语的过程中发生语义变化，表"愈好，病好"之义。

bidʒir "小麻籽"，借自满语 fijiri "线麻仁"。

蒙古书面语称满语 fijiri "线麻仁"为 oloso "小麻籽"。蒙古语及其方言土语以辅音 p 输出借词中辅音 f 的现象较为常见。在此例中，科尔沁土语以 b 输出满语 fijiri "线麻仁"之辅音 f 的现象，与满语和蒙古

---

[1] 孙宏开：《中国少数民族语言简志丛书（第6卷）》，民族出版社 2008 年版，第 707、812、926 页。

[2] 恩和巴图等：《达斡尔语词汇》，内蒙古人民出版社 1984 年版，第 28 页。

[3] 白音朝克图：《科尔沁土语研究》，内蒙古大学出版社 2002 年版，第 69 页。

语同源词之辅音 f、b 的语音对应有关。如：满语 farhūn "幽暗"—蒙古语 barayan "乌黑"；满语 fuhali "竟然"—蒙古语 büküli "整体"；满语 hefeli "腹部"—蒙古语 kebeli "腹部"；满语 yafahan "步行的"—蒙古语 yabayan "步行的"。对于此语音对应关系，哈斯巴特尔认为，古代阿尔泰语系语言之辅音 *p 在满语中演变为 f，而在蒙古语中演变为 b，从而形成满语辅音 f 和蒙古语辅音 b 的语音对应规律。[①] 受同源成分语音对应规律的影响，科尔沁土语在借用满语 fijiri "线麻仁"时，用辅音 b 输出其词首辅音 f。此外，满语和蒙古语词语之间的有些语音对应现象，并不是由原始语音分化而形成的同源成分之间的对应现象，而是两种语言相互借用的结果。因此，单凭语音对应关系很难鉴别满语和蒙古语之间的同源成分和借用成分，在往后的研究中还需要研究者综合运用结构分析、语义分析、语音分析等研究方法，以更为客观地鉴别两种语言的借用或同源成分。[②]

bœːdaː ~ bœːd "管家"，借自满语 boo i da "管领"。

满语 boo i da "管领"为合成词，其中 boo 之语义为"房，家"，i 为属格词缀，表达"的"之语义，da 语义为"领导，领首"。科尔沁土语 bœːdaː ~ bœːd "管家"为词根词，无法对其进行构词成分的分析。将满语 boo i da "管领"翻译为蒙古语，即 ger ün daruya "管领"。

满语 boo i da "管领"在被借用于科尔沁土语的过程中，发生以下语音演变现象。

第一，满语合成词 boo i da 的复合元音 oo 在其后格词缀 i 的影响下前化演变为 œː，同时，元音 i 脱落。蒙古语后元音在其后前元音 i 的影响之下发生前化演变的现象，在科尔沁土语中比较常见。如：蒙古书面语 uyuli "猫头鹰"—科尔沁土语 œːl "猫头鹰"；蒙古书面语 qauli "法律"—科尔沁土语 xœːl "法律"；蒙古书面语 sayuri "座"—科尔沁土语 sœːr "座"；蒙古书面语 doyuki "笑话"—科尔沁土语 dœːg "笑话"。这些词语中，蒙古书面语语音丛 uyu、ayu、oyu 和二合元音 au 在蒙古语口语

---

① 哈斯巴特尔：《蒙古语和满洲语研究》，内蒙古大学出版社 1991 年版，第 37—38 页。

② 详见长山：《满语词源及文化研究》，社会科学文献出版社 2014 年版。

中演变为长元音后，又在其后音节元音 i 的影响之下，在科尔沁土语中演变为前化元音。

第二，满语 da 之元音 a 在科尔沁土语中脱落或演变为长元音，这两种演变趋势具体表现为：（1）蒙古书面语词尾短元音在口语中脱落，其结果是满语 boo i da 演变为 bœ:d；（2）为保留满语词语 da 的语音全貌，将短元音 a 发作长元音 a:，其结果是满语 boo i da 演变为 bœ:da:。

dɤrɤg "席子"，借自满语 derhi "席子，苇"。

蒙古书面语中与 derhi "席子，苇" 对应的词语为 čigirsü "席子"。在满 – 通古斯语族语言中，与满语 derhi "席子，苇" 同源的词语有：锡伯语 dirx~dirxj "席子"、鄂伦春语 dərʃun "席子"、赫哲语 dərxi "席子"。[①]

dʒa:guɛ "非常，很"，是由满语借词 dʒa: "容易，简单" 和蒙古语固有词 uguɛ: "无" 两词缩合构成的缩合词。

其中，第一成分 dʒa: "容易，简单" 借自满语 ja "容易"，在满 – 通古斯语言中，与其同源的词语有：锡伯语 dʒa "便宜"、赫哲语 dʑaqtœen "便宜"。[②] 蒙古语中与满语 ja "容易" 对应的词语为 kilbar "容易，简单"。第二成分之蒙古语固有词 uguɛ: "无" 在缩合过程中第一音节 u 发生脱落。

借词和固有词缩合成缩合词或借用成分后缀加蒙古语固有成分而派生新词的现象，在蒙古书面语及科尔沁土语中比较常见。如，除了下文要研究的满语借词 jaŋsɤx "铲，锄" 之外，科尔沁土语 pi:lɤx "劈"、daŋlɤx "挡"、taŋlɤx "烫"、dʒiŋlɤx "秤" 等词语分别是在汉语借用成分 "劈" "挡" "烫" "斤" 之后缀加蒙古语派生动词的词缀 -lɤ（蒙古书面语形式为 -la/-le）和 -x（蒙古书面语形式为 -qu/-kü）而形成的。

ɛʃ "顺手"，借自满语 ici "右，顺手"。

在《五体清文鉴》中，与满语 ici "右，顺手" 对应的蒙古语词语为 jöb "顺手"。在蒙古语族语言中，与蒙古语 jöb "顺手" 同源的词

---

① 孙宏开：《中国少数民族语言简志丛书（第 6 卷）》，民族出版社 2008 年版，第 704、923、984 页。

② 孙宏开：《中国少数民族语言简志丛书（第 6 卷）》，民族出版社 2008 年版，第 708、987 页。

语有：达斡尔语 dʒuːɣuː "正确"①、东部裕固语 dʒøb "正确"②、土族语 dʑyb "正确"③、东乡语 dʐo "真实的"④。在满－通古斯语族语言中，与满语 ici "右，顺手"同源的词语有：锡伯语 iɕtə "右"、赫哲语 əiki "东"。⑤ 满语 ici "右，顺手"在被借用于科尔沁土语的过程中，发生如下变化：

在语音方面，蒙古书面语元音 i 在科尔沁土语中演变为 ɛ 音的现象比较常见。如：蒙古书面语 sikir "糖"—科尔沁土语 ʃɛxɤr "糖"；蒙古书面语 nirkikü "震"—科尔沁土语 nɛrgɤx "震"；蒙古书面语 niskü "飞"—科尔沁土语 nɛsɤx "飞"；蒙古书面语 čimkikü "掐"—科尔沁土语 ʃɛmxɤx "掐"。与蒙古书面语元音 i 在科尔沁土语中演变为 ɛ 音的现象相同，满语 ici "右，顺手"的词首元音在科尔沁土语中也演变为 ɛ。此外，在借用过程中，满语音节末元音 i 在科尔沁土语中发生脱落。

在语义方面，满语 ici "右，顺手"为多义词，科尔沁土语 ɛʃ 为单义词，借用满语 ici 之第二义项"顺手"。

gɛrɤb "好害羞的"，借自满语 giruba "好害羞的"。

蒙古书面语将"好害羞的"称作 ičimetegei。满语 giruba "好害羞的"一词为派生词，由其词干 giru- "害羞"派生的词语有 girumbi "害羞"、girucun "廉耻"、girucuke "可害羞的"、girutu "懂得害羞的"等。词缀 -ba/-be 是由动词派生名词的词缀，如：olho- "谨慎"——olhoba "小心"；kiri-i "忍耐"——kiriba "忍耐的人"；kice- "勤"——kicebe "勤勉"；sere- "知觉"——serebe "小心的人"。⑥ 与此相比，科尔沁土语 gɛrɤb "好害羞的"为词根词，对其无法进行构词成分的分析。

通过以上分析可知，gɛrɤb "好害羞的"系借自满语 giruba "好害羞的"。

---

① 恩和巴图等：《达斡尔语词汇》，内蒙古人民出版社 1984 年版，第 320 页。

② 保朝鲁等：《东部裕固语词汇》，内蒙古人民出版社 1985 年版，第 146 页。

③ 哈斯巴特尔等：《土族语词汇》，内蒙古人民出版社 1986 年版，第 225 页。

④ 布和等：《东乡语词汇》，内蒙古人民出版社 1983 年版，第 181 页。

⑤ 孙宏开：《中国少数民族语言简志丛书（第 6 卷）》，民族出版社 2008 年版，第 701、982 页。

⑥ 季永海、刘景宪、屈六生：《满语语法》，民族出版社 1986 年版，第 110 页。

gɔʃig **"随从"**，借自满语 gocika "护卫军"。蒙古书面语将"随从"称作 daɣalta。

在构词方面，科尔沁土语 gɔʃig "随从"为词根词，满语 gocika "护卫军"为派生词，是在满语动词 goci- "吸，抽"之后添加派生形容词的词缀 -ka 而构成的。

在语义方面，满语 gocika 的基本语义为"抽调的"，"护卫军"为其引申语义。该词在被借用于科尔沁土语的过程中，词义发生变化，演变为"随从"。

在语音方面，满语 gocika "护卫军"的词尾元音脱落，同时辅音 c、k 分别演变为辅音 ʃ、g[①]，从而在科尔沁土语中演变为 gɔʃig "随从"。

xəːʃgeːзʃːex "猫"，借自满语 kesike "猫"。

在满－通古斯语族语言中，与满语 kesike "猫"同源的词语有：锡伯语 kəskə "猫"，鄂温克语 xeexə "猫"，鄂伦春语 kəekə "猫"，赫哲语 kəekə "猫"。[②]蒙古书面语中与满语 kesike "猫"义项相同的词语为 muur "猫"，是借用汉语"猫"的。在蒙古语族语言中，与蒙古语 muur "猫"同源的词语有：保安语 muʑi "猫"[③]。科尔沁土语在输出满语 kesike 的语音时，发生如下变化：

第一，满语 kesike "猫"词首辅音 k 在科尔沁土语中被输出为 x。此类语音输出规则详见后文满语 nikan "汉人"一词的语音输出解释。

第二，满语 kesike "猫"第一音节元音 ə 在科尔沁土语中被输出为长元音 əː。蒙古书面语短元音在蒙古口语中演变为长元音的现象是蒙古语常见的音变现象。如：蒙古书面 abu "父"—科尔沁土语 aːb "父"；蒙古书面语 eji "母"—科尔沁土语 əːdʒ "母"；蒙古书面语 čaɣan "白"—科尔沁土语 ʃagaːn "白"；蒙古书面语 niɣta "机密"—科尔沁土语 nɛgtaː "机密"。

---

① 以辅音 g 输出辅音 k 的现象之解释，详见后文 sarhū "隔板，碗架"一词的语音输出解释；以辅音 ʃ 输出辅音 c 的现象之解释，详见后文 cirku "枕头"一词的语音输出解释。

② 孙宏开：《中国少数民族语言简志丛书（第 6 卷）》，民族出版社 2008 年版，第 702、808、921、982 页。

③ 陈乃雄等：《保安语词汇》，内蒙古人民出版社 1986 年版，第 121 页。

第三，词尾元音ə与第一音节元音ə相同，被输出为长元音əː，之后，在其前音节元音 i 的影响之下发生顺同化现象，从而演变为 εː。

xεʃin（gɤr）"仓房"，借自满语 haši（boo）"仓房"。

蒙古书面语将"仓房"称作 sanɤsan（ger）。满语 haši 在被借用于科尔沁土语的过程中，元音 a 发生前化演变，同时词尾增加辅音 n。

第一，蒙古书面语元音 a 在其后元音 i 之影响下发生逆同化音变，在科尔沁土语中演变为 ε。如：蒙古书面语 tariqu "种"—科尔沁土语 tεrɤx "种"；蒙古书面语 ariki "酒"—科尔沁土语 εrɤx "酒"；蒙古书面语 sakiqu "守"—科尔沁土语 sεxɤx "守"；蒙古书面语 bariqu "抓"—科尔沁土语 bεrɤx "抓"。第二，词尾辅音增减现象详见后文 takūran "官差，差役"一词的语音演变解释。

xɷl"谎言"，借自满语 holo "谎言"。

蒙古书面语将"谎言"称作 qudal。在满–通古斯语族语言中，与满语 holo "谎言"同源的词语有：锡伯语 χol "假"、鄂温克语 oloxu "假"、鄂伦春语 olook "假"、赫哲语 χolo "假"。[①] 在蒙古语族语言中，与蒙古语 qudal "谎言"同源的词语有：达斡尔语 xʷadəl "撒谎，假的"[②]，东部裕固语 ɢudal "谎言，假的"[③]，土族语 ɢɷdal "撒谎，假的"[④]，东乡语 ɢudaŋ "谎言"[⑤]。从蒙古语族语言和满–通古斯语族语言表达"谎言"的词语的分布情况来看，科尔沁土语 xɷl "谎言"系借自满语 holo "谎言"。

jaŋsɤ-"铲，锄"，借自满语 yangsa-"锄，耘"。

在蒙古书面语中，与满语 yangsa-"锄，耘"对应的固有词为 arči-"铲，锄，擦"。在 arči-"铲，锄，擦"的多个义项之中，"擦"为基本语义，"铲，锄"为引申语义。在蒙古语族语言中，与蒙古书面语 arči-"铲，锄，擦"

① 孙宏开：《中国少数民族语言简志丛书（第 6 卷）》，民族出版社 2008 年版，第 708、813、927、987 页。

② 恩和巴图等：《达斡尔语词汇》，内蒙古人民出版社 1984 年版，第 134 页。

③ 保朝鲁等：《东部裕固语词汇》，内蒙古人民出版社 1985 年版，第 79 页。

④ 哈斯巴特尔等：《土族语词汇》，内蒙古人民出版社 1986 年版，第 98 页。

⑤ 布和等：《东乡语词汇》，内蒙古人民出版社 1983 年版，第 84 页。

同源的词语有：东乡语 atʂi-"锄草"①，保安语 artɕi-"锄草"②，东部裕固语 artʃə-"擦"③。在满－通古斯语族语言中，与满语 yangsa-"锄，耘"同源的词语有：锡伯语 jaŋsq "锄头"④。

满语 yangsa-"锄，耘"在被借用于科尔沁土语的过程中，语音和构词发生如下变化。

在语音方面，满语 yangsa-"锄，耘"第二音节元音 a 发生弱化，演变为 ɤ。在构词方面，科尔沁土语在满语借词 jaŋsɤ- 之后缀加蒙古语的构词成分，派生出动词 jaŋsɤx "铲，锄"和名词 jaŋsuːr "锄头"等。

jirgɤn "汉"。在满语 irgen "百姓，属民，汉人"的影响之下，蒙古书面语 irgen "百姓，公民"的语义在科尔沁土语中演变为"汉"或"汉人"。

irgen 为蒙古语固有词语，基本语义为"国民"、"百姓"和"公民"。现代蒙古语辞书《蒙汉词典（增订本）》将其解释为"国民，公民，百姓"，在口语中指"汉人"。⑤ 在科尔沁土语中，蒙古书面语 irgen 一词在音义方面发生如下变化：

第一，蒙古书面语 irgen 在科尔沁土语中词首增加辅音 j，从而演变为 jirgɤn。在科尔沁土语中，在以元音 i 开头的蒙古书面语词语的词首增加辅音 j 的现象比较常见。如：蒙古书面语 irekü "来"—科尔沁土语 jirɤx "来"；蒙古书面语 iraqu "掀开"—科尔沁土语 jɛrɤx "掀开"；蒙古书面语 ilaɤa "苍蝇"—科尔沁土语 jɛːlaː "苍蝇"；蒙古书面语 imaɤa "山羊"—科尔沁土语：jamaː "山羊"。⑥

第二，科尔沁土语 jirgɤn "汉人"的语义及用法与蒙古书面语 qitad "汉人"之语义及用法完全相同。在科尔沁土语中，分别把蒙古书面语的 qitad öge "汉语"、qitad kömön "汉人"、qitad ösög "汉文"叫作 jirgɤn ug "汉语"、

① 布和等：《东乡语词汇》，内蒙古人民出版社 1983 年版，第 5 页。
② 陈乃雄等：《保安语词汇》，内蒙古人民出版社 1986 年版，第 10 页。
③ 保朝鲁等：《东部裕固语词汇》，内蒙古人民出版社 1985 年版，第 7 页。
④ 孙宏开：《中国少数民族语言简志丛书（第 6 卷）》，民族出版社 2008 年版，第 704 页。
⑤ 内蒙古大学蒙古学研究院蒙古语文研究所：《蒙汉词典（增订本）》，内蒙古大学出版社 1999 年版，第 183 页。
⑥ 白音朝克图：《科尔沁土语研究》，内蒙古大学出版社 2002 年版，第 143 页。

jirgɤn xüːn "汉人"、jirgɤn usɤg "汉文"。

第三，jirgɤn "汉人"一词除了科尔沁土语以外，还见于喀喇沁、乌拉特等其他蒙古语方言土语之中。

笔者认为，蒙古书面语 irgen 在科尔沁土语中的语义演变是在清代满语的影响之下形成的，理由如下。

首先，irgen 一词大量见于清代满文文献之中，在汉文典籍及满汉辞书中被译作"民人""百姓"或"属民"。但是，满族入关以后，满语 irgen 的语义发生变化，除了泛指"民人""百姓""属民"之外，还专指"汉人"。[①]如，清代满语辞书《御制清文鉴》对 nikan 的释义为 irgen be nikan sembi "民人，称之为汉"，对 irgen 的释义为 abkai fejergi i niyalma be irgen sembi "天下之人，称之为民"。

其次，对于满语 nikan "汉人"和 irgen "汉人"之间的语义区别，俄国学者史禄国的研究值得我们参考。据史禄国研究，通古斯人对汉族的称呼是多种多样的，毕拉尔千和库玛尔千称汉族旗人为"尼堪"，称汉族其他人为"伊勒根"。[②]民人和旗人是清代社会成员的基本分类，其中民人是隶属省府州县之人，以人数众多的汉人为主体，旗人则是被编入八旗组织的人。[③]由通古斯人对汉族的称呼可知，清代满语 nikan 是指旗人中的"汉人"，而 irgen 指的是民人中的"汉人"。

此外，与满语相同，蒙古语 irgen 一词在古代蒙古文文献资料中也较为常见，而清代之前的汉文典籍或蒙汉辞书将其翻译为"民人""百姓"或"属民"。在清代，满族和科尔沁蒙古人的关系十分密切，其结果是科尔沁土语在借用较多满语词语的同时，在满语的影响之下，其蒙古语固有词发生语义演变，irgen 一词的义项与蒙古书面语产生的差异，正是因为其借用了满语"汉人"的语义。

---

① 长山：《满语词源及文化研究》，社会科学文献出版社 2014 年版，第 21—23 页。

② 史禄国：《北方通古斯的社会组织》，吴有刚、赵复兴、孟克译，内蒙古人民出版社 1985 年版，第 138 页。

③ 刘小萌：《清代北京旗人社会》，中国社会科学出版社 2008 年版，第 10 页。

lax "炕"，借自满语 nahan "炕"。

在《五体清文鉴》中，与满语 nahan "炕"对应的蒙古语词语为 qanǰu "炕"。在满－通古斯语族语言中，与满语 nahan "炕"同源的词语有：锡伯语 naχən "炕"，鄂温克语 laxa "炕"。①

满语 nahan "炕"在被借用于科尔沁土语的过程中发生如下音变：

第一，满语 nahan 在科尔沁土语中发生音节末尾辅音 n 和元音 a 的脱落演变。②

第二，词首辅音 n 在科尔沁土语中演变为 l。此类演变与蒙古书面语辅音 n 在科尔沁土语中演变为 l 的现象相同。如：蒙古书面语 nabči "叶"—科尔沁土语 lɛbʃ "叶"；蒙古书面语 noɣtu "缰"—科尔沁土语 lɔxt "缰"；蒙古书面语 nüser "沉"—科尔沁土语 lʏsʏr "沉"；蒙古书面语 nebčikü "渗"—科尔沁土语 lubʃʏx "渗"。

nɛxaːn "汉人"，借自满语 nikan "汉人"。

与满语 nikan "汉人"对应的蒙古书面语固有词为 qitad "汉人"。在蒙古语族语言中，与蒙古书面语 qitad "汉人"同源的词语有：东部裕固语 kəgte "汉人"③、保安语 hidi "汉"④。在满－通古斯语族语言中，与满语 nikan "汉人"同源的词语有：锡伯语 iqan "汉族"、赫哲语 niqan "汉族"。⑤ 从蒙古语族语言和满－通古斯语族语言表达"汉人"语义的词语的分布情况来看，蒙古语科尔沁土语 nɛxaːn "汉人"是借自满语 nikan "汉人"的，后者在被借用过程中发生如下语音变化：

第一，第一音节元音 i 在其后的元音 a 的影响之下发生逆同化音变，演变为 ɛ。在科尔沁土语中，蒙古书面语元音 i 在其后元音的影响下演变为 ɛ 的现象比较常见。如：蒙古书面语 nilqa "幼小"—科尔沁土语 nɛlʏx "幼小"；蒙古书面语 šira "黄"—科尔沁土语 ʃɛr "黄"；蒙古书面语 niɣta "机密"

---

① 孙宏开：《中国少数民族语言简志丛书（第6卷）》，民族出版社 2008 年版，第 704、809 页。

② 词尾辅音 n 脱落现象的解释，见 takūran "官差，差役"一词的语音输出解释。

③ 保朝鲁等：《东部裕固语词汇》，内蒙古人民出版社 1985 年版，第 55 页。

④ 陈乃雄等：《保安语词汇》，内蒙古人民出版社 1986 年版，第 72 页。

⑤ 见《中国少数民族语言简志丛书（第6卷）》，民族出版社 2008 年版，满－通古斯语族语言词汇附录部分。

—科尔沁土语 nɛxta: "机密"；蒙古书面语 qimda "便宜"—科尔沁土语 xɛmd "便宜"。依此类推，满语 nikan "汉人" 在被借用过程中，元音 i 在其后元音 a 的影响之下演变为 ɛ。

第二，满语小舌或舌根塞辅音有 k（q ~ k）、g（ɢ ~ g）、h（χ ~ x），而蒙古书面语小舌或舌根塞辅音有 q（χ）~ k（x）、γ（ɢ）~ g（g）。与满语相比，蒙古书面语和科尔沁土语中缺少辅音 k（q ~ k），因此，科尔沁土语以 x 输出满语 nikan "汉人" 一词的辅音 k（q），满语 nikan "汉人" 演变为 nɛxa:n "汉人"。

第三，满语中没有长元音音位，或者说长短元音没有区分语义的功能。科尔沁土语第二音节之后的短元音均有弱化并向 ɤ 音演变的趋势。为输出 nikan "汉人" 第二音节的元音 a，科尔沁土语延长其发音时间，将其输出为长元音 a:。

第四，在科尔沁土语中表示 "汉人" 的词语有 nɛxa:n、jirgɤn、xɛtɤd 等。其中 xɛtɤd 为蒙古书面语 qitad 之音变形式。在科尔沁土语特征词 jirgɤn、nɛxa:n 中，jirgɤn 一词之使用范围较广，nɛxa:n 一词的使用范围较窄，且仅出现于老人的话语当中。

pam "袄"，借自满语 pampu "小棉袄"。

在蒙古书面语中，将 "袄" 称作 olondai。满语 pampu "小棉袄" 在被借用过程中的语音演变可构拟为：科尔沁土语 pam ∠ *pamm ∠ *pamp ∠ 满语 pampu。即满语 pampu 在被借用过程中，发生以下两种音变：

第一，pampu "小棉袄" 词尾元音在科尔沁土语中脱落，形成单音节词 *pamp。

第二，复辅音 mp 之辅音 p 的发音方法与其前面的辅音 m 同化，发生 m ∠ *mm ∠ *mp 的音变。

pɛ:sɤnda:（pɛ:sɤnd）"清代职务称"，借自满语 faidan i da "王府长吏"。

满语 faidan i da "王府长吏" 为合成词，是由 faidan "排阵"、i "的" 和 da "领导、领首" 组合构成的。科尔沁土语 pɛ:sɤnda:（pɛ:sɤnd）"清代职务称" 为词根词，对其无法进行构词分析。满语 faidan i da "王府长吏"

翻译成蒙古语时，译作 jiɣsaɣal un daruɣa "王府长吏"。

在科尔沁土语中，满语 faidan i da 之音节 dan、da 的元音演变和格词缀 i 简化现象，详见此节相关词语的语音解释部分[①]，现对该词涉及的其他语音演变情况做解释如下：

第一，辅音 f 是现代蒙古语及其方言土语的借词辅音，但早期蒙古语及其方言土语以辅音 p 输出其他语言的辅音 f。如：科尔沁土语 purda: "打围领头"—满语 fere i da "打围领头"；科尔沁土语 palʏŋ "屋内地"—满语 falan "室内地"；巴尔虎土语 paʃχaŋ "乱，动乱"—满语 facuhūn "乱，动乱"。

第二，蒙古书面语复合元音 ai 在科尔沁土语中演变为长元音 ɛ:。如：蒙古书面语 ail "人户"—科尔沁土语 ɛ:l "村庄"；蒙古书面语 baidal "情况"—科尔沁土语 bɛ:dʏl "情况"；蒙古书面语 qaiči "剪刀"—科尔沁土语 xɛ:ʃ "剪刀"；蒙古书面语 bairi "位置"—科尔沁土语 bɛ:r "位置"。同样地，满语词语 faidan i da 之复合元音 ai 在科尔沁土语中演变为长元音 ɛ:。

第三，在部分词语中，蒙古书面语辅音 d 在科尔沁土语中演变为 s。如：蒙古书面语 oidqu "乏味"—科尔沁土语 œ:sʏx "乏味"、蒙古书面语 janɣɣiduɣa "打结"—科尔沁土语 dʒɛŋsa: "打结"。依此类推，满语 faidan i da 一词在被借用于科尔沁土语的过程中，辅音 d 演变为辅音 s。

purda: "打围领头"，借自满语 fere i da "打围领头"。

与满语 faidan i da "王府长吏"相同，满语 fere i da "打围领头"亦为合成词，其中 fere 语义为"围底"，i 为属格词缀，da 语义为"领导，领首"。在《五体清文鉴》中，与满语 fere i da "打围领头"对应的蒙古语为 töb ün eǰen "打围领头"。

满语 fere i da "打围领头"在被借用过程中，词首音节 fe 之元音在科尔沁土语中演变为 u。据白音朝克图的研究，当蒙古书面语第一音节中带

[①] 音节 dan 之元音弱化现象见 jaŋsʏ- "铲，锄"一词的语音解释部分；音节 da 之元音演变解释见 bœ:da: ~ bœ:d "管家"一词的语音解释部分。

有双唇辅音 b、p 时，其前后元音 e 在科尔沁土语中演变为元音 u。如：蒙古书面语 eber "犄角" —科尔沁土语 ubɤr "犄角"；蒙古书面语 keb "模型" —科尔沁土语 xub "模型"；蒙古书面语 berke "困难" —科尔沁土语 burɤx "困难"；蒙古书面语 debter "本" —科尔沁土语 dubtɤr "本"。① 满语唇齿音 f 被借用于蒙古语之后，演变为双唇音 p，在双唇音 p 的影响之下，其后的元音 e 在科尔沁土语中演变为 u。

sarɤg "碗架"，借自满语 sarhū "隔板，碗架"。

在《五体清文鉴》中，与满语 sarhū "隔板，碗架" 对应的蒙古语词语为 erkineg "碗架，碗柜"。

在构词方面，科尔沁土语 sarɤg "碗架" 为词根词，而满语 sarhū "隔板，碗架" 为派生词，是在动词词干 sara- "展开" 之后缀加由动词派生名词的词缀 -hū 构成的。在满语中，动词词干 sara- "展开" 具有较强的派生词能力，由其派生的词语有 sarambi "展开"、sarahūn "舒展"、sarbacan "盔檐"、sanbahūn "手脚摊开" 等。词缀 -hū 为满语中由动词派生名词的构词词缀，有变体 -hu/-kū/-ku。如：obo- "洗" —obokū "脸盆"；niyele- "碾" —niyeleku "碾子"；takūra- "差遣" —takūrakū "大使"；eri- "扫" —eriku "扫帚"。

满语 sarhū "隔板，碗架" 在被借用过程中发生如下音变：

其一，sarhū "隔板，碗架" 的词尾音节元音脱落，而其音节前增添了元音 ɤ。此类音变现象常见于科尔沁土语的满语借词当中。如：科尔沁土语 narɤg "耙" —满语 narga "耙"；科尔沁土语 dɤrɤg "席子" —满语 derhi "席子、苇"。

其二，蒙古语音节末尾辅音有 b、g、r、s、d、n、m、l、ng，受蒙古语语音规律的影响，满语辅音 h 在科尔沁土语中演变为 g。

sɷr "跳蚤"，借自满语 suran "跳蚤"。

蒙古书面语 "跳蚤" 的语音形式为 noqai in bögesü，其中 noqai 语义为 "狗"，in 为属格词缀，表 "的" 之义，bögesü 语义为 "虱"。在满 – 通

---

① 白音朝克图：《科尔沁土语研究》，内蒙古大学出版社 2002 年版，第 17 页。

古斯语言中，与满语 suran "跳蚤" 同源的词语有：锡伯语 ṣuran "跳蚤"，
鄂温克语 sɔr "跳虫"，鄂伦春语 ʃɔra "跳蚤"，赫哲语 soran "跳蚤"。①

满语 suran "跳蚤" 在被借用于科尔沁土语的过程中，词尾语音连续脱落，
其语音形式的演变过程可构拟为：科尔沁土语 sɷr ∠ *sura ∠ 满语 suran。
蒙古书面语的元音 u 在科尔沁土语中演变为 ɷ 的现象比较常见。如：蒙古
书面语 üsüg "文字"—科尔沁土语 ɷsɤg "文字"；蒙古书面语 üjüm "葡萄"
—科尔沁土语 ɷdʒɤm "葡萄"；蒙古书面语 bübeilekü "爱惜"—科尔沁土
语 bɷ:bɛ:lɤx "爱惜"。与蒙古书面语元音 u 在科尔沁土语中的演变相同，
满语 suran "跳蚤" 一词的元音 u 在科尔沁土语中演变为 ɷ。

ʃirɤŋ "枕头"，借自满语 cirku "枕头"。

在《五体清文鉴》中，与满语 cirku "枕头" 对应的蒙古语词语为
dere "枕头"。在蒙古语族语言中，与蒙古语 dere "枕头" 同源的词语有：
达斡尔语 dərəb "枕头"②、东部裕固语 dere "枕头"③、土族语 dəre "枕
头"④。在满 – 通古斯语族语言中，与满语 cirku "枕头" 同源的词语有：
锡伯语 tʂunuŋkw "枕头"、赫哲语 tirəŋku "枕头"。⑤

满语 cirku "枕头" 在科尔沁土语中的语音演变可构拟为：科尔沁土语
ʃirɤŋ ∠ *ʃirɤg ∠ *ʃirku ∠ 满语 cirku。蒙古书面语辅音 č 在科尔沁土语中演
变为 ʃ。如：蒙古书面语 čaɣan "白"—科尔沁土语 ʃaga:n "白"；蒙古书
面语 času "雪"—科尔沁土语 ʃas "雪"；蒙古书面语 čilaɣu "石"—科尔
沁土语 ʃɷlu: "石"；蒙古书面语 čiki "耳"—科尔沁土语 ʃix "耳"。依此
类推，满语 cirku "枕头" 在被借用于科尔沁土语的过程中，其词首辅音 c
演变为 ʃ。

tatɤg "抽屉"，借自满语 tatakū "抽屉"。

首先，科尔沁土语 tatɤg "抽屉" 为词根词，对其无法进行构词成分的

① 孙宏开：《中国少数民族语言简志丛书（第 6 卷）》，民族出版社 2008 年版，第 702、808、921、983 页。

② 恩和巴图等：《达斡尔语词汇》，内蒙古人民出版社 1984 年版，第 281 页。

③ 保朝鲁等：《东部裕固语词汇》，内蒙古人民出版社 1985 年版，第 127 页。

④ 哈斯巴特尔等：《土族语词汇》，内蒙古人民出版社 1986 年版，第 196 页。

⑤ 孙宏开：《中国少数民族语言简志丛书（第 6 卷）》，民族出版社 2008 年版，第 704、984 页。

分析。满语 tatakū "抽屉" 为派生词，是由动词 tata- "拉，抽，扯" 之后缀加词缀 -kū 而构成的。

其次，蒙古书面语将 "抽屉" 称作 siryuul 或 tatayur。其中，蒙古书面语 tatayur "抽屉" 是与满语 tatakū "抽屉" 同源的词语，其词干 tata- "拉，抽，扯" 与满语 tatakū "抽屉" 的词干 tata- "拉，抽，扯" 语音对应，语义相同。词缀 -yur/-gür 亦与满语词缀 -kū/-ku 同源，是蒙古语由动词派生名词的词缀，如：arči- "铲" —arčiyur "锄头"；qadu- "割" —qaduyur "镰刀"；delge- "展" —delgegür "商店"。①

此外，满语 tatakū "抽屉" 在被借用于蒙古语科尔沁土语的过程中，词尾元音脱落，第二音节元音弱化，同时辅音 k 演变为 g，被输出为 tatyg 的形式。

taxyr "差夫"，借自满语 takūran "官差，差役"。

在《五体清文鉴》中，与满语 takūran "官差，差役" 对应的蒙古语为 jarulya "差役"。满语 takūran 在被借用过程中词尾语音连续脱落，其演变过程可构拟为：科尔沁土语 taxyr ∠ *taxɷr ∠ *taxɷra ∠ *taxɷran ∠ 满语 takūran。

wadyŋ "包袱皮儿"，借自满语 wadan "包袱皮儿"。

蒙古书面语中表示 "包袱，包裹" 的词语为 boyodal，该词是由动词词干 boyo- "捆绕" 之后缀加派生名词的词缀 -dal 而构成的。

在语义方面，满语 wadan 为多义词，有 "绸布单儿" "轿围子" "包袱皮儿" "旗幅" "小口袋" "布套" 等多个义项，蒙古语科尔沁土语借用其第三义项 "包袱皮儿"。

在语音方面，满语 wadan 之词尾辅音 n 在科尔沁土语中演变为 ŋ。此类语音演变多见于科尔沁土语中。如：蒙古书面语 kündelen "横" —科尔沁土语 xundlyŋ "横"；蒙古书面语 dörbeljin "四方形" —科尔沁土语 durbyldʒiŋ "四方形"；蒙古书面语 manan "雾" —科尔沁土语 manyŋ "雾"；蒙古书面语 sonusqu "听" —科尔沁土语 sɔŋsyx "听"。

---

① 诺日金：《蒙古语构词后缀汇总》，内蒙古教育出版社 2001 年版，第 78 页。

wan **"梯子"**，借自满语 wan "梯子"。

蒙古书面语将"梯子"称作 šatu。在满－通古斯语族语言中，与满语 wan "梯子"同源的词语有：锡伯语 van "梯子"、鄂伦春语 tuktiwen "梯子"、赫哲语 wan "梯子"。[①]

以下词语在被借用过程中语义未发生变化，其语音演变情况已在上文做分析梳理。现对这些词语在满语、蒙古书面语及科尔沁土语中的相关情况做对比分析如下：

dɔx **"石灰"**，借自满语 doho "石灰"，蒙古书面语将"石灰"称作 čoqoi。

palɤŋ **"屋内地"**，借自满语 falan "室内地"，蒙古书面语将"地"称作 köser。

narɤg **"耙"**，借自满语 narga "耙"，蒙古书面语将"耙"称作 tanɤnaɤur。

mωya: **"秸秆"**，借自满语 muya "麦（秸）"，蒙古书面语将"秸秆"称作 sürel。

labsi- **"猪大口吃食"**，借自满语 labsi- "大口吃"，蒙古书面语将"大口吃"称作 laɤu-。

科尔沁土语中的满语借词在语言使用上有着明显的地域性特点。如，xəːʃgɛː "猫"、lax "炕"、nɛxaːn "汉人"、sωr "跳蚤"等词语仅在郭尔罗斯、杜尔伯特等地区出现。此外，pɛːsɤndaː "清代职务称"、gɔʃig "随从"、taxɤr "差夫"、purdaː "打围领头"等与清代官差有关的词语仅出现于老人的话语中，年轻人已不再使用。

第四节　察哈尔土语中的满语借词

在明代各蒙古部族中，察哈尔人较早被编入八旗组织，深受满族语言文化的影响。后金时期，满族统治者将大部分察哈尔人编入八旗，形成八

[①]　孙宏开：《中国少数民族语言简志丛书（第6卷）》，民族出版社 2008 年版，第 704、924、985 页。

旗察哈尔。"明朝末年，察哈尔部林丹汗以蒙古各部宗主的身份，操纵漠南蒙古政局，与明朝和后金形成鼎足之势。后金天聪汗（皇太极）为统一漠南蒙古，利用蒙古内部矛盾，数次组织归附蒙古各部军队一起出征察哈尔，迫使林丹汗率部西避青海，于天聪八年（1634）病死于途中。林丹汗死后察哈尔部溃散，大部分官员率领属众归附后金，后金授予职爵，以其部属编设佐领，隶于八旗，形成了八旗察哈尔。"① 在清代，察哈尔蒙古人和满族人的关系密切，蒙古语察哈尔土语借用了较多的满语词语。②

adǎx "副官"，借自满语 adaha hafan "轻车都尉"。

在《五体清文鉴》中，与满语 adaha hafan 对应的蒙古语为 deslegsen tösimel 和 tomilaɣsan tösimel 两种形式。满语 adaha 语义为"拼接，陪衬，附之"，hafan 语义为"官员"，adaha hafan 字面语义为"陪伴之官"，汉语名为"轻车都尉"。清代 adaha hafan 为三品世职，乾隆元年（1736 年）将其汉语名定为"轻车都尉"。③ 蒙古书面语 deslegsen 语义为"第二，副"，tomilaɣsan 语义为"派遣"，deslegsen tösimel 与 tomilaɣsan tösimel 语义分别为"副官"与"差遣官员"。

察哈尔土语借用满语 adaha hafan 之 adaha，以 adǎx 形式表达蒙古书面语 deslegsen tösimel "副官"之义。在借用过程中，满语 adaha 第三音节元音 a 脱落，同时第二音节元音 a 弱化演变为 ǎ。

adʒa: "大姐，大婶，大娘"，用以称呼年龄比自己大的女性，借自满语 aja "母亲"。

满语中表"母亲"之义的词语较多，在《五体清文鉴》中，满语和蒙古语有关"母亲"称谓的对应词语如下：满语 eme "母亲"—蒙古语 eji "母亲"；满语 eniye "母亲"—蒙古语 eke "母亲"；满语 aja "母亲"—蒙古语 eye "母亲"。《五体清文鉴》中与满语 aja "母亲"对应的蒙古语 eye "母亲"，在现代蒙古书面语中已消失，在蒙古语科尔沁土语中以

---

① 达力扎布：《清代察哈尔扎萨克旗考》，载《历史研究》2005 年第 5 期。

② 本节察哈尔土语中满语借词的语料来自斯勤巴特尔：《蒙古语察哈尔土语中的满语借词》，载《满语研究》1995 年第 1 期。

③ 商鸿逵、刘景宪、季永海、徐凯：《清史满语辞典》，上海古籍出版社 1990 年版，第 3 页。

ə:j 形式存在，是对与母亲同辈的女性的称谓。

ama：**"伯父，伯母"**，用以称呼父母辈的男性和女性。

斯勤巴特尔认为，该词来源于满语 ama "父亲" 和 amu "伯母"，在借用过程中语音形式产生同化，并与语气词 a: 缩合演变为 ama: 形式。①

在满－通古斯语族语言中，与满语 ama "父亲" 和 amu "伯母" 同源的词语有：锡伯语 amə "父亲"、ambəni "伯母"，鄂温克语 amɪn "父亲"、ənixən "伯母"，鄂伦春语 amɪn "父亲"、əŋəəkəə "伯母"，赫哲语 amə "父亲"。② 与满语 ama "父亲" 对应的蒙古语词语为 abu "父亲"，在蒙古语族语言中与其同源的词语有：东乡语 awəi "父亲"③、土族语 a:ba "父亲"④、达斡尔语 atʃaa "父亲"、保安语 abo "父亲"⑤。

ambǎŋ "总管，都统"，借自满语 amban "大臣"。

据本章第二节的分析，蒙古书面语 amban "大的，都统" 一词借自满语 amban "大臣"。在蒙古语中，与满语 amban "大臣" 对应的词语为 said "大臣"。满语 amban 在察哈尔土语中词尾辅音 n 演变为 ŋ。此类音变现象在满语、蒙古语及蒙古语中的满语借词中比较常见。

首先，蒙古书面语词尾辅音 n 在察哈尔土语中演变为 ŋ。如：蒙古书面语 on "年" —察哈尔土语 ɔŋ "年"；蒙古书面语 olan "多" —察哈尔土语 ɔlɔŋ "多"；蒙古书面语 talbin "放" —察哈尔土语 tɛwǎŋ "放"；蒙古书面语 üjen "看" —察哈尔土语 udʒǎŋ "看"。

其次，满语书面语音节末辅音 n，在满语口语中演变为 ŋ。如：满语书面语 boihon "土" —瑷珲满语口语 bioʁoŋ ~ biogon ~ bioɢon "土"；满语书面语 barun "周年" —瑷珲满语口语 boroŋ "周年"；满语书面语 dulimba gurun "中国" —瑷珲满语口语 duilimba guroŋ "中国"；满语书面

① 斯勤巴特尔：《蒙古语察哈尔土语中的满语借词》，载《满语研究》1995 年第 1 期。

② 孙宏开：《中国少数民族语言简志丛书（第 6 卷）》，民族出版社 2008 年版，第 703、809、922、984 页。

③ 布和等：《东乡语词汇》，内蒙古人民出版社 1983 年版，第 1 页。

④ 哈斯巴特尔等：《土族语词汇》，内蒙古人民出版社 1986 年版，第 1 页。

⑤ 孙宏开：《中国少数民族语言简志丛书（第 6 卷）》，民族出版社 2008 年版，第 314、371 页。

语 forgon "季节"—瑷珲满语口语 forʁoŋ "季节"。①

此外，满语词语在被借用于蒙古语方言土语的过程中，音节末辅音 n 演变为 ŋ。如：满语 meiren "肩膀，副都统"—察哈尔土语 məːrəŋ "梅林"；满语 jalan "参领，甲喇"—察哈尔土语 dʒalăŋ "参领，甲喇"；满语 hafan "官"—察哈尔土语 xawăŋ "官"；满语 anagan "闰"—巴尔虎土语 anagaŋ（dʒil）"闰（年）"；满语 boigon "产业，家户，家产"—巴尔虎土语 boigoŋ "财产"；满语 gurun "国，国家，部落，人"—巴尔虎土语 gurəŋ "国家"。

andʒiː ~ andʒaː "男性父辈称谓"，借自满语 amji "伯父"。

据斯勤巴特尔研究，andʒaː 为 andʒiː 与语气词 aː 之缩合形式。② 在蒙古书面语中，与满语 amji "伯父" 对应的亲属称谓为 yeke abaya "伯父"。在满-通古斯语族语言中，与满语 amji "伯父" 同源的词语有：锡伯语 ambamə "伯父"、鄂温克语 amɪxan "伯父"、鄂伦春语 amaakaa "伯父"。③

arx "副的"，借自满语 araha "委署"。

araha "委署" 为清代官职，凡官府遇有缺员，长官得委任其他官署的人暂代缺员职务，称为委署。④ 在满语官衔名称中，araha "委署" 一词不能单独出现，须以定语形式出现，修饰其他名词。如：araha bithesi "委署笔帖式"、araha bayarai jalan janggin "委护军参领" 等。清代蒙古语官职名称中，与满语 araha "委署" 对应的蒙古语为 orolaɣsan "委署"。满语 araha "委署" 在察哈尔土语中，第二、第三音节的元音 a 脱落，从而演变为 arx "副的"。

aʃaː "嫂子"，借自满语 aša "嫂子"。

在蒙古书面语中，与满语 aša "嫂子" 对应的词语为 bergen "嫂子"。在蒙古语族语言中，与蒙古语 bergen "嫂子" 同源的词语有：东乡语

---

① 王庆丰：《满语研究》，民族出版社 2005 年版，第 113、115、122、130 页。

② 斯勤巴特尔：《蒙古语察哈尔土语中的满语借词》，载《满语研究》1995 年第 1 期。

③ 孙宏开：《中国少数民族语言简志丛书（第 6 卷）》，民族出版社 2008 年版，第 703、809、922 页。

④ 胡增益：《新满汉大词典》，新疆人民出版社 1994 年版，第 48 页。

banʁan "嫂子" ①、东部裕固语 berge "嫂子" ②、达斡尔语 bərɣəːn "嫂子" ③、土族语 bergen "妯娌" ④。在满 – 通古斯语族语言中，与满语 aša "嫂子" 同源的词语有：锡伯语 as "嫂子"、赫哲语 əokə "嫂子"。⑤

bɔʃig "差役，通讯员"，借自满语 bošokū "领催"。

在《五体清文鉴》中，与满语 bošokū "领催"对应的蒙古书面语为 kögegegči "领催"。满语 bošokū 之基本语义为"驱赶者"，是由动词 bošo- "驱赶"之后缀加派生名词的词缀 -kū 而构成的。在满 – 通古斯语族语言中，与满语 bošo- "驱赶"同源的词语有：锡伯语 bəsam "赶"、赫哲语 bodo- "驱赶"。⑥ 清代 bošokū 职司文书、饷糈之事，在各衙门及军中皆有此职。雍正初年（1723 年），bošokū 始改称"领催"。

dansda: "档案管理员"，借自满语 dangse da "档案官"。

满语 dangse da 在被借用于察哈尔土语的过程中，发生以下几种音变：

第一，满语辅音 ng 在察哈尔土语中演变为 n。此类音变在察哈尔土语中十分常见。如：蒙古书面语 sang du "在仓里"—察哈尔土语 sand "在仓里"；蒙古书面语 ɣanɣdaqu "干旱"—察哈尔土语 gandăχ "干旱"；蒙古书面语 düng du "在结果"—察哈尔土语 dund "在结果"。

第二，满语 dangse 一词音节末尾辅音脱落，辅音 s 与其前面的辅音 n 一起构成复辅音。在蒙古标准语中，辅音音位 n、ŋ、b、g、m、l、j、r 之后可直接添加辅音音位 s、ʃ、t、d，构成复辅音结构。⑦

第三，满语 da 之元音在察哈尔土语中发生长化演变。对此现象，本章第二节相关论述中已有分析，此处不再赘述。

dəːm "笑话，洋相"，借自满语 demun "怪样，异端"。

蒙古书面语中，与满语 demun "怪样，异端"对应的词语为 ob "怪样，

---

① 布和等：《东乡语词汇》，内蒙古人民出版社 1983 年版，第 35 页。
② 保朝鲁等：《东部裕固语词汇》，内蒙古人民出版社 1985 年版，第 32 页。
③ 恩和巴图等：《达斡尔语词汇》，内蒙古人民出版社 1984 年版，第 77 页。
④ 哈斯巴特尔等：《土族语词汇》，内蒙古人民出版社 1986 年版，第 47 页。
⑤ 孙宏开：《中国少数民族语言简志丛书（第 6 卷）》，民族出版社 2008 年版，第 703、984 页。
⑥ 孙宏开：《中国少数民族语言简志丛书（第 6 卷）》，民族出版社 2008 年版，第 707、986 页。
⑦ 嘎拉桑、图力古尔：《现代蒙古语》，辽宁民族出版社 2006 年版，第 57 页。

异端"。在察哈尔土语中，满语 demun "怪样，异端"发生词尾语音连续脱落和短元音长化的演变。此外，其语义亦发生变化，表"笑话，洋相"之义。

dɷrgǎn "家谱"，借自满语 durugan "谱"。

在《五体清文鉴》中，与汉语"谱"对应的蒙古语为 toγoǰi，满语为 durugan，与汉语中"家谱"对应的蒙古语为 ger ün üye bičig 和 čadiγ，满语为 booi durugan。

dʒalǎŋ "参领，甲喇"，借自满语 jalan "世界，关节，参领，甲喇"。

满语 jalan "参领，甲喇"为 jalan i ejen 或 jalan i janggin 之简称。在满语中，jalan 语义为"世代，关节"，i 为属格词缀，ejen 语义为"主人"。万历二十九年（1601 年），努尔哈赤始编三百人为一 niru，每 niru 设 niru i ejen 一人。万历四十三年（1615 年），设八旗，五 niru，每 niru 设 jalan i ejen 一人，五 jalan 设 gūsa i ejen 一人，每 gūsa 设左右 meiren i ejen 各一人。天聪八年（1634 年），皇太极将 meiren i ejen、jalan i ejen、niru i ejen 之名称改为 meiren i janggin、jalan i janggin、niru i janggin。顺治十七年（1660 年），将 jalan i janggin 之汉名定为"参领"，满名沿用原名称。[①]满语 jalan 词尾的辅音 n 在察哈尔土语中演变为 ŋ。

dʒæ: "亚军（摔跤比赛的亚军获得者）"，借自满语 jai "第二"。

在蒙古书面语中，与满语 jai "第二"对应的词语为 ded "第二"。在满语中，jai "第二"不具备派生动词的能力，但察哈尔土语 dʒæ: 能派生动词 dʒæ:l- "夺取亚军"。在被借用到察哈尔土语的过程中，满语 jai 之语义"第二"的所指范围缩小，演变为"摔跤比赛的亚军获得者"。

dʒæŋg "章京"，借自满语 janggin "章京"。

满语 janggin 一词的元音 a 在其后元音 i 的影响之下前化演变为 æ。此类演变在蒙古语察哈尔土语中比较常见。如：蒙古书面语 anir "音讯"—察哈尔土语 ænǎr "音讯"；蒙古书面语 ariγun "干净"—察哈尔土语 ærɷ:ŋ "干净"；蒙古书面语 bariqu "抓"—察哈尔土语 bærǎx "抓"；蒙

① 商鸿逵、刘景宪、季永海、徐凯：《清史满语辞典》，上海古籍出版社 1990 年版，第 230 页。

古书面语 aliya "淘气" —察哈尔土语 æla: "淘气"。此外，词尾语音连续脱落，演变为单音节词 ʤæng。

ʤɷnda: "护军校"，借自满语 juwan i da "护军校"。

满语 juwan 语义为"十"，juwan i da 语义为"十人头目"，汉名为"什长""护军校"。天聪八年（1634年），皇太极定旗长为 juwan i da，崇德元年（1636年），重申旗长为 juwan i da。顺治末年，juwan i da 始称"护军校"。护军是负责守护宫禁的军队，由八旗满洲兵、蒙古兵中挑选精锐，组成护军营。护军营设护军校，八旗满洲、蒙古每佐领下一人。侍卫处设护军校，每侍卫十人，护军校一人。上三旗侍卫护军校六十人，宗室侍卫护军校九人。[1]

在蒙古语中，以辅音 n 结尾的名词可直接修饰名词，满语 juwan i da 在被借用于察哈尔土语的过程中，格词缀 i 发生脱落而演变为缩合词 ʤɷnda:。此外，切音字 juwan 之语音丛 uwa 读音为 ua，该音在察哈尔土语中演变为单元音 ɷ。

əjəŋɡə: ~ əŋɡə:"姐姐"，借自满语 eyungge "年长的（女性）"，是对比自己年龄大的同辈女性的称谓，əŋɡə: 为 əjəŋɡə: 之语音简化形式。

与满语 eyungge "年长的（女性）"对应的蒙古书面语为 egečimed "年长的（女性）"。蒙古书面语 egečimed "年长的（女性）"是在名词 egeči "姐姐"之后添加 -mad/-med 构成的。在蒙古语族语言中，与 egeči "姐姐"同源的词语有：达斡尔语 əktʃ "姐姐"[2]、东部裕固语 əɡetʃə "姐姐"[3]、保安语 egtɐi dula "姐们儿"[4]、东乡语 əʁətʂi "姐姐"[5]。在蒙古语族语言中，词缀 -mad/-med 缀加于名词或形容词之后，派生具有尊称语义或表示亲属关系的词语，如蒙古书面语：aqa "哥哥" —aqamad "年长的"；degüü "弟弟" —degüümed "年幼的"；

---

[1] 商鸿逵、刘景宪、季永海、徐凯：《清史满语辞典》，上海古籍出版社1990年版，第237页。

[2] 恩和巴图等：《达斡尔语词汇》，内蒙古人民出版社1984年版，第23页。

[3] 保朝鲁等：《东部裕固语词汇》，内蒙古人民出版社1985年版，第8页。

[4] 陈乃雄等：《保安语词汇》，内蒙古人民出版社1986年版，第13页。

[5] 布和等：《东乡语词汇》，内蒙古人民出版社1983年版，第8页。

yeke "大" —yekemed "长者"。① 满语 eyungge "年长的（女性）"为派生词，词干为 eyun "姐姐"，在满－通古斯语族语言中，与满语 eyun "姐姐"同源的词语有：鄂温克语 əxın "姐姐"、鄂伦春语 əkin "姐姐"。② 词缀 -ngge 为派生关系形容词的词缀，根据元音和谐律，在名词词干之后缀加 -ngga/-ngge/-nggo，可派生关系形容词。如：ahūn "哥哥" —ahūngga "年长的（男性）"；erdemu "德" —erdemungge "有德的"；orho "草" —orhonggo "有草的"。③

galæːda "翼长"，借自满语 gala i da "翼长"。

满语 gala 语义为"手，翼"，i 为属格词缀，da 语义为"首领"。在清代蒙古语中，与满语 gala i da "翼长"对应的词语为 γar un daruγa "翼长"。清朝初期 gala i da 之官，职司不同，品级有差。雍正初年，gala i da 始改称"翼长"，后又称"副总管"。与满语 boo i da 被借用于科尔沁土语所发生的音变相同，满语 gala i da 在被借用于察哈尔土语的过程中，也发生了词中元音前化和词尾元音长化的演变。

gɔʧig "随从"，借自满语 gocika "护卫军"。

该词也见于科尔沁土语之中，其语音形式为 gɔʃig。

goːg "嫂子"，借自满语 gege "姐姐"。

与 aʃaː "嫂子"不同，goːg "嫂子"在察哈尔土语中不能单独使用，须与 ʃin "新"组合，以 ʃin goːg 形式表示"嫂子"。在《五体清文鉴》中，与满语 gege 对应的蒙古语为 öküi，汉语为"姐姐"。清代蒙古语辞书《二十八卷本辞典》将 öküi 解释为：egeči egečimed ekener kömön i ergümǰilen kelekü bolbasu öküi kemen daγudamui "对长辈女性的尊称"。④ 在现代蒙古书面语中，清代蒙古语 öküi 已消失。在满－通古斯语族语言中，与满语 gege "姐姐"同源的词语有：锡伯语 gəxə "姐姐"，赫哲语 gəgə "姐姐"。⑤

① 斯琴：《现代蒙古书面语构词附加成分研究》，内蒙古教育出版社 2004 年版，第 235 页。

② 孙宏开：《中国少数民族语言简志丛书（第 6 卷）》，民族出版社 2008 年版，第 809、932 页。

③ 季永海、刘景宪、屈六生：《满语语法》，民族出版社 1986 年版，第 183—184 页。

④ 那木吉拉玛：《二十八卷本辞典：蒙古文》，内蒙古人民出版社 2013 年版，第 156 页。

⑤ 孙宏开：《中国少数民族语言简志丛书（第 6 卷）》，民族出版社 2008 年版，第 703、984 页。

gɷsæ:"都统"，借自满语 gūsa i（da）"旗的，固山的（都统）"。

满语 gūsa，汉语称作"固山""孤山"或"古山"，在蒙古语中称作 qosiɣu"旗"。与 araha"委署"相同，gūsa i"旗的，固山的"一词在满语官衔名称中不能单独出现，须修饰其他名词，以定语形式出现。如：gūsa i beise"固山贝子"、gūsa i da"协领"、gūsa i ejen"都统"等。满语 gūsa i 在察哈尔土语中的音变与满语 gala i"翼"在察哈尔土语中的音变规则基本相同。

在表示官职称谓时，满语 adaha、araha、ilhi、gūsa 是修饰中心语 hafan"官"、da"领袖"等词语的定语部分，以 adaha hafan"轻车都尉"、gūsa i da"都统"的形式表示具体官职。而察哈尔土语借用其修饰成分，以 adǎx、gɷsæ: 等形式，表"副官""都统"之语义。

gurda:"总管"，借自满语 uheri da"总管"。

满语 uheri 语义为"总，全"，蒙古语与其对应的词语为 bögüde"总，全"。满语 uheri da 在被借用的过程中缩合为单纯词，同时，uheri 一词的词首元音脱落，辅音 h 演变为 g。其演变过程可构拟为：察哈尔土语 gurda: ∠ *xurda: ∠ *uxurda: ∠ *uxuri da ∠ 满语 uheri da。在蒙古语及蒙古语和满语的同源词中，也存有词首音节脱落的现象。如：蒙古语 umartaqu"忘记"—蒙古语 martaqu"忘记"；蒙古语 ünekeren"确实"—蒙古语 nekeren"确实"；满语 umesi"非常"—蒙古语 masi"非常"。

ilǒg"副的"，借自满语 ilhi"次序，副，少"。

满语 ilhi 为多义词，单独使用时表"次序"之义，修饰其他词语时则表"副，少"之义。在《五体清文鉴》中，与满语 ilhi hafan 对应的蒙古语为 des tösimel，汉语为"少卿"。在清代，大理寺、太常寺、光禄寺、太仆寺、鸿胪寺等衙门皆设有 ilhi hafan 之职位，又因各衙署不同，品级不等。大理寺、太常寺、太仆寺 ilhi hafan 为正四品，光禄寺 ilhi hafan 为正五品，鸿胪寺 ilhi hafan 为从五品。顺治十五年（1658 年），定满汉官名并用，汉语为"少卿"，满语为 ilhi hafan。尔后，满名渐废。[①] 满语 ilhi 在被借

---

① 商鸿逵、刘景宪、季永海、徐凯：《清史满语辞典》，上海古籍出版社 1990 年版，第 222 页。

用过程中，词尾元音脱落，同时辅音 h 发生浊化，从而在察哈尔土语中演变为 ilǎg 形式。①

məjiŋ "时期，部分"，借自满语 meyen "节，部队，计量单位，谱"。

蒙古书面语中，与满语 meyen "节，部队，计量单位，谱" 对应的词语为 anɣɣi "节，部队，计量单位"。在满－通古斯语族语言中，与满语 meyen "节，部队，计量单位，谱" 同源的词语有：锡伯语 mialim "量"。②

mə:rǒŋ "梅林"，借自满语 meiren "肩膀，副都统"。

满语 meiren "肩膀，副都统" 在蒙古书面语中的借用形式与满语形式相同，仍为 meiren "梅林"。"肩膀"一词在满－通古斯语族语言和蒙古语族语言中的分布情况，在本章第三节"科尔沁土语中的满语借词"中已做梳理分析，此处不再赘述。蒙古书面语的二合元音在察哈尔土语中演变为前化长元音。如：蒙古书面语 bairi "地位"—察哈尔土语 ba:ɹr "地位"③；蒙古书面语 bambai "盾"—察哈尔土语 bamba:ɹ "盾"；蒙古书面语 qoroqai "虫"—察哈尔土语 xɔrxɔ:ɹ "虫"；蒙古书面语 noqai "狗"—察哈尔土语 nɔxɔ:ɹ "狗"。④ 因此，满语 meiren 一词在察哈尔土语中的音变过程可构拟为：察哈尔土语 mə:rǒŋ∠ * mə:ɹrǒŋ∠蒙古书面语 meiren∠满语 meiren，即前化长元音 ə:ɹ 在其后元音 ǒ 的影响之下演变为 ə:。

tʃɔxǒx～dʒɔxǒx "拟正官"，借自满语 cohombi "拟正"。

在《五体清文鉴》"设官部"之"升转类"中，与满语 cohombi 对应的蒙古语为 tuqailamui，汉语为"拟正"。察哈尔土语派生词 tʃɔxǒx ~ dʒɔxǒx 之词干 tʃɔxǒ- ~ dʒɔxǒ- 系借自满语 cohombi 之词干 coho-。词缀 -x 的蒙古书面语形式为 -qu/-kü，是派生形容动词的词缀。在蒙古语方言土语中，词缀 -qu/-kü 具有派生名词的功能。因此，在察哈尔土语中，形容动词 tʃɔxǒx

---

① 满语 ilhi "次序，副，少" 在察哈尔土语中的音变形式与满语 sarhū "隔板，碗架" 在科尔沁土语中的音变形式完全相同。详请参阅本章第三节"科尔沁土语中的满语借词"相关部分。

② 孙宏开：《中国少数民族语言简志丛书（第 6 卷）》，民族出版社 2008 年版，第 706 页。

③ 例词音标中的符号 ɹ 表示元音前化。

④ 诺尔金：《标准音——察哈尔土语》，内蒙古人民出版社 2000 年版，第 77—81 页。

~ dʒɔxŏx 具备表达名词"拟正官"之义的功能。

在语音方面，满语 cohombi 在察哈尔土语中有 ʧɔxŏx 和 dʒɔxŏx 两种形式，而辅音 ʧ 和 dʒ 的交替是察哈尔土语中常见的音变现象。如：蒙古书面语 čidququ "倒"—察哈尔土语 dʒɵtgǎx "倒"；蒙古书面语 času "雪"—察哈尔土语 dʒas "雪"；蒙古书面语 čaqar "察哈尔"—察哈尔土语 dʒaxar "察哈尔"；蒙古书面语 čabčiqu "砍"—察哈尔土语 dʒɛwtʃix "砍"。①

ʃar- "世袭，继承"，借自满语 sira- "连接，世袭，继承"。

蒙古书面语用 jalɣa- "连接" 和 jalɣamjila- "世袭，继承" 两种形式，表达满语 sira- "连接，世袭，继承" 之语义。在满 – 通古斯语族语言中，与满语 sira- "连接，世袭，继承" 同源的词语有：锡伯语 ɕiram "连接"、鄂温克语 sɪraran "连接"、赫哲语 ɕira- "连接"。② 在蒙古语族语言中，与蒙古书面语 jalɣa- "连接" 同源的词语有：达斡尔语 dʒaləɣ- "连接，传，继承"③，东部裕固语 dʒalɢa- "连接"④，保安语 dzalɢa- "连接"⑤，土族语 dzælɢa:- "连接"⑥，东乡语 dzaŋɢa- "连接"⑦。

察哈尔土语 ʃar- "世袭，继承" 借用满语 sira- 之第二、第三义项"世袭""继承"，其语义与蒙古书面语 jalɣamjila- "世袭，继承"相同。

udʒ "冠军（摔跤比赛的冠军获得者）"，借自满语 uju "头，第一"。

在蒙古书面语中，与满语 uju "头，第一"同源的词语为 üjügür "头，顶头"。

满语和蒙古语的同源词之构词情况有所不同，满语独立词根词在蒙古语中演变为非独立词根词。如：满语 burga "柳条"—蒙古语 burgasu "柳条"；满语 fere "底子"—蒙古语 iruɣal "底子"；满语 baji "小的，

---

① 诺尔金：《标准音——察哈尔土语》，内蒙古人民出版社 2000 年版，第 93 页。

② 孙宏开：《中国少数民族语言简志丛书（第 6 卷）》，民族出版社 2008 年版，第 706、811、986 页。

③ 恩和巴图等：《达斡尔语词汇》，内蒙古人民出版社 1984 年版，第 312 页。

④ 保朝鲁等：《东部裕固语词汇》，内蒙古人民出版社 1985 年版，第 143 页。

⑤ 陈乃雄等：《保安语词汇》，内蒙古人民出版社 1986 年版，第 196 页。

⑥ 哈斯巴特尔等：《土族语词汇》，内蒙古人民出版社 1986 年版，第 217 页。

⑦ 布和等：《东乡语词汇》，内蒙古人民出版社 1983 年版，第 176 页。

稍微"—蒙古语 bičikan"小的，稍微"；满语 hele"哑巴"—蒙古语 kelegei"哑巴"；满语 jorin"目标，准头"—蒙古语 jorilta"目标，准头"；满语 silin"优秀"—蒙古语 silideg"优秀"。^①由此可知，察哈尔土语 udʒ"冠军（摔跤比赛的冠军获得者）"虽然与满语 uju"头，第一"语音相同，但其间没有对应规律，系前者借用后者。

在语义方面，在察哈尔土语中，满语 uju 之语义"头，第一"所指的范围缩小，演变为"摔跤比赛的冠军获得者"。察哈尔土语 udʒ 和满语 uju 派生出结构相同的词语，但所表达的语义有所不同。如，由察哈尔土语 udʒ 派生的动词 udʒil-，表"获得冠军"之义，而满语 uju 派生的动词 ujule- 则表"带头，领头，为首，首出"之义。

xawǎŋ"官"，借自满语 hafan"官"。

蒙古书面语中与满语 hafan"官"对应的词语为 tüsimel"官"。满语书面语辅音 f 在满语口语中演变为 v。如：满语书面语 efen"饼"—满语口语 əvən"饼"；满语书面语 mafa"祖父"—满语口语 mava"祖父"；满语书面语 sufan"大象"—满语口语 suvan"大象"；满语书面语 oforo"鼻子—满语口语 ovuro"鼻子"。依此类推，满语 hafan"官"在察哈尔土语中的音变过程可构拟为：察哈尔土语 xawǎŋ ∠满语口语 xavan ∠满语书面语 hafan。

xɔntǒŋ"半"，借自满语 hontoho"半"。

在蒙古书面语中，表达"半"之语义的词语为 qaɣas"半"。在满–通古斯语族语言中，与满语 hontoho"半"同源的词语有：锡伯语 χonχw"半"。^②在蒙古语族语言中，与蒙古书面语 qaɣas"半"同源的词语有：东乡语 ɢaʁalu-"劈开"^③，达斡尔语 xauloː-"劈开"^④，保安

---

① 长山：《满蒙书面语词汇比较研究》，中央民族大学博士学位论文，2007 年。
② 孙宏开：《中国少数民族语言简志丛书（第 6 卷）》，民族出版社 2008 年版，第 708 页。
③ 布和等：《东乡语词汇》，内蒙古人民出版社 1983 年版，第 79 页。
④ 恩和巴图等：《达斡尔语词汇》，内蒙古人民出版社 1984 年版，第 97 页。

语 ɢaɢal-"劈"①，土族语 xaːdza-"分离，离别"②，东部裕固语 xaɢatʃa-"离别"③。

满语 hontoho 除了"半"之语义外，还表"管领"之义。如，在《五体清文鉴》"官设部""旗分佐领类"中，与满语 hontoho 对应的蒙古语为 qaɣas，汉语为"管领"。据《清史满语辞典》解释，"内务府三旗汉军佐领俱名旗鼓佐领，旧作齐固佐领。又有辛者库，乃半个佐领下食口粮人也。起初原系家奴，向例不许为官，内府俱贱视之。半个佐领，今名珲托和，汉语为管领"④。在察哈尔土语中，xɔntŏŋ一词修饰 sɯm"佐"，表示"半佐"，即"不足 70 名男性的佐"⑤。

第五节　巴尔虎土语中的满语借词

巴尔虎土语属于中国蒙古语三大方言之一的巴尔虎－布里亚特方言，是蒙古语方言土语中受满语影响较大的土语之一。据历史研究，雍正十年（1732年），现在的陈巴尔虎人被编入"索伦八旗"，雍正十二年（1734年），又一部分巴尔虎人被编入"新巴尔虎八旗"，驻防呼伦贝尔地区。被编入八旗的巴尔虎人非纯系蒙古，多由他族迁徙而来，各以总管领之，官制纯系满洲旗制，如副都统、副管、佐领名称是也，与蒙古之称汗、王公、贝勒、贝子及札萨克、台吉等制度迥然不同。⑥清朝被推翻后，呼伦贝尔的八旗制度并没有立即随之消失，到 1932 年之后，才在名义上将其全部取消。⑦

由于巴尔虎蒙古人较早被编入八旗，与满族发生了密切的接触和交往，

---

① 陈乃雄等：《保安语词汇》，内蒙古人民出版社 1986 年版，第 84 页。

② 哈斯巴特尔等：《土族语词汇》，内蒙古人民出版社 1986 年版，第 64 页。

③ 保朝鲁等：《东部裕固语词汇》，内蒙古人民出版社 1985 年版，第 44 页。

④ 商鸿逵、刘景宪、季永海、徐凯：《清史满语辞典》，上海古籍出版社 1990 年版，第 125 页。

⑤ 斯勤巴特尔：《蒙古语察哈尔土语中的满语借词》，载《满语研究》1995 年第 1 期。

⑥ 张伯英：《黑龙江志稿》，黑龙江人民出版社 1992 年版，第 318 页。

⑦ 孛·蒙赫达赉：《巴尔虎蒙古史》，内蒙古人民出版社 2004 年版。

因而巴尔虎土语也受到满语影响，借用了较多的满语词语。^①

anagaŋ（dʒil）"闰（年）"，其中 anagaŋ "闰" 借自满语 anagan "闰"。

在构词方面，巴尔虎土语 anagaŋ "闰" 为词根词，对其无法进行构词成分分析。满语 anagan "闰" 为派生词，是由动词 ana-"推" 之后缀加词缀 -gan 构成的。在满–通古斯语族语言中，与满语 ana-"推" 同源的词语有：锡伯语 anə-"推"、鄂温克语 anaran "推"、鄂伦春语 anaran "推"、赫哲语 ana-"推"。^②满语构词词缀 -gan 有变体 -gen/-han/-hen，根据元音和谐律缀加在动词词干之后派生名词或形容词。如满语：hada-"钉"—hadahan "钉子"；jasi-"寄"—jasigan "信"；daba-"越"—dabagan "岭"；su-"解"—suhen "疏"。^③

在语音方面，满语 anagan 词尾辅音 n 在巴尔虎土语中演变为 ŋ。此类音变在巴尔虎土语中比较常见。如：蒙古书面语：tümen "万"—巴尔虎土语 tuməŋ "万"；蒙古书面语 küiten "冷"—巴尔虎土语 xuiəŋ "冷"；蒙古书面语 amtatan "好吃的"—巴尔虎土语 amttaŋ "甜食"；蒙古书面语 amarqan "容易"—巴尔虎土语 amarxaŋ "容易"。

在语义方面，满语 anagan 为多义词，有"借口，口实，托词，闰（月）"等多个义项，而蒙古书面语以 tülkilčege 形式表达"借口，口实，托词"的语义，以 ilegüü 形式表达"闰（月）"的语义。巴尔虎土语借用满语 anagan 之义项"闰"，以 anagaŋ（dʒil）形式表"闰（年）"之义，在表达"闰月"之语义时，则使用蒙古语固有词 ilu: xar（蒙古书面语形式为 ilegüü sara）。

aŋaːgɪːŋ xɔːl "年初一饭" 为合成词，其中 aŋaː "年，新年" 借自满语 aniya "年"，gɪːŋ "的" 为巴尔虎土语属格词缀，蒙古书面语形式为 yin，xɔːl "饭" 之蒙古书面语形式为 qoɣula "饭"。

---

① 本节巴尔虎土语中的满语借词语料来自武达等：《巴尔虎土语词汇》，内蒙古人民出版社 1985 年版。

② 孙宏开：《中国少数民族语言简志丛书（第 6 卷）》，民族出版社 2008 年版，第 706、811、925、985 页。

③ 季永海、刘景宪、屈六生：《满语语法》，民族出版社 1986 年版，第 109 页。

在满－通古斯语族语言中，与满语 aniya "年" 同源的词语有：锡伯语 anj "年"、鄂温克语 anı "年"、鄂伦春语 aŋŋanı "年"、赫哲语 ani "年"。① 与满语 aniya "年" 对应的蒙古书面语词语为 on "年"、jil "年"。蒙古语族语言中，与其同源的词语有：达斡尔语 xo:n "年"、dʒil "年"②，东部裕固语 hɔn "年"（不常用）、dʒəl "年"③，保安语 hoŋ "年"、dzilə "属相"④，东乡语 xoŋ "年"⑤，土族语 fan "年"、dzil "属相"⑥。

在语音方面，满语 aniya 之语音丛 iya 在巴尔虎土语中演变为长元音 a:，同时辅音 n 在其后元音 i 的影响下演变为 ŋ。蒙古书面语和巴尔虎土语的语音对应规律可解释以上的音变现象。如：蒙古书面语 aliya "淘气" —巴尔虎土语 aʟa: "淘气"；蒙古书面语 eliye "鸟鹰" —巴尔虎土语 əʟə: "鸟鹰"；蒙古书面语 soliyatu "狂人" —巴尔虎土语 xɔʟɔ:t "狂人"；蒙古书面语 öšiye "仇恨" —巴尔虎土语 uʃə: "仇恨"。

在语义方面，满语 aniya 有 "年，年代，年节，元（月），年号" 等义项，巴尔虎土语借用其 "年节" "元（月）" 的义项，以合成词 aŋa:gɪːŋ xɔ:l 的形式表 "年初一饭" 之义。

aŋal "财产"，借自满语 anggala "人口，家口"。

在蒙古书面语中，"财产" 称作 ed qoɣsil，与满语 anggala "人口，家口" 对应的词语为 ama "口，人口"。在满－通古斯语族语言中，与满语 anggala "人口，家口" 同源的词语有：锡伯语 aŋgala/aŋala/aŋal "人口"、鄂温克语 aŋgala/aŋala "人口"、鄂伦春语 aŋgala "人口"、赫哲语 aŋgala/aŋala "人口"。⑦ 在蒙古语族语言中，与蒙古书面语 ama "口，人口" 同

① 孙宏开：《中国少数民族语言简志丛书（第 6 卷）》，民族出版社 2008 年版，第 701、807、920、982 页。

② 恩和巴图等：《达斡尔语词汇》，内蒙古人民出版社 1984 年版，第 155、317 页。

③ 保朝鲁等：《东部裕固语词汇》，内蒙古人民出版社 1985 年版，第 97、144 页。

④ 陈乃雄等：《保安语词汇》，内蒙古人民出版社 1986 年版，第 68、199 页。

⑤ 布和等：《东乡语词汇》，内蒙古人民出版社 1983 年版，第 59 页。

⑥ 哈斯巴特尔等：《土族语词汇》，内蒙古人民出版社 1986 年版，第 58、221 页。

⑦ 朝克：《满通古斯语族语言词汇比较》，中国社会科学出版社 2014 年版，第 144 页。

源的词语有：达斡尔语 am "嘴巴"①，东部裕固语 aman "口，口子"②，保安语 amaŋ "嘴，人口"③，东乡语 amaŋ "嘴巴"④，土族语 ama "嘴，口，口子"⑤。

在语音方面，满语 anggala "人口，家口"之词尾元音在巴尔虎土语中脱落。蒙古书面语词尾元音在蒙古语方言土语中脱落的现象是蒙古语中最常见的音变现象。如：蒙古书面语 eimü "此类"—巴尔虎土语 iːm "此类"；蒙古书面语 neite "全部"—巴尔虎土语 niːt "全部"；蒙古书面语 qoina "之后"—巴尔虎土语 xɔin "之后"；蒙古书面语 oira "近"—巴尔虎土语 ɔir "近"。

在语义方面，满语 anggala "人口，家口"在被借用于巴尔虎土语的过程中，语义演变为"财产"。

biːrəŋk "擀面杖"，借自满语 bireku "擀面杖"。

在蒙古书面语中，与满语 bireku "擀面杖"对应的词语为 köbürdegür "擀面杖"。满语 bireku "擀面杖"为派生词，词干为 bire- "擀，铺开"，词缀 -kū/-ku 为由动词派生名词的词缀。在满语中，由 bire- "擀，铺开"派生的词语有：biregen "柳条边"，birembi "擀，铺开"，birebumbi "使擀面"，等等。

bireku "擀面杖"在被借用于巴尔虎土语的过程中，发生以下语音变化：其一，短元音 i 演变为长元音 iː⑥；其二，词尾元音 u 脱落⑦；其三，辅音 k 之前增添辅音 ŋ。在满－通古斯语族语言中，与满语 bireku "擀面杖"同源的词语有：锡伯语 birəku "擀面杖"、鄂温克语 biirəŋkə "擀面杖"、鄂伦春语 birəŋkə "擀面杖"、赫哲语 birəŋku "擀面杖"。⑧

---

① 恩和巴图等：《达斡尔语词汇》，内蒙古人民出版社 1984 年版，第 10 页。

② 保朝鲁等：《东部裕固语词汇》，内蒙古人民出版社 1985 年版，第 4 页。

③ 陈乃雄等：《保安语词汇》，内蒙古人民出版社 1986 年版，第 6 页。

④ 布和等：《东乡语词汇》，内蒙古人民出版社 1983 年版，第 2 页。

⑤ 哈斯巴特尔等：《土族语词汇》，内蒙古人民出版社 1986 年版，第 6 页。

⑥ 元音长化解释详见 ɔrxɔːdai "人参"等词语的长元音来源解释部分。

⑦ 词尾元音脱落现象详见 aŋgal "财产"等词语的音变现象解释部分。

⑧ 朝克：《满通古斯语族语言词汇比较》，中国社会科学出版社 2014 年版，第 214 页。

bɔigɔŋ "财产"，借自满语 boigon "产业，家户，家产"。

在《五体清文鉴》中，与 boigon 对应的蒙古语为 erüke "家户"。满语 boigon 除了 "产业，家当，家产" 之外，还有 "家户，家眷，家属" 等语义，而巴尔虎土语则借用其 "财产" 之义。在满语中，boigon 一词与 anggala "人口，家口" 一词组合，以 boigon anggala 形式表达 "家口，户口" 的语义。在巴尔虎土语中，词组 aŋgal bɔigɔŋ 表 "财产" 之义。

dur arangüe "特别的"。其中，dur aran 是通过达斡尔语借用满语 arbun durun "踪影" 的，güe 为巴尔虎土语的固有成分，是蒙古书面语 ügei "无" 之词首音节 ü 脱落的形式，表 "无，没有" 之义。

据《达斡尔语词汇》载，达斡尔语中有 arun durun uwəi "不像样的" 一词，其 arun durun "模样" 部分系借自满语 arbun durun "踪影"，而 uwəi 与蒙古语 ügei 同源，亦表达 "无，没有" 之语义。此外，达斡尔语 arbun "情况，现象，性质，样子" 一词是借用满语 arbun "样子" 的借词，以 arbun dur 形式表 "态度" 之义。[1] 巴尔虎土语 dur arangüe "特别的" 是通过达斡尔语借用满语的词语，在借用过程中，满语 arbun durun "踪影" 发生如下变化：

在词组结构及语义方面，达斡尔语借用 arbun durun "踪影" 时，在其后添加否定助词 uwəi，以 arun durun uwəi 形式表 "不像样的" 之义，而巴尔虎土语在借用达斡尔语 arun durun uwəi 时，语序发生变化，以 dur arangüe 形式表 "特别的" 之义。

在语音方面，达斡尔语 durun、arun 与蒙古语 ügei 在巴尔虎土语中发生语音脱落和顺同化的演变。第一，durun 词尾语音连续脱落，演变为 dur；第二，arun 第二音节 u 发生顺同化现象，演变为 a；第三，在缩合过程中，蒙古书面语 ügei 第一音节 ü 发生脱落。

dʒalaŋ "辈分"，借自满语 jalan "人世，时代，朝代，一辈（人），关节，队伍，甲喇"。

与满语 jalan 对应的蒙古书面语为 üye "时代，一辈（人），关节"。

---

① 恩和巴图等：《达斡尔语词汇》，内蒙古人民出版社 1984 年版，第 16 页。

在满－通古斯语族语言中，与满语 jalan "人世，时代，朝代，一辈（人），关节，队伍，甲喇"同源的词语有：锡伯语 dzalən "关节"①。在蒙古语族语言中，与蒙古书面语 üye "时代，一辈（人），关节"同源的词语有：土族语 uje "关节，时"②。

在语义方面，满语 jalan 为多义词，有"人世，时代，朝代，一辈（人），关节，队伍，甲喇"多个义项，巴尔虎土语借用其"一辈（人）"之义项，而察哈尔土语则借用其"甲喇"之义项。

dza:güe "相当"。与科尔沁土语 dʒa:gueː "非常，很"相同，巴尔虎土语 dza:güe "相当"由 dza: "容易，简单"和 ugueː "无"二词缩合构成。其中，第一成分 dza: "容易，简单"借自满语 ja "容易"。在缩合过程中，ugueː "无"第一音节 u 脱落。

gurəŋ "国家"，借自满语 gurun "国，国家，部落，人"。

满语 gurun "国，国家，部落，人"第二音节的元音 u 和辅音 n 在巴尔虎土语中分别演变为 ə 和 ŋ。关于辅音 n 和 ŋ 的演变规律，前文已做分析梳理，此处不再赘述。满语非词首音节的元音 u 在巴尔虎土语中演变为 ə 的现象也见于蒙古书面语和巴尔虎土语当中。如：蒙古书面语 üngküri- "滚"—巴尔虎土语 uŋkər- "滚"；蒙古书面语 ündüsüten "民族"—巴尔虎土语 undəstəŋ "民族"；蒙古书面语 ündür "高"—巴尔虎土语 undər "高"；蒙古书面语 öbür "前边"—巴尔虎土语 ußər "前边"。

lax "炕"，借自满语 nahan "炕"。

科尔沁土语中也存在满语借词 lax "炕"。满语 nahan "炕"在巴尔虎土语中发生的音变与其在科尔沁土语中的音变相同。

mɔŋω "猴"，借自满语 monio "猴"。

满语中另有表示"猿，猴"语义的词语 bonio。与满语 monio "猴"对应的蒙古书面语为 mečin "猿，猴"，其有变体 bečin "猿，猴"。在蒙古语及满语和蒙古语的同源词中，辅音 b、m 相互交替或对应的现象较为常见。

---

① 孙宏开：《中国少数民族语言简志丛书（第 6 卷）》，民族出版社 2008 年版，第 703 页。

② 哈斯巴特尔等：《土族语词汇》，内蒙古人民出版社 1986 年版，第 21 页。

如：满语 mute- "成" —蒙古语 bütü- "成"；满语 munggan "陵墓，山岭" —蒙古语 bonɣqun "陵墓"；满语 ama "父亲" —蒙古语 abu "父亲"；蒙古语 bačaɣ "膳食" —蒙古语 mačaɣ "膳食"；蒙古语 bökün "弯曲" —蒙古语 mekün "弯曲"。①

在满 – 通古斯语族语言中，与满语 monio "猴" 同源的词语有：锡伯语 monj "猴子"、鄂温克语 mɔjɔ "猴子"、鄂伦春语 mɔnɔɔ "猴子"、赫哲语 munio "猴子"。② 在蒙古语族语言中，与蒙古书面语 bečin "猿，猴" 同源的词语有：东乡语 biǝtʂǝn "猴，申"③，保安语 betɕaŋ "猴"④，东部裕固语 be:dʒǝn "猴，申"⑤。

naidʒɪmba："请来给出生第三天的孩子起名的喇嘛的称呼"，该词是由 naidʒɪ 与 amba: 构成的缩合词。其中，naidʒɪ 为巴尔虎土语固有词，语义为 "朋友"，蒙古书面语形式为 naiǰa "朋友"。amba: 借自满语 amban "大，大臣"，语义为 "令人尊敬的喇嘛"。

据本章第二节 "蒙古书面语中的满语借词" 中的分析，蒙古书面语 amban "大的，都统" 也借自于满语 amban "大，大臣"，但满语 amban "大，大臣" 的语义在蒙古书面语中演变为 "大的，都统"，在巴尔虎土语中演变为 "令人尊敬的喇嘛"。

ŋɵrgaŋ "照片"，借自满语 nirugan "画，图画"。

在构词方面，满语 nirugan "画，图画" 为派生词，词干 niru- 语义为 "画"，词缀 -gan/-gen/-han/-hen 为由动词派生名词的词缀，其语法功能解释详见本节 anagaŋ（dʒil）"闰（年）" 一词的构词解释部分。巴尔虎土语 ŋɵrgaŋ "照片" 为词根词，无法对其进行构词分析。

在语音方面，满语 nirugan "画，图画" 在被借用于巴尔虎土语的过程

---

① 哈斯巴特尔：《蒙古语和满洲语研究》，内蒙古大学出版社 1991 年版，第 40—41 页。

② 孙宏开：《中国少数民族语言简志丛书（第 6 卷）》，民族出版社 2008 年版，第 702、808、921、982 页。

③ 布和等：《东乡语词汇》，内蒙古人民出版社 1983 年版，第 40 页。

④ 陈乃雄等：《保安语词汇》，内蒙古人民出版社 1986 年版，第 51 页。

⑤ 保朝鲁等：《东部裕固语词汇》，内蒙古人民出版社 1985 年版，第 32 页。

中发生如下音变：第一，词首辅音 n 演变为 ŋ；第二，满语 nirugan 第一音节之元音 i 在其后元音的影响之下发生逆同化现象，演变为圆唇元音 ɷ；第三，满语 nirugan 第二音节之元音 u 发生脱落，同时词尾辅音 n 演变为 ŋ。

在语义方面，巴尔虎土语未借用满语 nirugan 之基本语义"画，图画"，而在借用过程中产生了新的语义"照片"。

ɔrxɔːdai"人参"，借自满语 orho i da"人参"。

据本章第二节"蒙古书面语中的满语借词"的分析，蒙古书面语 orqodai"人参"也借自满语 orho i da"人参"。在巴尔虎土语中，蒙古书面语的满语借词 orqodai"人参"之第二音节元音 o 演变为长元音 ɔː。蒙古书面语短元音在巴尔虎土语中演变为长元音的现象比较常见。而在蒙古标准语中，则没有此类音变现象。如：蒙古书面语 času"雪"—巴尔虎土语 saxaː"雪"—蒙古标准语 ʧas"雪"；蒙古书面语 mömö"乳房，母亲"—巴尔虎土语 məːmeː"乳房，母亲"—蒙古标准语 moːm"乳房，母亲"；蒙古书面语 tosu"油"—巴尔虎土语 tɔxɔː"油"—蒙古标准语 tɔs"油"。

ɔxt"火药，硫黄"，借自满语 okto"药"。

与满语 okto"药"对应的蒙古书面语为 em"药"。在满－通古斯语族语言中，与满语 okto"药"同源的词语有：锡伯语 oχtw"药"、鄂温克语 ugə"药"。[1] 在蒙古语族语言中，与蒙古书面语 em"药"同源的词语有：达斡尔语 əm"药"[2]、东部裕固语 em"药"[3]。巴尔虎土语中亦存在蒙古书面语 dari 一词，表"火药"之义。

saraŋ"伞"，借自满语 sara"伞，展开"。

蒙古书面语以 sikür 形式表"伞"之义，以 delge 形式表"展开"之义。满语 sara 为兼类词，除了"伞"的语义之外，还表"展开"之语义，且具有名词和动词的语法功能，其后可直接缀加名词和动词语法词缀。如：sara i"伞的"、sara be"用伞"、sara de"在伞"，sarambi"展开"

---

① 孙宏开：《中国少数民族语言简志丛书（第 6 卷）》，民族出版社 2008 年版，第 705、810 页。

② 恩和巴图等：《达斡尔语词汇》，内蒙古人民出版社 1984 年版，第 25 页。

③ 保朝鲁等：《东部裕固语词汇》，内蒙古人民出版社 1985 年版，第 10 页。

（式动词现在将来时形式）、saraha"展开了"（式动词过去时形式）、saraci"若展开"（顺序副动词形式）、sarame"展开的同时"（并列副动词形式）。巴尔虎土语在借用满语 sara"伞"时，在其后添加辅音 ŋ，演变成 saraŋ"伞"的形式。

sɵl-"请"，借自满语 soli-"邀请，征聘"。

在蒙古书面语中，与满语 soli-"邀请"对应的词语为 jala-，《巴尔虎土语词汇》收录其被动态形式 dʒalaɣda-"被请"。

taʃxɵi"学校"，借自满语 tacikū"学校"。

第一，巴尔虎土语 taʃxɵi"学校"为词根词，对其无法进行构词成分的分析，而满语 tacikū"学校"为派生词，是由 taci-"学习"之后缀加词缀 -kū 构成的。满语中由 taci-"学习"派生的词语较多，如：tacimbi"学习"、tacibukū"教习"、tacin"学问"、tacihiyan"教诲"、tacimsi"监生"等。

第二，蒙古语中与满语 tacikū"学校"对应的词语为 surɣaɣuli"学校"。在满–通古斯语族语言中，与满语 tacikū"学校"同源的词语有：锡伯语 tateqw"学校"、鄂温克语 tasxɵ"学校"、鄂伦春语 tattan"学"、赫哲语 tati-"教育"。[1] 在蒙古语族语言中，与蒙古书面语 surɣaɣuli"学校"同源的词语有：东部裕固语 surgaːl"学习"[2]，达斡尔语 sorɣaː-"教，训练"[3]，土族语 surɢaː-"学习"[4]，保安语 sərGa-"教训"[5]。

以上两点可说明，巴尔虎土语 taʃxɵi"学校"系借自满语 tacikū"学校"。

tataŋ"抽屉"，借自满语 tatakū"抽屉"。

科尔沁土语也借用了满语 tatakū"抽屉"，语音形式为 tatˠg"抽屉"。巴尔虎土语在借用满语 tatakū"抽屉"时，在词尾音节辅音 k 之前添加了辅音 ŋ。据前文分析，巴尔虎土语 biːrəŋk"擀面杖"一词在借用满语

---

① 孙宏开：《中国少数民族语言简志丛书（第6卷）》，民族出版社2008年版，第705、811、925、985页。

② 保朝鲁等：《东部裕固语词汇》，内蒙古人民出版社1985年版，第103页。

③ 恩和巴图等：《达斡尔语词汇》，内蒙古人民出版社1984年版，第223页。

④ 哈斯巴特尔等：《土族语词汇》，内蒙古人民出版社1986年版，第141页。

⑤ 陈乃雄等：《保安语词汇》，内蒙古人民出版社1986年版，第129页。

bireku "擀面杖"时，也发生了同样的音变现象。

tob "正好"，借自满语 tob "正，公正"。

与满语 tob 对应的蒙古书面语词语为 čige "正"。在满－通古斯语族语言中，与满语 tob "正，公正"同源的词语有：锡伯语 tov（jərxin）"正确"、赫哲语 tob "正"。① 巴尔虎土语中的满语借词 tob "正好"之后可缀加形容比较级的词缀 -xaŋ/-xəŋ/-xɔŋ，构成 tɔbxɔŋ 形式，表"中等的"之义。

tɔnd ~ tɔmdxɔŋ "驯服的，老实的"，借自满语 tondo "忠诚，公正，正直，垂直" ~ tondokon "正的，忠诚的，略直的"。

与满语 tondo ~ tondokon 对应的蒙古书面语为 šiluγun "直" ~ šidurγuqan "略忠诚"，而蒙古书面语将"驯服的，老实的"称作 nomuqan。在满－通古斯语族语言中，与满语 tondo "忠诚，公正，正直，垂直" ~ tondokon "正的，忠诚的，略直的"同源的词语有：锡伯语 tondoqun "直"、赫哲语 tondo "直"。② 在蒙古语族语言中，与蒙古书面语 šiluγun "直"同源的词语有：东乡语 ʂuluŋ "直的，老实的"③。

在构词方面，tondokon 和 tɔmdxɔŋ 之词缀 -kon、-xɔŋ 为形容词比较级词缀。满语形容词比较级词缀 -kon 有变体 -kan/-ken，可缀加于形容词后表达"略微""稍微"等语义。巴尔虎土语 -xɔŋ 之蒙古书面语形式为 -qan/-ken，功能与满语形容词比较级词缀 -kan/-ken/-kon 完全相同。

在语义方面，满语 tondo ~ tondokon 在被借用于巴尔虎土语的过程中，语义发生变化，演变为"驯服的，老实的"。

tɷ:ma: "每当"，借自满语 tome "每"。

满语 tome "每"为后置词，其功能与蒙古书面语 bolγan "每"相同，附加于静词之后，表"分配"之义。

wa:dal- "包"，借自满语 wadan "包袱皮儿"。

表"包袱，包裹"之义的蒙古书面语词语为 boγodall-。巴尔虎土语在

---

① 孙宏开：《中国少数民族语言简志丛书（第 6 卷）》，民族出版社 2008 年版，第 708、987 页。

② 孙宏开：《中国少数民族语言简志丛书（第 6 卷）》，民族出版社 2008 年版，第 708、987 页。

③ 布和等：《东乡语词汇》，内蒙古人民出版社 1983 年版，第 134 页。

满语名词 wadan "包袱皮儿"之后缀加由名词派生动词的词缀 -l（蒙古书面语形式为 -la/-le），派生动词 wa:dal- "包"。据本章第三节"科尔沁土语中的满语借词"之分析，科尔沁土语 wadʊ̍ŋ "包袱皮儿"也是借自满语 wadan "包袱皮儿"的。

xal "姓"，借自满语 hala "姓"。

与满语 hala "姓"对应的蒙古语词语为 oboɣ "姓"。在满－通古斯语族语言中，与满语 hala "姓"同源的词语有：锡伯语 χal "姓"、鄂温克语 xala "姓"、鄂伦春语 kala "姓"、赫哲语 χala "姓"。[①]

xə:xə "猫"，借自满语 kesike "猫"。

满语 kesike "猫"在被借用于巴尔虎土语的过程中，发生如下语音变化：

第一，词尾音节短元音在巴尔虎土语中演变为长元音。关于此类音变现象，本节 ɔrxɔ:dai "人参"等词语的语音特点分析部分已做解释梳理，此处不再赘述。第二，与其他方言土语长元音不同，蒙古书面语音丛"元音—辅音 s—元音"在巴尔虎土语中演变为长元音。如：蒙古书面语 nilbüsü "泪"—巴尔虎土语 ŋɔlbɷ: "泪"；蒙古书面语 qailasu "榆树"—巴尔虎土语 xaila: "榆树"；蒙古书面语 kegesü "辐"—巴尔虎土语 xəgə: "辐"。因此，满语 kesike "猫"在巴尔虎土语中输出为 xə:xə: "猫"。

xɷda: "价钱"，借自满语 hūda "生意，买卖，价钱"。

蒙古书面语用 üne "价钱"和 qudalduɣa "生意，买卖"二词表达满语 hūda 之语义——"生意，买卖，价钱"。其中，qudalduɣa "生意，买卖"之词根 quda- 与满语 hūda "生意，买卖，价钱"同源，但其在蒙古语及其方言土语中不能单独使用。在满－通古斯语族语言中，与满语 hūda "生意，买卖，价钱"同源的词语有：锡伯语 χuda "价钱"、鄂温克语 xɷda "价钱"、鄂伦春语 kɷdaa "价钱"、赫哲语 χuda "价钱"。[②]在蒙古语族语言中，

---

① 孙宏开：《中国少数民族语言简志丛书（第 6 卷）》，民族出版社 2008 年版，第 705、810、924、985 页。

② 孙宏开：《中国少数民族语言简志丛书（第 6 卷）》，民族出版社 2008 年版，第 705、810、924、985 页。

与蒙古书面语 üne "价钱"同源的词语有：东部裕固语 une "价钱"①，土族语 nem "价格，价钱"②。

在巴尔虎土语中，虽然有蒙古语固有词 une "价钱"，但其仍借用了满语 hūda "生意，买卖，价钱"，形成一种表达同一概念的固有词和借词共存的现象。

xuŋk "手巾，兜"，借自满语 fungku "手帕，手巾，汗巾"。

蒙古书面语将"手巾"称作 γar alčiγur，将"兜"称作 qarman。在满-通古斯语族语言中，与满语 fungku "手帕，手巾，汗巾"同源的词语有：锡伯语 fuŋku "手帕"、鄂伦春语 uŋku "头巾"。③

在语音方面，蒙古书面语、科尔沁土语和察哈尔土语以辅音 p 输出满语借词的辅音 f。与此不同，巴尔虎土语以辅音 x 输出满语 fungku "手帕，手巾，汗巾"之辅音 f。

在语义方面，巴尔虎土语 xuŋk 除了借用满语 fungku 之"手帕，手巾"等义项之外，还表"兜子"之义。

piː "笔"，该词通过满语借用汉语"笔"。

《巴尔虎土语词汇》中收录 biːr "笔"、piː "笔"二词。④其中，biːr "笔"为多数蒙古语族语言及其方言土语所共有，系直接借用汉语"笔"，而 piː "笔"则为达斡尔语及巴尔虎土语等少数蒙古语族语言及其方言土语所特有，系通过满语借用汉语"笔"。此外，巴尔虎土语 dəndʒəː "灯"也是通过满语借用汉语"灯盏"的词语。"笔"和"灯"二词在蒙古语族语言及其方言土语中的分布情况如表 2–1、表 2–2 所示。

---

① 保朝鲁等：《东部裕固语词汇》，内蒙古人民出版社 1985 年版，第 20 页。
② 哈斯巴特尔等：《土族语词汇》，内蒙古人民出版社 1986 年版，第 28 页。
③ 孙宏开：《中国少数民族语言简志丛书（第 6 卷）》，民族出版社 2008 年版，第 704、923 页。
④ 武达：《巴尔虎土语词汇》，内蒙古人民出版社 1985 年版，第 71、84 页。

表 2-1　蒙古语方言土语中汉语借词"笔"的语音情况表

蒙古书面语	正蓝旗口语	巴林右旗口语
bir	piːr	biːr
陈巴尔虎口语	布里亚特口语	达尔罕口语
biːr	biːr	biːr
喀喇沁口语	东苏尼特口语	鄂托克口语
biːr	piːr	biːr ~ udʒug
阿拉善口语	都兰口语	和静口语
biːr	biːr	biːr
达斡尔语	东部裕固语	土族语
piː	biː	biːr
东乡语	保安语	
bi ~ ɢələn	bi	

表 2-2　蒙古语方言土语中汉语借词"灯"的语音情况表

蒙古书面语	正蓝旗口语	巴林右旗口语
deng	dəŋ	dəŋ
陈巴尔虎口语	布里亚特口语	达尔罕口语
dəŋ	dəŋ	dəŋ
喀喇沁口语	东苏尼特口语	鄂托克口语
dəŋ	dəŋ	deŋ
阿拉善口语	都兰口语	和静口语
deŋ	la	laː
达斡尔语	东部裕固语	土族语
dəndʒəːn	dəŋ ~ dʒula	dʑilaː
东乡语	保安语	
dʐula	dʑila	

根据语音形式，蒙古语族语言及其方言土语中的汉语借词"笔"可分为如下类型：

第一，开音节形式的有：达斡尔语 pi:"笔"、东部裕固语 bi:"笔"、东乡语 bi"笔"、保安语 bi"笔"。闭音节形式的有：蒙古书面语 bir"笔"、正蓝旗口语 pi:r"笔"、巴林右旗口语 bi:r"笔"、陈巴尔虎口语 bi:r"笔"、布里亚特口语 bi:r"笔"、达尔罕口语 bi:r"笔"、喀喇沁口语 bi:r"笔"、东苏尼特口语 pi:r"笔"、鄂托克口语 bi:r"笔"、阿拉善口语 bi:r"笔"、都兰口语 bi:r"笔"、土族语 bi:r"笔"。[①]

第二，辅音 p 开头的有：东苏尼特口语 pi:r"笔"、正蓝旗口语 pi:r"笔"、达斡尔语 pi:"笔"。辅音 b 开头的有：蒙古书面语 bir"笔"、巴林右旗口语 bi:r"笔"、陈巴尔虎口语 bi:r"笔"、布里亚特口语 bi:r"笔"、达尔罕口语 bi:r"笔"、喀喇沁口语 bi:r"笔"、鄂托克口语 bi:r"笔"、阿拉善口语 bi:r"笔"、都兰口语 bi:r"笔"、东部裕固语 bi:"笔"、土族语 bi:r"笔"、东乡语 bi"笔"、保安语 bi"笔"。

虽然《蒙古语族语言词典》中仅收录了巴尔虎土语 bi:r"笔"，但根据《巴尔虎土语词汇》，该词亦存在另一种形式 pi:"笔"。在以上词语中，以辅音 r 结尾的汉语借词被借用的时间较早，为多数语言及其方言土语所共有。以辅音 b 开头的开音节形式借词是近期借用的汉语借词，其语音形式与汉语基本相同。以辅音 p 开头的开音节形式借词则是通过满语借用的汉语借词。在清代满语中，汉语借词"笔"的语音形式为 fi，在被借用于蒙古语族语言时，其词首辅音演变为 p。即，达斡尔语和蒙古语巴尔虎土语 pi:"笔"是通过满语借用的汉语借词。

在蒙古语族语言及其方言土语中，汉语借词"灯"有两种语音形式，达斡尔语 dəndʒə:n"灯"为双音节形式，其余均为单音节形式。《巴尔虎土语词汇》中，与《蒙古语族语言词典》所载录的达斡尔语 dəndʒə:n"灯"语音形式相似的词语是 dəndʒə:"灯"。达斡尔语 dəndʒə:n"灯"和蒙古语巴尔虎土语 dəndʒə:"灯"的语音形式与其他蒙古语族语言及其方言土语不同，而与清代满语中的汉语借词 dengjan"灯"基

---

① 孙竹：《蒙古语族语言词典》，青海人民出版社 1990 年版，第 151 页。

本相同 [①]，是通过满语借用汉语的。

除了以上两个词语之外，巴尔虎土语 jɷːrsag "锁头"、dʒampəŋ "蚊帐"等词语也是通过满语借用汉语的。汉语 "钥匙" "帐篷" 在被借用于满语的过程中语义发生变化，分别演变为 yoose "锁头"、jampan "蚊帐"，而巴尔虎土语则又借用了满语中的汉语借词 yoose "锁头" 和 jampan "蚊帐"。

此外，巴尔虎土语中的满语借词，在语音和语义方面与达斡尔语中的满语借词相同特点较多，这些词语也很可能是巴尔虎土语通过达斡尔语借用满语的，相关词语见表 2–3。

表 2–3　巴尔虎土语与达斡尔语中的满语借词对比表

巴尔虎土语	语义	达斡尔语	语义	满语	语义
aŋaː	新年	aneː	春节	aniya	年岁
anagaŋ	闰	anəɣən	闰	anagan	闰
aŋgal	财产	aŋgəl	人口	anggala	人口
biːrəŋk	擀面杖	biruŋ^w	擀面杖	bireku	擀面杖
bɔigoŋ	财产	bɔiɣun	财产	boigon	产业，家产
xuŋk	手巾，兜	xuŋk^w	手巾	fungku	手帕，手巾
xal	姓	xal	姓	hala	姓

蒙古语及其方言土语中的多数满语借词是在蒙古语和满语直接接触、相互借用的过程中借用的。巴尔虎蒙古人与达斡尔人在历史上长期毗邻而居，巴尔虎土语也通过达斡尔语借用了部分满语词语。因此，巴尔虎土语中的部分满语借词属于间接借用的词语，而其他蒙古语方言土语中的满语借词则属于直接借用的词语。

第六节　蒙古语中满语借词的特点

因蒙古语及其方言土语的内部差异性，满语词语在被借用的过程中，

---

① 清代满语 dengjan "灯" 借自汉语 "灯盏"。

在语音、语义及结构方面形成了不同特点。本节将对比分析满语借词在蒙古书面语及其方言土语中的不同输出特点，以探索蒙古语借用满语词语的规则。

一、元音特点

清格尔泰等学者认为，满语书面语基本元音的音值为 a、ə、i、ɔ、u、ɷ①，由此将复合元音的音值构拟为 ai、əi、（ii）、ɔi、ui、（ɷi）、aɔ、əu、iu、ɔɔ、（uu）、（ɷɔ），以及 iui。据清格尔泰、白音朝克图、包祥、包·吉仁尼格等学者的研究，蒙古书面语、科尔沁土语、察哈尔土语及巴尔虎土语的元音系统如下：

蒙古书面语有短元音 a、ə、i、ɔ、ɷ、o、u，复合元音 ai、əi、ɔi、ɷi、ui、aɷ、əu、iɷ、iu、ɷwa、ɷwai②；科尔沁土语有短元音 a、ɤ、i、ɔ、ɷ、u、ε、œ、y、ə、ɚ，长元音 aː、əː、iː、ɔː、ɷː、uː、εː、œː、yː，以及复合元音 ɷaː、ɷεː、ueː、iaː、yε、ui、uə、iɔ、iə、ai、ɷai③；察哈尔土语有短元音 a、ə、ɪ、i、ɔ、ɷ、o、u、æ、œ，长元音 aː、əː、ɪː、iː、ɔː、ɷː、oː、uː、æː、œː、eː，以及复合元音 eː、uiː、oiː、ɷæː、ueː、ɷaː④；巴尔虎土语则有短元音 a、ə、i、ɔ、ɷ、u，长元音 aː、əː、iː、ɔː、ɷː、uː、oː，以及复合元音 ai、ɔi、ɷi、ui、ɷaː、uəː⑤。

蒙古书面语及其方言土语在输出满语借词的元音时，既有相同之处，又有不同特点，具体表现如下。

1.蒙古语以相同或相近音值的元音输出满语借词元音。如：蒙古书面语 amban "大的，都统"—满语 amban "大，大臣"；蒙古书面语 ombolo "孙子"—满语 omolo "孙子"；蒙古书面语 beise "贝子"—满语

① 清格尔泰：《语言文字论集》，内蒙古大学出版社 1997 年版，第 799—819 页。

② 清格尔泰：《清格尔泰文集（第 4 卷） 现代蒙古语语法：蒙古文》，内蒙古科学技术出版社 2010 年版，第 31、43 页。

③ 白音朝克图：《科尔沁土语研究》，内蒙古大学出版社 2002 年版，第 1 页。

④ 白音朝克图：《方言学（蒙古文）》，内蒙古人民出版社 2007 年版，第 374—375 页。据上文的分析，察哈尔土语短元音在非词首音节有弱化现象。

⑤ 包祥、包·吉仁尼格：《巴尔虎土语》，内蒙古大学出版社 1995 年版，第 30—59 页。

beise "贝子"；蒙古书面语 gürün "国，国家" —满语 gurun "国，国家，部落，人"；蒙古书面语 quwaran "军营，营地" —满语 hūwaran "圈子，院子，军营，营房，坟地"；科尔沁土语 wan "梯子" —满语 wan "梯子"；科尔沁土语 bidʒir "小麻籽" —满语 fijiri "线麻仁"；科尔沁土语 aidɤ- "愈好，病好" —满语 aitu- "复活，复苏，苏醒，（瘦弱的牲畜）上膘"；察哈尔土语 aʃaː "嫂子" —满语 aša "嫂子"；察哈尔土语 ʧɔxɔx ~ dʒɔxɔx "拟正官" —满语 cohombi "拟正"；察哈尔土语 udʒ "冠军（摔跤比赛的冠军获得者）" —满语 uju "头，第一"；巴尔虎土语 bɔigɔn "户" —满语 boigon "户"；巴尔虎土语 aŋgal "财产" —满语 anggala "人口"；巴尔虎土语 ɔxt "火药，硫黄" —满语 okto "药"；巴尔虎土语 xuŋk "手巾，兜" —满语 fungku "手帕，手巾，汗巾"。具体输出情况如表 2-4 所示。

表 2-4　蒙古语以相同或相近音值的元音输出满语借词语音情况表

满语	蒙古书面语	科尔沁土语	察哈尔土语	巴尔虎土语
a	a	a	a	a
ə	ə	ɤ	ə	ə
i	i	i	i	i
ɔ	ɔ	ɔ	ɔ	ɔ
u	u	u	u	u
ɷ	ɷ	ɷ	ɷ	ɷ
ai	—	ai	—	—
əi	əi	—	—	—
ɔi	—	—	—	ɔi

　　满语书面语和蒙古书面语的元音系统基本一致。以基本元音为例，满语书面语有 a、ə、i、ɔ、u、ɷ，蒙古书面语有 a、ə、i、ɔ、ɷ、o、u，后者仅比前者多一个元音 o。两者的高度一致性，为蒙古语用相同或相似的元音输出满语借词的元音提供了基础。在蒙古语方言土语中，当满语借词语音不满足发生语流音变的条件时，蒙古语方言土语则以相同的语音输出

满语借词的元音。

2. 蒙古语以不同音值的元音输出满语借词的语音。如：蒙古书面语 γačaγa "嘎查" —满语 gašan "乡村，村庄"；蒙古书面语 orqodai "人参" —满语 orho i da "人参"；科尔沁土语 nɛxa:n "汉人" —满语 nikan "汉人"；科尔沁土语 purda: "打围领头" —满语 fere i da "打围领头"；科尔沁土语 xɷl "谎言" —满语 holo "谎言"；科尔沁土语 mɷya: "秸秆" —满语 muya "麦（秸）"；察哈尔土语 ʃar- "世袭，继承" —满语 sira- "连接，世袭、继承"；察哈尔土语 dɷrgǎn "家谱" —满语 durugan "谱"；察哈尔土语 məjiŋ "时期，部分" —满语 meyen "节，部队，计量单位，谱"；察哈尔土语 go:g "嫂子" —满语 gege "姐姐"；巴尔虎土语 lɷʃiŋ "臭" —满语 langse "不洁"；巴尔虎土语 niɷrugaŋ "照片" —满语 nirugan "图画"；巴尔虎土语 sɷli- "聘请" —满语 soli- "聘请"；巴尔虎土语 ugamə: "婶母" —满语 uhume "婶母"；巴尔虎土语 ɷγarda: "总管" —满语 uheri da "总管"；巴尔虎土语 laiyaŋ "懒的" —满语 laihū "赖皮"；巴尔虎土语 gəniŋ "友情" —满语 gūnin "意念"；巴尔虎土语 taʃxɷi "学校" —满语 tacikū "学校"。具体输出情况见表 2–5。

表 2–5　蒙古语以不同音值的元音输出满语借词语音情况表

满语	蒙古书面语	科尔沁土语	察哈尔土语	巴尔虎土语
a	ai、aγa	—	—	ai
ə	—	u	i、o:	—
i	—	ɛ	a	iɷ
ɔ	—	ɷ	i	ɷ
u	—	ɷ	ɷ	—
ɷ	—	—	—	ɷi
iɔ	—	—	—	ɷ

蒙古语以不同音值元音输出满语借词元音的现象，可在满语和蒙古语的语音对应规律或蒙古语方言土语的语流演变规则中找到解释。

第一，在满语和蒙古语的同源词语中，蒙古书面语的部分语音丛 -aγa-在蒙古口语中演变为长元音，并对应于满语单元音。蒙古书面语依据满语和蒙古语的语音对应规律输出满语借词元音，如，科尔沁土语用 γačaγa "嘎查" 形式输出满语 gašan "乡村，村庄" 之语音。

第二，蒙古语方言土语以各自的语流演变规则输出满语借词语音。如前文所述，当蒙古书面语第一音节中带有双唇辅音 b、p 时，其前后的元音 e 在科尔沁土语中演变为元音 u。[1] 如，科尔沁土语以 purda: "打围领头" 形式输出满语 fere i da "打围领头" 之语音，正是遵循了科尔沁土语此类语流音变规则。

第三，蒙古语方言土语输出满语借词的语音时，遵循其语音自由演变规则。如，在科尔沁土语中，有元音 ɔ、u 与元音 ɷ 自由交替的音变规律，因此该土语将满语 holo "谎言"、muya "麦（秸）" 二词的语音输出为 xɷl "谎言"、mɷya: "秸秆"。

3. 满语后元音或前元音在蒙古语输出中演变为前化元音。如：科尔沁土语 xɛʃin（gɤr）"仓房"——满语 haši（boo）"仓房"；科尔沁土语 nɛxa:n "汉人"——满语 nikan "汉人"；察哈尔土语 ʤæng "章京"——满语 janggin "章京"。具体输出情况如表 2–6 所示。

表 2–6　满语借词元音在蒙古语中前化演变的情况表

满语	蒙古书面语	科尔沁土语	察哈尔土语	巴尔虎土语
a	—	ɛ	æ	—
i	—	ɛ	—	—

以上语音输出与蒙古语方言土语语音的逆同化或顺同化演变有关。即部分满语借词的后元音在其后面音节的前元音 i 的影响之下，在蒙古语方言土语中演变为前元音 ɛ、æ。与之相对，部分满语借词的前元音 i 在其后面音节后元音的影响之下，在蒙古语方言土语中演变为前化元音 ɛ。

4. 满语短元音或复合元音在蒙古语方言土语中演变为长元音。

---

[1]　白音朝克图：《科尔沁土语研究》，内蒙古大学出版社 2002 年版，第 17 页。

如：科尔沁土语 nɛxaːn "汉人" —满语 nikan "汉人"；科尔沁土语 bœːdaː ~ bœːd "管家" —满语 boo i da "管领"；科尔沁土语 pɛːsʏndaː ~ pɛːsʏnd "清代职务称" —满语 faidan i da "王府长吏"；科尔沁土语 xəʃgeː "猫" —满语 kesike "猫"；察哈尔土语 galæːda "翼长" —满语 gala i da "翼长"；察哈尔土语 məːrŏŋ "梅林" —满语 meiren "肩膀，副都统"；察哈尔土语 andʒi "男性父辈称谓" —满语 amji "伯父"；察哈尔土语 goːg "嫂子" —满语 gege "姐姐"；巴尔虎土语 ɯɣardaː "总管" —满语 uheri da "总管"；巴尔虎土语 ugaməː "婶母" —满语 uhume "婶母"；巴尔虎土语 biːrəŋk "擀面杖" —满语 bireku "擀面杖"；巴尔虎土语 səwdziuːŋ "愉快，舒畅" —满语 sebjen "乐"；巴尔虎土语 toːχ- "误，延误" —满语 tooka- "误，延误"。具体输出情况如表 2-7 所示。

表 2-7　蒙古语用长元音输出满语借词短元音或复合元音的情况表

满语	科尔沁土语	察哈尔土语	巴尔虎土语
a	aː	aː	aː
ə	əː、ɛː	əː、oː	əː、uː
ɔi	œː	—	—
ai	ɛː	æː	—
ɔ	—	—	ɯː

与蒙古语方言土语相比，满语没有长元音音位，或者说，满语元音的长短不具备区分语义的功能。蒙古语方言土语以长元音输出满语元音的情况主要有以下两种：

第一，蒙古书面语复合元音演变成长元音的现象是蒙古语方言土语中常见的音变现象，满语借词的复合元音在蒙古语方言土语中输出为长元音。如，在以上例词中，满语复合元音 ɔ、ɔi、ai、ɔ 在蒙古语方言土语中输出为长元音 œː、æː、ɯː。

第二，满语和蒙古书面语没有长元音，蒙古书面语的部分单元音对应于蒙古语方言土语中的长元音，满语借词的单元音也在蒙古语方言土语中演变为长元音。如，以上例词用长元音 aː、ɔː、ɛː 等输出了满语单元音 a、ə。

5. 满语元音在蒙古语方言土语中发生弱化演变。如：科尔沁土语 tatʁɡ "抽屉" —满语 tataku̲ "抽屉"；科尔沁土语 jirgʁn "汉" —满语 irgen "百姓，属民，汉人"；科尔沁土语 aidʁ- "愈好，病好" —满语 aitu̲- "复苏"；科尔沁土语 taxʁr "差夫" —满语 taku̲ran "官差，差役"；察哈尔土语 adǎx "副官" —满语 ada̲ha hafan "轻车都尉"；察哈尔土语 məːrǎŋ "梅林" —满语 meiren "肩膀，副都统"；察哈尔土语 xɔntɔ̌ŋ "半" —满语 hontoho "半"。具体输出情况如表 2–8 所示。

表 2–8　满语借词元音在蒙古语中弱化演变分析表

满语	蒙古书面语	科尔沁土语	察哈尔土语	巴尔虎土语
a	—	ʁ	ǎ	—
ə	—	ʁ	ǎ	—
ɔ	—	—	ǎ	—
u	—	ʁ	—	—
ɷ	—	ʁ	—	—

在蒙古语方言土语中，蒙古书面语非词首音节的元音发生弱化演变，均有向元音 ǎ 演变的趋势，其中科尔沁土语比察哈尔土语发生了更为彻底的演变。[①] 因此，满语借词非词首元音亦在蒙古语方言土语中发生了弱化演变。

6. 满语元音或音节在蒙古语方言土语中脱落。如：科尔沁土语 taxʁr "差夫" —满语 taku̲ran "官差，差役"；科尔沁土语 dɔx "石灰" —满语 doho̲ "石灰"；察哈尔土语 gɔʧig "随从" —满语 gocika "护卫军"；察哈尔土语 arx "副的" —满语 ara̲ha "委署"；巴尔虎土语 xal "姓" —满语 hala̲ "姓"。在语音类型方面，短元音不能出现在蒙古语方言土语的词尾位置。因此，在蒙古语方言土语输出满语词语时，满语词尾短元音发生脱落现象。

① 白音门德：《巴林、察哈尔、科尔沁土语非词首元音及其 ǎ 化现象》，载《内蒙古大学学报（蒙古文版）》1999 年第 3 期。

7. 蒙古语方言土语在满语音节之间添加元音。如：科尔沁土语 dɤrɤg "席子" —满语 derhi "席子，苇"；科尔沁土语 sarɤg "碗架"—满语 sarhū "隔板，碗架"；察哈尔土语 ilɔg "副的"—满语 ilhi "次序，副，少"。此类音变现象的形成，与上一条音变规律具有密切关系。即，当满语词语的词尾单元音脱落，在蒙古语方言土语的满语借词词尾出现复辅音时，其间需要添加弱化元音 ɤ 或 ɔ。

二、辅音特点

清代满语固有词有辅音 n、q、k、ɢ、g、χ、x、b、p、s、ş、t、d、m、l、tş、dẓ、j、r、f、w、ŋ。1636 年达海改进满文字母时，添加了专门拼写借词的辅音 ts、dz 和 ž。[1] 蒙古书面语有基本辅音 n、ŋ、b、p、x、g、m、l、s、ʃ、t、d、tʃ、dʒ、j、r、w 和借词辅音 f、k、x、ɬ、ts、dz、dẓ、tş、ş、ž。[2] 科尔沁土语有辅音 n、ŋ、b、p、x、g、m、l、s、ʃ、t、d、dʒ、j、r、w、k。[3] 察哈尔土语有辅音 n、ŋ、b、p、x、g、m、l、s、ʃ、t、d、tʃ、dʒ、j、r、w、k。[4] 巴尔虎土语则有辅音 n、ŋ、b、p、x、g、m、l、s、ʃ、t、d、ts、tʃ、dz、dʒ、j、r。[5] 本书以辅音发音部位分类，分析研究蒙古语方言土语输出满语辅音的情况。

（一）双唇辅音与唇齿辅音

满语双唇辅音及唇齿辅音有 b、p、m、f、w，而蒙古书面语与其方言土语也有双唇辅音及唇齿辅音 b、p、m、w。蒙古书面语及其方言土语以相同或相似音值的辅音输出满语双唇辅音及唇齿辅音的情况如下：蒙古书面语 amban "大的，都统"—满语 amban "大，大臣"；科

---

① 季永海：《满语语法（修订版）》，中央民族大学出版社 2011 年版，第 9 页。

② 清格尔泰：《清格尔泰文集（第 8 卷）蒙古语语法：蒙古文》，内蒙古科学技术出版社 2010 年版，第 50 页。

③ 白音朝克图：《方言学（蒙古文）》，内蒙古人民出版社 2007 年版，第 405 页。

④ 白音朝克图：《方言学（蒙古文）》，内蒙古人民出版社 2007 年版，第 374 页。

⑤ 包祥、包·吉仁尼格：《巴尔虎土语》，内蒙古大学出版社 1995 年版，第 63 页。此外，据上文例词可以发现，巴尔虎土语 n、l 等辅音具有鼻化现象。

尔沁土语 b̠ɶːdaː ～ b̠ɶːd "管家" —满语 b̠oo i da "管领"；察哈尔土语 amb̠ǎŋ "总管，都统" —满语 amb̠an "大臣"；巴尔虎土语 b̠ɔigɔŋ "财产" —满语 b̠oigon "产业，家户，家产"；科尔沁土语 p̠am "袄" —满语 p̠ampu "小棉袄"；巴尔虎土语：p̠iː "笔" —满语：p̠i "笔"①；巴尔虎土语 tɵːmaː "每当" —满语 tome "每"；蒙古书面语 quwaran "军营，营地" —满语 hūwaran "圈子，院子，军营，营房，坟地"；科尔沁土语 wadʏŋ "包袱皮儿" —巴尔虎土语 waːdal- "包" —满语 wadan "包袱皮儿"。以上词语的语音输出规则见表 2-9。

表 2-9　蒙古语以相同或相似音值的辅音输出满语借词双唇辅音与唇齿辅音的情况表

满语	蒙古书面语	科尔沁土语	察哈尔土语	巴尔虎土语
b	b	b	b	b
p	—	p	—	—
m	m	m	m	m
f	—	—	—	—
w	w	w	—	w

在使用频率方面，双唇辅音 b、m 在蒙古语方言土语中较为常见，辅音 p、w 较为少见，辅音 f 则仅出现于蒙古书面语的借词当中。因此，除了辅音 f 之外，蒙古语方言土语均用相同或相近音值的辅音输出满语借词的双唇与唇齿音。

满语辅音 f 在蒙古语方言土语中的输出情况较为复杂。如：科尔沁土语 p̠urdaː "打围领头" —满语 f̠ere i da "打围领头"；科尔沁土语 b̠idʒir "小麻籽" —满语 f̠ijiri "线麻仁"；察哈尔土语 xaw̠ǎn "官" —满语 haf̠an "官"；巴尔虎土语 sɵw̠dziuːŋ "愉快，舒畅" —满语 seb̠jen "乐"；巴尔虎土语 p̠aʃχaŋ "乱，动乱" —满语 f̠acuhūn "乱，动乱"；巴尔虎土语 x̠uŋk "手巾" —满语 f̠ungku "手巾"。以上词语的语音输出规则见表 2-10。

---

① 巴尔虎土语 piː "笔" 是通过满语 pi "笔" 借用汉语 "笔" 的。

表 2–10　蒙古语以不同音值的辅音输出满语借词双唇辅音与唇齿辅音的情况表

满语	蒙古书面语	科尔沁土语	察哈尔土语	巴尔虎土语
b	—			w
p	—			
m	—			
f	—	p、b	w	p、x
w	—			—

满语借词辅音 f 在蒙古语方言土语中有不同的输出方式。

第一，科尔沁土语将满语借词辅音 f 输出为 p、b，即将唇齿擦音输出为双唇塞音，输出辅音与输入辅音的发音部位与发音方法均不相同。从汉语借词等其他语言借词的语音情况来看，科尔沁土语用辅音 p 输出借词辅音 f 的情况较为常见，用 b 输出的情况则较为罕见。

第二，察哈尔土语将满语借词辅音 f 输出为 w，即将唇齿擦音输出为双唇擦音，输入辅音的发音部位发生变化。与科尔沁土语和巴尔虎土语不同，察哈尔土语以辅音 w 输出满语借词处于词中位置的辅音 f。

第三，巴尔虎土语将满语借词辅音 f 输出为 p、x。前一种情况将唇齿擦音输出为双唇擦音，发音部位与发音方法均发生变化；后一种情况将唇齿擦音输出为舌根擦音，发音部位发生变化，但发音方法未发生变化。据阿尔泰语言学家兰司铁的研究，原始阿尔泰语的词首辅音 *p 在中古蒙古语中演变为 h，在土族语中演变为 f，在其他蒙古语族语言中演变为 x 等，在满语中演变为 f，在那乃语中演变为 p，在鄂温克语中演变为 h。而且这种演变是按照 *p→f→h（x）的顺序消失的。[①] 巴尔虎土语输出满语借词词首塞擦音的规则与原始阿尔泰语系语言词首塞擦音的演变及其对应规律有一定关系，即同源词的语音对应规律影响了借词的语音输出规律。

（二）舌尖前辅音

满语舌尖前辅音有 s、d、t、n、l、r，蒙古语方言土语舌尖前辅音有

---

① 兰司铁：《阿尔泰语言学导论》，周建奇译，内蒙古教育出版社 2004 年版，第 21—41 页。

s、d、t、n、l、r。^①在多数情况下，蒙古语及其方言土语以相同或相似音值的舌尖前辅音输出满语借词辅音。如：蒙古书面语 beise "贝子"—满语 beise "贝子"；蒙古书面语 orqodai "人参"—满语 orho i da "人参"；蒙古书面语 erin "时代，时候"—满语 erin "时，时节，时候，时分"；蒙古书面语 omblo "孙子"—满语 omolo "孙子"；科尔沁土语 sɔr "跳虫"—满语 suran "跳虫"；科尔沁土语 tatɤg "抽屉"—满语 tatakū "抽屉"；科尔沁土语 bœ:da: ~ bœ:d "管家"—满语 boo i da "管领"；科尔沁土语 wan "梯子"—满语 wan "梯子"；科尔沁土语 palɤŋ "屋内地"—满语 falan "室内地"；察哈尔土语 gɶsæ: "都统"—满语 gūsa i "旗的，固山的"；察哈尔土语 dɵrgăn "家谱"—满语 durugan "谱"；察哈尔土语 xɔntŏŋ "半"—满语 hontoho "半"；察哈尔土语 ilɵg "副的"—满语 ilhi "次序，副，少"；巴尔虎土语 saraŋ "伞"—满语 sara "伞"；巴尔虎土语 dɔbtɔŋ "信封"—满语 dobton "套子，印囊"。以上词语的语音输出规则如表 2–11 所示。

表 2–11　蒙古语以相同或相似音值的辅音输出满语借词舌尖前辅音的情况表

满语	蒙古书面语	科尔沁土语	察哈尔土语	巴尔虎土语
s	s	s	s	s
d	d	d	d	d
t	—	t	t	t
n	n	n	n	n
l	l	l	l	l
r	r	r	r	r

满语和蒙古语方言土语的舌尖前辅音系统基本相同，蒙古语方言土语以相同或相似音值的辅音输出满语借词舌尖前辅音的情况较为常见。

而在少数的词语中，蒙古语方言土语也用不同音值的辅音输出满语借词辅音。如：科尔沁土语 pɛ:sɤnda: ~ pɛ:sɤnd "清代职务称"—满语 faidan

---

① 巴尔虎土语还有舌尖前辅音 ts 和 dz。

i da "王府长吏"；科尔沁土语 aidʁ- "愈好，病好"—满语 aitu- "复苏"；科尔沁土语 l̥ax "炕"—满语 n̲ahan "炕"；科尔沁土语 wadʁŋ "包袱皮儿"—满语 wadan̲ "包袱皮儿"；察哈尔土语 ambǎn̲ "总管，都统"—满语 amban̲ "大臣"；巴尔虎土语：anagan̲ "乘机，假借"—满语 anagan̲ "乘机，假借"；巴尔虎土语：xərgəm "字体"—满语 hergen̲ "字"。以上词语之间的辅音输出与输入关系见表 2–12。

表 2–12　蒙古语以不同音值的辅音输出满语借词舌尖前辅音的情况表

满语	蒙古书面语	科尔沁土语	察哈尔土语	巴尔虎土语
s	—	—	—	—
d	—	s	—	—
t	—	d	—	—
n	—	l、ŋ	ŋ	ŋ、m
l	—	—	—	—
r	—	—	—	—

以上例词仅涉及满语舌尖辅音 d、t、n 在蒙古语方言土语中以不同音值辅音输出的情况，其规则如下。

第一，科尔沁土语用辅音 s 输出满语辅音 d，用辅音 d 输出满语辅音 t，即用舌尖擦音输出舌尖送气塞音，用舌尖不送气塞音输出舌尖送气塞音。在输出过程中，满语借词辅音 d、t 的发音方法也发生变化。

第二，满语借词舌尖鼻辅音 n 在被输出过程中发生以下两种情况：一是发音部位发生变化，从而演变为舌根鼻辅音 ŋ 或双唇鼻辅音 m；二是发音方法发生变化，从而演变为舌尖边辅音 l。

第三，以上两种语音输出规则也是蒙古语方言土语中常见的音变现象。

（三）舌尖后辅音与舌面辅音

满语舌尖后辅音与舌面辅音有 ʂ、tʂ、dʐ、j；蒙古书面语舌尖中辅音与舌面辅音有 ʃ、tʃ、dʒ、j，科尔沁土语有 ʃ、dʒ、j，察哈尔土语有 ʃ、tʃ、 dʐ、j，巴尔虎土语有 ʃ、ʧ、dʒ、j。蒙古语及其方言土语以相同或相似音值的辅音输出满语借词舌尖后辅音与舌面辅音的具体情况如下：科尔沁土语 xɛʃin（gɤr）"仓房"—满语 haši（boo）"仓房"；科尔沁土语 bidʒir"小麻籽"—满语 fijiri"线麻仁"；科尔沁土语 mɷyaː"秸秆"—满语 muya"麦（秸）"；察哈尔土语 aʃaː"嫂子"—满语 aša"嫂子"；察哈尔土语 andʒiː ~ andʒa："男性父辈称谓"—满语 amji"伯父"；察哈尔土语 gɔʧig"随从"—满语 goɕika"护卫军"；察哈尔土语 əjəŋgəː ~ əŋgəː"姐姐"—满语 eyungge"年长的（女性）"；巴尔虎土语 dʒalaŋ"辈分"—满语 jalan"人世，时代，一辈（人），关节，队伍"。以上词语的语音输出规则见表 2–13。

表 2–13　蒙古语以相同或相似音值的辅音输出满语借词舌尖后辅音与舌面辅音的情况表

满语	蒙古书面语	科尔沁土语	察哈尔土语	巴尔虎土语
ʂ	—	ʃ	ʃ	—
tʂ	—	—	ʧ	—
dʐ	—	dʒ	dʒ	dʒ
j	—	j	j	—

关于满文辅音字母 j、c、š 读音的问题，学界观点不一，部分学者认为应是 dʐ、tʂ、ʂ[①]，部分学者认为应是 dʒ、ʧ、ʃ。[②] 对此问题，笔者赞同清格尔泰的观点，这组辅音"原本也可能是舌叶音 dʒ、ʧ、ʃ 等音。后来受汉语影响分别分化为卷舌音 dʐ、tʂ、ʂ 和舌面音 dz、tɕ、ɕ 等音。在分化过程中，一部分本应转入卷舌音的音节，由于受前后 i 元音的影响，流入到舌面音部分中"[③]。即清代满文 j、c、š 的音值为 dʐ、tʂ、ʂ，在汉语的影响下，古代阿尔泰语系语言辅音 dʒ、ʧ、ʃ 分流演变为 dʐ、tʂ、ʂ 和 dz、tɕ、ɕ。

满语借词擦音在蒙古语方言土语中输出为塞擦音或满语借词塞擦音在蒙古语方言土语中输出为擦音的现象比较常见。如：蒙古书面

① 季永海：《满语语法（修订版）》，中央民族大学出版社 2011 年版。
② 爱新觉罗瀛生：《满语杂识》，学苑出版社 2004 年版。
③ 清格尔泰：《满文的读音和转写法》，载《满语研究》1995 年第 1 期。

语 γačaγa "嘎查"—满语 gašan "乡村，村庄"；科尔沁土语 ʃirxŋ "枕头"—满语 cirku "枕头"；察哈尔土语 ʧɔxǒx ~ dʒɔxǒx "拟正官"—满语 cohombi "拟正"；巴尔虎土语 taʃxɷi "学校"—满语 tacikū "学校"。以上词语之间的辅音输出与输入关系如表 2-14 所示。

表 2-14　蒙古语以不同音值的辅音输出满语借词舌尖后辅音与舌面辅音的情况表

满语	蒙古书面语	科尔沁土语	察哈尔土语	巴尔虎土语
ʂ	ʧ	—	—	—
tʂ	—	ʃ	dʒ	ʃ
dʐ				
j				

对此类输出现象，可做如下解释：

第一，在满语和蒙古语同源词中，满语辅音 ʂ 对应蒙古书面语辅音 ʧ[①]。蒙古书面语用辅音 ʧ 输出满语借词辅音 ʂ，遵循了同源词的语音对应规律。

第二，蒙古书面语辅音 ʧ 演变为 ʃ，是科尔沁土语和巴尔虎土语的显著特点，演变为 dʒ 则是察哈尔土语常见的音变现象。蒙古语方言土语用辅音 ʃ、dʒ 输出满语借词辅音 tʂ 的现象，与舌尖中送气塞擦音在蒙古语方言土语中的演变规律有着密切关系。

（四）舌根辅音与小舌辅音

满语舌根辅音与小舌辅音有 q、ɢ、χ、k、g、x、ŋ[②]，蒙古书面语舌根辅音与小舌辅音有 ŋ、χ、x、ɢ、g[③]，蒙古语方言土语舌根辅音与小舌辅音有 ŋ、x、g、k。蒙古语及其方言土语以相同音值的舌根与小舌音输出满语借词语音的具体情况如下：蒙古书面语 quwaran "军营，营地"—满语 hūwaran "圈子，院子，军营，营房，坟地"；蒙古书面语 gürün "国、国

① 哈斯巴特尔：《蒙古语和满洲语研究》，内蒙古大学出版社 1991 年版，第 57 页。

② 穆林多夫满文转写法用 k 形式转写满语辅音 q、k，用 g 形式转写满语辅音 ɢ、g，用 h 形式转写满语辅音 χ、x。

③ 现代蒙古文将蒙古书面语辅音 g 写作 g，ɢ 写作 γ，χ 写作 q，x 写作 k。

家"—满语 gurun "国，国家，部落，人"；科尔沁土语 xɛʃin（gɤr）"仓房"—满语 haši（boo）"仓房"；科尔沁土语 gɛrɤb "好害羞"—满语 giruba "好害羞"；科尔沁土语 jaŋsɤ- "铲，锄"—满语 yangsa- "锄，耘"；察哈尔土语 arx "副的"—满语 araha "委署"；察哈尔土语 galæːdaː "翼长"—满语 gala i da "翼长"；察哈尔土语 ʤæŋg "章京"—满语 janggin "章京"；巴尔虎土语 xal "姓"—满语 hala "姓"；巴尔虎土语 xərgəm "字体"—满语 hergen "字"；巴尔虎土语 aŋɡal "人口"—满语 anggala "人口"。以上词语的语音输出规则如表 2–15 所示。

表 2–15　蒙古语以相同或相似音值的辅音输出满语借词舌根辅音与小舌辅音的情况表

满语	蒙古书面语	科尔沁土语	察哈尔土语	巴尔虎土语
q	—	—	—	—
ɢ	ɢ	g	g	g
χ	χ	x	x	x
k	—	—	—	k
g	g	g	g	g
x	—	—	—	—
ŋ	—	ŋ	—	ŋ

　　与满语舌根辅音及小舌辅音系统相比，蒙古语及其方言土语缺少辅音 q、k。因此，除了巴尔虎土语以外，蒙古语方言土语没有用 q、k 输出满语借词 q、k 的现象。

　　蒙古语方言土语也有以不同音值的辅音输出满语借词舌根与小舌辅音的情况。如：科尔沁土语 tatɤg "抽屉"—满语 tatakū "抽屉"；科尔沁土语 nɛxaːn "汉人"—满语 nikan "汉人"；科尔沁土语 ʃirɤŋ "枕头"—满语 cirku "枕头"；科尔沁土语 sarɤg "碗架"—满语 sarhū "隔板，碗架"；察哈尔土语 ilɤg "副的"—满语 ilhi "次序，副，少"；察哈尔土语 goʃʃig "随从"—满语 gocika "护卫军"；察哈尔土语 xontɤŋ "半"—满语 hontoho "半"；巴尔虎土语 ɔxt "火药"—满语 okto "药"；巴尔虎土

语 ωɣarda: "总管" —满语 uheri da "总管"; 巴尔虎土语 lax "炕" —满语 nahan "炕"。以上词语之间的辅音输出与输入关系见表 2-16。

表 2-16　蒙古语以不同音值的辅音输出满语借词舌根辅音与小舌辅音的情况表

满语	蒙古书面语	科尔沁土语	察哈尔土语	巴尔虎土语
q	—	g、x	g、x	x、g
G	—	—	—	—
χ	—	g	ŋ	k
k	—	ŋ、g、x	—	x
g	—	—	—	—
x	—	g	g	—
ŋ	—	—	—	—

　　蒙古语方言土语以辅音 g、x 输出其辅音系统中所缺乏的满语借词辅音 q、k。其中，辅音 g 多出现于词尾，辅音 x 则多出现于词头或词中位置。此外，满语辅音 χ、x 在蒙古语方言土语的词尾位置时，多输出为 g。

　　纵观以上分析可以发现，蒙古书面语及其方言土语在输出满语借词语音方面，有如下显著特点：

　　第一，蒙古书面语用相同或相似音值的语音输出满语语音的现象较为常见。

　　第二，蒙古语方言土语输出满语借词语音的规律或满语借词在蒙古语方言土语中的演变规律与蒙古书面语和蒙古语方言土语之间的语音对应规律基本相同。此现象说明，在现代蒙古语方言土语借用满语的过程中，蒙古书面语发挥了重要作用。

　　第三，蒙古书面语及其方言土语输出满语借词语音的方法遵循满语和蒙古语同源词的语音对应规律。因此，在满语和蒙古语的词汇比较研究中，除了历史比较语言学的语音对应规律分析之外，还应综合运用语义分析、构词分析、亲属语言中的分布情况考察等多种研究方法，如此，才能科学地鉴别二者之间的相互借用成分。

三、语义特点

蒙古语中的满语借词和满语词语的语义之间有同有异，甚至有些词语会产生新的语义。满语词语被借入蒙古语之后，呈现出语义相同、语义缩小、语义扩大、语义演变等语义等同或语义演变现象。

（一）语义相同

满语单义词在被借用于蒙古语的过程中很少发生语义变化。如：蒙古书面语 beise "贝子"—满语 beise "贝子"；蒙古书面语 orqodai "人参"—满语 orho i da "人参"；科尔沁土语 tatʁg "抽屉"—满语 tatakū "抽屉"；科尔沁土语 ʃirʁŋ "枕头"—满语 cirku "枕头"；察哈尔土语 galæ:da: "翼长"—满语 gala i da "翼长"；察哈尔土语 gurda: "总管"—满语 uheri da "总管"；巴尔虎土语 galida: "翼长"—满语 gala i da "翼长"；巴尔虎土语 gulgəŋ "全部的"—满语 gulhun "全部的"。此类词语在蒙古语和满语中的义项基本一致，语义均能反映所指特点，皆为核心义项或常用义项，其间存在比较整齐的语义对应关系。

（二）语义缩小

蒙古语借用满语词义是有选择的，往往借用多义词的某个义项或义位。满语多义词的某一义项被借入蒙古语，代表其所反映的事物或概念满足蒙古语语义系统的需要，能对蒙古语语义系统发挥填补作用。蒙古语在借用满语多义词时，最初往往只选择其表达所需要的某一个义项。满语多义词在被借用于蒙古语的过程中，呈现出单义化倾向。如：蒙古书面语 gürün "国，国家"—满语 gurun "国，国家，部落，人"；蒙古书面语 quwaran "军营，营地"—满语 hūwaran "圈子，院子，军营，营房，坟地"；科尔沁土语 jirgʁn "汉"—满语 irgen "百姓，属民，汉人"；科尔沁土语 ɛʃ "顺手"—满语 ici "右，顺手"；察哈尔土语 mə:rʁn "梅林"—满语 meiren "肩膀，围肩，副都统（梅林）"；察哈尔土语 məjiŋ "时期，部分"—满语 meyen"节，部队，计量单位，谱"。

借词语义缩小，与词语在具体语境中的借用有关。"外来词是在具体语言活动中通过翻译吸收进来的，而不是一次性地通过翻译外语词典中的某个词的全部意义而借入的"，"外来词比外语原词的语义范围小"。① 蒙古语借用满语多义词的哪一种语义，取决于蒙古语交际的需要，有选择地借用词义是满语借词蒙古化的基本特征之一。

（三）语义扩大

语义范围的扩大是借词在语言交际中广泛使用的结果，也是人类认知机制在词义系统中的体现。语言交际中词语的反复使用和大量构造的新词是语义范围扩大的客观条件，而人类的联想机制是语义范畴扩大得以实现的认知基础。② 有些满语词语在被借用于蒙古语的过程中发生语义扩大，具体表现为词语某一义位所指范围的扩大或增添新的义项。如：蒙古书面语 γačaγa"嘎查，内蒙古行政区划单位，相当于村、乡村、村庄"—满语 gašan"乡村，村庄"；察哈尔土语 adʒa:"大姐，大婶，大娘"—满语 aja"母亲"。

借词语义的扩大一般从语境迁移开始，关涉的语义对象逐渐扩大，词义的描述性特征不断调整，为语义引申创造条件。③ 借词语义的演变与词语"基本语义"的"语义引申"有关。"基本语义"是指多义词在使用过程中固定下来的主要、常见语义；"引申语义"是通过比喻义和隐喻义形成的新语义。词义引申是词义演变的主要方式。"基本语义"通过比喻义和隐喻义产生"引申语义"的方法有"借代法"和"特指法"两种。"借代法就是在突出原义作用的基础上，把指称部分的词，用来指称整体，或者把指称甲事物的词，用来指称与甲事物密切相关的乙事物，从而使词产生出新的义项来。""特指法是在原义的基础上，用原来指称范围较大的词，

---

① 杨锡彭：《汉语外来词研究》，上海人民出版社 2007 年版，第 208、209 页。

② 李艳：《现代汉语意译词语形义关系及相关问题研究》，北京语言大学硕士学位论文，2009 年。

③ 李艳：《现代汉语意译词语形义关系及相关问题研究》，北京语言大学硕士学位论文，2009 年。

去指称在这一范围之内的某一特定的事物，并从而产生新义。"[①] 满语词语被借用于蒙古语之后，在不同的语境中产生新的语义，与满语原来的词语产生语义差别。

（四）语义演变

语义系统处在不断的演变过程之中。当词语的基本语义消失，引申语义或转语义代替其基本语义时，词义就发生变化。尤其在词语的借用过程中，很容易产生词语跨领域的映射或专指现象。满语词语在被借入蒙古语的过程中，发生语义演变的现象比较常见。如：蒙古书面语 amban "大的，都统"—满语 amban "大，大臣"；科尔沁土语 aidɤ- "愈好，病好"—满语 aitu- "复活，复苏，苏醒，（瘦弱的牲畜）上膘"；察哈尔土语 dəːm "笑话，洋相"—满语 demun "怪样，异端"；察哈尔土语 goːg "嫂子"—满语 gege "姐姐"；巴尔虎土语 ɔxt "火药"—满语 okto "药"；巴尔虎土语 ʃɷːr- "仆人，随从"—满语 cooha "兵"。

（五）语义合并

满语词语在被借用的过程中语音趋于同化，语义产生合并。据前文分析，察哈尔土语 amaː，语义为"伯父，伯母"，用以称呼父母辈的男性和女性。该词来源于满语 ama "父亲" 和 amu "伯母"，在借用过程中语音形式趋于同化，amu "伯母" 与语气词 aː 缩合演变为 amaː 形式。语言是音义结合的符号。据索绪尔的语言符号理论，人类语言和其他符号一样，是一种形式和内容相统一的符号，其形式就是语音，其内容就是语义。语言符号形式和内容两个部分结合得十分紧密。[②] 语义依附着物质代码——语音而生存。蒙古语借用满语多义词时，用不同的语音形式区分了不同的语义。

---

① 葛本仪：《汉语词汇研究》，山东教育出版社 1985 年版，第 116、117 页。

② 岑运强：《语言学基础理论》，北京师范大学出版社 2012 年版，第 23—24 页。

四、结构特点

词缀法和复合法是满语和蒙古语最主要的构词方法。满语词语借入蒙古语之后，受到蒙古语语法系统的制约，在构词上逐渐蒙古语化。根据构词结构，我们可以将蒙古语中的满语借词分为词根词、派生词和合成词三种类型。

（一）词根词

1.蒙古语借用满语的词根词，其在满语和蒙古语中均为词根形式。如：蒙古书面语 meiren "副都统" —满语 meiren "肩膀，围肩，副都统"；蒙古书面语 gürün "国，国家" —满语 gurun "国，国家，部落，人"；科尔沁土语 palɤŋ "屋内地" —满语 falan "室内地"；科尔沁土语 dərɤx "席子" —满语 derhi "席子，苇"；察哈尔土语 dʒæng "章京" —满语 janggin "章京"；察哈尔土语 məjiŋ "时期，部分" —满语 meyen "节，部队，计量单位，谱"；巴尔虎土语 dobtoŋ "信封" —满语 dobton "套子，印囊"；巴尔虎土语 dɔχɑː "门斗" —满语 duka "城门，大门"。

2.满语派生词在被借用于蒙古语之后演变为词根词。如：蒙古书面语 amban "大的，都统" —满语 amban "大，大臣"（满语 amban "大，大臣"是由 amba "大"之后缀加词缀 -n 构成的）；科尔沁土语 sarɤg "碗架" —满语 sarhū "隔板，碗架"（满语 sarhū "隔板，碗架"是由 sara- "张开"之后缀加词缀 -hū 构成的）；科尔沁土语 gɛrɤb "好害羞" —满语 giruba "好害羞"（满语 giruba "好害羞"是由 giru- "害羞"之后缀加词缀 -ba 构成的）；察哈尔土语 adăx "副官" —满语 adaha "轻车都尉"（满语 adaha "轻车都尉"是由 ada- "帮助"之后缀加词缀 -ha 构成的）；察哈尔土语 arx "副的" —满语 araha "委署"（满语 araha "委署"是由 ara- "做"之后缀加词缀 -ha 构成的）；巴尔虎土语 laiɤaŋ "懒的" —满语 laihū "赖皮"（满语 laihū "赖皮"是由 lai- "赖"之后缀加词缀 -hū 构成的）；巴尔虎土语 biːrəŋk "擀面杖" —满语 bireku "擀面杖"（满语 bireku "擀面杖"

是由 bire-"擀面"之后缀加词缀 -ku 构成的）。

　　3. 满语合成词在被借用于蒙古语之后，演变为词根词。如：蒙古书面语 orqodai "人参" — 满语 orho i da "人参"；科尔沁土语 bœ:da: ~ bœ:d "管家" — 满语 boo i da "管领"；科尔沁土语 purda: "打围领头" — 满语 fere i da "打围领头"；察哈尔土语 galæ:da: "翼长" — 满语 gala i da "翼长"；察哈尔土语 dʒonda: "护军校" — 满语 juwan i da "护军校"；巴尔虎土语 oɣarda: "总管" — 满语 uheri da "总管"；巴尔虎土语 moxanda: "族长" — 满语 mukūn i da "族长"。

（二）派生词

　　部分满语借词与蒙古语固有词相同，具有构词功能，即其后可以缀加构词词缀或构形词缀。"语言影响不是生硬地将另一种语言的成分贴到自己的语言系统中去，而是通过自己语言系统的消化、改造，将影响成分与固有成分有机地结合在一起。"① 尤其是蒙古语借用满语动词时，一般仅借用词干，并在其后缀加蒙古语词缀体现各种形态变化或派生新的词语。

　　1. 派生动词。蒙古语仅借用满语动词词干部分，在其后缀加蒙古语固有的构词成分。如：科尔沁土语 labsi- "猪大口进食" — 满语 labsi- "大口吃"；科尔沁土语 aidɤ- "愈好，病好" — 满语 aitu- "复活，复苏，苏醒，（瘦弱的牲畜）上膘"；察哈尔土语：ʃar- "世袭，继承" — 满语 sira- "连接，世袭，继承"；察哈尔土语 udʒil- "获得冠军" — 满语 ujule- "带头，领头，为首，首出"；巴尔虎土语 daiʃia:- "搞乱，凌辱" — 满语 daisa- "胡闹"；巴尔虎土语 tɔ:χ- "误，延误" — 满语 tooka- "误，延误"。此类动词词干与蒙古语固有词相同，体现动词的形态变化。如，科尔沁土语 labsi-（动词词干）一词的形态变化如下：labsɤn（式动词现在 – 将来时形式）、labsla:（式动词过去时形式）、labsu:l-（动词使动态形式）、labsɤx（形动词现在 – 将来时形式）。

　　2. 派生名词与形容词。蒙古语中的部分满语借词，在其后添加词缀可

①　戴庆厦：《社会语言学概论》，商务印书馆 2004 年版，第 93 页。

派生名词或形容词。如，科尔沁土语 jaŋsʁ-"锄"借自满语 yangsa-"锄、耘"，由其派生的名词为 jaŋsuːr"锄头"。词缀 -uːr 是由动词派生名词的词缀，蒙古书面语形式为 -ɣur/-gür。巴尔虎土语 baniɣantiː"魁梧"借自满语 banin"长相"，词缀 -tiː 是由名词派生形容词的词缀，其蒙古书面语形式为 -tai/-tei。此外，还有部分满语借词之后缀加了名词构形词缀，表达不同的语义。如，巴尔虎土语 səwdziuːŋ"愉快，舒畅"之后缀加形容词比较级词缀 -xəŋ，构成新词 səwdziuːxəŋ"很愉快的"。

（三）合成词

蒙古语中有部分满语借词不能单独使用，须与其他词语组合，构成修饰结构的合成词。如，科尔沁土语 xɛʃin gʁr"仓房"，其第一成分 xɛʃin 借自满语 haši"仓"，此成分不能单独使用，必须与蒙古语固有词 gʁr"房"组合，才能表达"仓房"的语义。同样，察哈尔土语 goːg"嫂子"，借自满语 gege"姐姐"，该词不能单独使用，须与 ʃin"新"组合，以 ʃin goːg 的形式表"嫂子"之义。

在蒙古语固有词和满语借词的组合过程中，部分合成词发生语音简化的演变，形成缩合词。如，察哈尔土语 amaː"伯母"，借自满语 amu"伯母"，在借用过程中与语气词 aː 缩合演变为 amaː 形式。科尔沁土语 dʒaːguɛː"非常，很"由满语借词 dʒaː"容易，简单"和蒙古语固有词 uguɛː"无"缩合构成，其第一成分 dʒaː"容易，简单"借自满语 ja"容易"，在缩合过程中，uguɛː"无"第一音节 u 脱落。

此外，蒙古语方言土语借用满语词组时，有简化结构的趋势。此类现象在蒙古语察哈尔土语中的满语借词中尤为明显。如，察哈尔土语 gɵsæː"都统"、adǎx"副官"二词分别借自满语 gūsa i da"旗的，固山的"和满语 adaha hafan"轻车都尉"。

第三章

满文与蒙古文的发展历程

历史上，蒙古人曾使用过多种文字，而现行蒙古文有传统蒙古文（回鹘式蒙古文）、托忒蒙古文和基里尔蒙古文（新蒙古文）三种。传统蒙古文是模仿古代回鹘文而创制的，是当今中国境内多数蒙古族人所使用的蒙古文字。满文是基于传统蒙古文而创制的文字，有"老满文"和"新满文"之分。在清代，满文被称为"清文"或"国书"，清政府推行的"国语"教育，对东北少数民族的语言文字产生过深刻影响。

　　蒙古文和满文都是借源文字，经过"阿拉米字母 → 叙利亚字母 → 粟特文 → 回鹘文 → 蒙古文 → 满文"的发展历程。满文是模仿蒙古文而创制的，二者存在较多的相同之处，但满文在发展过程中逐渐形成与蒙古文相区别的特点。

第一节　蒙古文的发展历程

　　蒙古文字史研究者对蒙古文的创制时间观点不一。多数学者认为，在公元 8 世纪至 9 世纪，蒙古人仿效回鹘文创制了蒙古文。因为蒙古文是模仿回鹘文而创制的，所以蒙古语言学家称其为"回鹘式蒙古文"。此外，在历史上，蒙古人先后又曾创制八思巴文、托忒文、基里尔文，并用阿礼嘎礼字、索音布字等文字或字母书写蒙古语或为其注音。与八思巴文等文字相比，"回鹘式蒙古文"具有创制时间早、使用范围广、文字地位高的特点。"回鹘式蒙古文"沿用至今，因此，又被称作"传统蒙古文"。

传统蒙古文在其发展过程中，字母形式不断变化，书写规则日臻完善。根据字母符号及书写特点，我们可以将传统蒙古文分为古代蒙古文（8 世纪至 16 世纪中叶）、近代蒙古文（16 世纪末至 20 世纪 30 年代）和现代蒙古文（20 世纪 40 年代至今）三种。因为本书涉及满族文人仿效近代蒙古文创制满文的方法，所以，下文在梳理传统蒙古文的发展历程时，重点介绍的是近代蒙古文的字母符号及其书写特点。

一、古代蒙古文

古代蒙古文与回鹘文相同之处甚多，如词尾部分向下直写等，因此，研究蒙古文字史的学者将其称作"竖尾蒙古文"。虽然大部分蒙古文字史研究者推测，蒙古文创制于 8 世纪至 9 世纪之间，但目前已发现的最早的蒙古文文献资料是刻于 1225 年的"成吉思汗石碑"。

13 世纪开始陆续形成的蒙古文碑文、书籍及往来文书，大大促进了蒙古文字母符号的完善和蒙古语文研究工作的发展。如：研究蒙古语的首部论著——扎亚·班迪达·贡嘎扎拉桑的《蒙文启蒙》，首次对蒙古文传统字头进行排序；捌思吉斡节儿的《蒙文启蒙》添加了蒙古文十二字头之辅音 pa、ša、ja；数量可观的碑文及《蒙古译语》《华夷译语》《登坛必究》《卢龙塞略》等书相继问世，客观记录了元明两代的蒙古语；等等。据图力古尔《蒙古文字史概要》的分析，古代蒙古文有近二十个字母符号（如表 3-1 所示）。①

---

① 图力古尔：《蒙古文字史概要》，内蒙古文化出版社 1998 年版，第 127 页。

表 3-1　古代蒙古文字母表

音值		a	e	i	ɔ ω	o u	b p	r	l	ng ~ nγ
罗马字转写		a	e	i	o u	ö ü	b p	r	l	ŋ
文字形式	词头									
	词中									
	词尾									
音值		m	n	ʧ dʒ	dʒ j	s	ʃ	χ G	x g	t d
罗马字转写		m	n	č j	ǰ y	s	š	q γ	k g	t d
文字形式	词头									
	词中									
	词尾									

古代蒙古文与近代蒙古文差别较大，其字母符号及书写规则具有以下显著特点。[①]

第一，在词头，元音 a、e 均可写作◌、◌形式，但也有部分文献将词头元音 e 写作◌形式。

第二，在词尾，元音 a、e 分别写作◌、◌形式，辅音 n 写作◌形式，a、e、n 词尾形式较为少见。

第三，蒙古文初期，◌形式可以拼写词中元音 i 及词中辅音 ǰ、y。

第四，在词头，元音 ö、ü 有◌、◌两种书写形式，在词中音节，ö、ü 与 o、u 均写作◌形式。

第五，在早期，辅音 b、p 写作◌形式，之后搠思吉斡节儿添加了拼写辅音 p 的◌形式。在词尾，辅音 b 写作◌形式。

第六，辅音 ng 在词中写作◌、◌形式，在词尾写作◌形式。辅音 n 在词头写作◌、◌形式，其中◌形式与元音 e 词头形式相同。

第七，辅音 č 在词头、词中均写作◌形式，辅音 ǰ 在词头写作◌、◌形式，在词中写作◌、◌形式。蒙古文初期，辅音 s、š 均写作◌形式，之后搠思吉

[①]　图力古尔：《蒙古文字史概要》，内蒙古文化出版社 1998 年版，第 129—138 页。

斡节儿添加了书写辅音 š 的 ꭰ 形式。

第八，辅音 q、γ 写作 ꭰ、ꭰ 形式，在少数情况下可将 γ 写作ꭰ、ꭰ。为区分辅音 d、t，在部分词语中辅音 t 写作ꭰ形式。

二、近代蒙古文

至近代蒙古文时期（16 世纪末至 20 世纪 30 年代），蒙古文字母符号及书写规则日益完善。首先，在阿礼嘎礼字、满文等文字的影响之下，蒙古文字母及书写规则进一步规范，拼写能力显著提升；其次，蒙古语文研究论著，尤其是满、蒙、汉等多种语言文字合璧的研究论著相继诞生，使蒙古语文研究工作得以长足发展；此外，满、蒙、汉翻译事业的繁荣及蒙古文学的兴盛，进一步规范了蒙古书面语语法，推动了蒙古文学语言的形成与发展。

以下，本书将重点分析《满文原档》所载蒙古文档案[①]、《十七世纪蒙古文文书档案（1600—1650）》[②]、《清内秘书院蒙古文档案汇编》[③]等文献资料之蒙古文字，梳理研究近代蒙古文初期阶段的字母系统。近代蒙古文经过漫长的历史发展，至 20 世纪初期，其字母和书写形式日臻完善。本书所用文献资料形成于 16 世纪末至 17 世纪初，虽然无法反映近代蒙古文字母系统的全貌，但由于所选文献资料是满文创制时期形成的，因此更能客观反映满文和蒙古文字母的功能及二者在书写形式上的内在联系和异同之处。近代蒙古文（初期）字母及其书写形式见表 3-2。

---

① 栗林均、海兰：《〈满文原档〉所收蒙古文文书研究》（日文），日本东北大学东北亚研究中心，2015 年版。

② 李保文：《十七世纪蒙古文文书档案（1600—1650）》，内蒙古少年儿童出版社 1997 年版。

③ 齐木德道尔吉、吴元丰、萨·那日松等：《清内秘书院蒙古文档案汇编》，内蒙古人民出版社 2003 年版。

表 3–2　近代蒙古文（初期）字母表

音值		a	e	i	ɔ ɷ o u	o u	n	b	p	χ
罗马字转写		a	e	i	o u ö ü	ö ü	n	b	p	q
文字形式	词头									
	词中									
	词尾									

音值		G	x	g	m	l	s	ʃ	t	d
罗马字转写		γ	k	g	m	l	s	š	t	d
文字形式	词头									
	词中									
	词尾									

音值		ʧ	dʒ	j	r	ng ~ nγ	w	f
罗马字转写		č	ǰ	y	r	ŋ	w	f
文字形式	词头							
	词中							
	词尾							

至近代蒙古文初期，传统蒙古文的书写形式发生较大变化。虽然《满文原档》所载蒙古文档案、《十七世纪蒙古文文书档案（1600—1650）》和《清内秘书院蒙古文档案汇编》之蒙古文还具有古代蒙古文的特点，但其文字形式更加趋向于现代蒙古文，现做进一步解释说明如下：

1. 元音 a 在词头写作，如：（alaba）"宰杀"（老档 5-45-7）[1]、（arban）"十"（汇编 2-3-5）[2]、（aqa）"哥哥"（档案 8-11）[3]。

---

[1]　"老档"为《满文原档》，台北"故宫博物院"2006 年版之简称，其后数字中，第一个数字为出现该字词的册序，第二个数字为页码，第三个数字为行序。下同。

[2]　"汇编"为齐木德道尔吉、吴元丰等整理的《清内秘书院蒙古文档案汇编》，内蒙古人民出版社 2003 年版之简称，其后数字中，第一个数字为出现该字词的册序，第二个数字为页码，第三个数字为行序。下同。

[3]　"档案"为李保文整理的《十七世纪蒙古文文书档案（1600—1650）》，内蒙古少年儿童出版社 1997 年版之简称，其后数字中，第一个数字为出现该字词的页码，第二个数字为行序。下同。

在词中写作 ᠷ，如：ᠴᠠᠶᠠᠨ（čaγan）"白"（老档 7–359–5）、ᠴᠢᠳᠠᠪᠠᠰᠤ（čidabasu）"会"（汇编 2–3–2）、ᠬᠠᠶᠠᠨ（qaγan）"皇帝"（档案 8–15）。在词尾写作 ᠷ、ᠷ，如：ᠠᠯᠳᠠᠪᠠ（aldaba）"失去"（老档 7–351–3）、ᠠᠪᠤᠪᠠ（abuba）"拿"（汇编 1–3–2）、ᠲᠤᠯᠠᠳᠠ（tulada）"因为"（老档 5–125–1）、ᠰᠠᠷᠠ（sara）"月亮"（汇编 1–3–1）、ᠲᠠᠪᠤᠨᠠ（tabuna）"五"（老档 7–372–2）、ᠶᠠᠳᠠᠨᠠ（γadana）"在外"（汇编 1–7–2）。

2. 元音 e 在词头写作 ᠡ，如：ᠡᠨᠳᠡ（ende）"在此"（老档 8–315–3）、ᠡᠷᠳᠡᠮ（erdem）"德"（汇编 1–7–4）、ᠡᠯᠴᠢ（elči）"使者"（档案 39–4）。在词中写作 ᠡ，如：ᠭᠡᠷ（ger）"家"（老档 7–356–3）、ᠶᠡᠬᠡ（yeke）"大"（汇编 1–7–2）、ᠢᠷᠡᠭᠰᠡᠨ（iregsen）"来"（档案 39–6）。在词尾写作 ᠡ、ᠡ，如：ᠪᠡᠷᠺᠡ（berke）"困难"（老档 8–302–2）、ᠡᠪᠳᠡ（ebde）"毁坏"（老档 7–371–1）、ᠢᠷᠡ（ire）"来"（老档 7–373–7）、ᠪᠢᠳᠡ（bide）"我们"（汇编 1–7–3）、ᠵᠡᠷᠭᠡ（ǰerge）"等等"（汇编 1–54–3）、ᠨᠢᠭᠡᠨᠡ（nigene）"一"（汇编 1–11–1）。

3. 元音 i 在词头写作 ᠢ，如：ᠢᠷᠡᠪᠡ（irebe）"来了"（老档 4–58–5）、ᠢᠵᠠᠶᠤᠷ（iǰaγur）"原先"（汇编 1–50–4）、ᠢᠷᠡᠵᠦ（ireǰü）"来着"（档案 74–7）。在词中写作 ᠢ、ᠢ，如：ᠪᠢᠴᠢᠭ（bičig）"信件"（老档 8–139–6）、ᠮᠣᠷᠢᠨ（morin）"马匹"（汇编 1–50–6）、ᠨᠠᠶᠢᠷᠠᠮᠳᠠᠶᠤ（nairamdaγu）"和谐"（汇编 1–99–1）、ᠠᠯᠢᠪᠠ（aliba）"所有"（档案 77–1）。在词尾写作 ᠢ，如：ᠬᠦᠴᠢ（küči）"力量"（老档 7–386–3）、ᠡᠯᠴᠢ（elči）"使者"（汇编 1–98–5）、ᠺᠡᠯᠡᠯᠴᠡᠬᠦᠢ（kelelčeküi）"商量"（档案 74–1）。

4. 元音 o 在词头写作 ᠣ，如：ᠣᠯᠬᠤᠯᠠ（olqula）"找见"（老档 6–328–4）、ᠣᠯᠠᠨ（olan）"多"（汇编 1–7–8）。在词中写作 ᠣ，如：ᠳᠣᠶᠣᠰᠢ（doγosi）"往下"（老档 7–354–3）、ᠮᠣᠩᠭᠣᠯ（mongγol）"蒙古"（汇编 1–7–7）、ᠮᠣᠷᠢ（mori）"马匹"（档案 278–2）。在词尾写作 ᠣ，如：ᠮᠣᠳᠣ（modo）"树木"（汇编 1–300–1）。

5. 元音 u 在词头写作 ᠤ，如：ᠤᠷᠢᠳᠠ（urida）"先前"（老档 7–15–4）、ᠤᠯᠠᠶᠠᠨ（ulaγan）"红"（汇编 1–3–1）、ᠤᠰᠤᠨ（usun）"水"（档案 74–2）。在词中写作 ᠤ、ᠤ，如：ᠰᠠᠶᠤᠬᠤ（saγuqu）"居住"（老档 7–359–1）、

（γurban）"三"（汇编 1–15–2）、（qudal）"虚假"（汇编 4–236–1）、（baraγun）"右"（档案 74–7）。在词尾写作 ө、o，如：（aduγu）"马群"（老档 7–359–3）、（baiqu）"有"（汇编 1–54–1）、（yabu）"行走"（汇编 1–45–6）、（otoγlaǰu）"游牧"（档案 74–2）。

6.元音 ö 在词头写作、，如：（ösiye）"仇恨"（老档 9–212–6）、（öber）"自我"（汇编 2–139–1）（档案 74–8）、（öčimü）"讲"（汇编 2–341–9）。在词中写作、，如：（dörben）"四"（老档 7–357–6）、（mören）"江"（档案 68–9）。在词尾写作 ө、o，如：（törö）"国家"（档案 74–6）、（mönggö）"银子"（汇编 1–378–5）。

7.元音 ü 在词头写作，如：（üge）"言辞"（老档 5–117–6）、（üye）"时候"（汇编 1–9–4）、（üker）"牛"（档案 52–5）。在词中写作、，如：（kömün）"人"（老档 8–303–6）、（tüsiǰü）"依靠"（老档 4–69–2）、（tübsin）"平安"（汇编 6–152–2）、（ebüged）"先辈们"（汇编 1–149–5）、（ükübe）"死了"（档案 8–8）。在词尾写作 ө、o，如：（ülü）"无"（老档 5–45–8）、（iremü）"要来"（汇编 5–185–7）、（öggü）"给予"（汇编 1–57–2）、（kelekü）"讲"（档案 8–20）。

8.辅音 n 在词头写作、，如：（nike）"一"（老档 7–313–3）、（nere）"名字"（老档 4–69–1）、（nasun）"年岁"（汇编 4–156–3）、（naran）"太阳"（汇编 1–40–3）、（namur）"秋天"（档案 247–1）、（niǰiged）"各一"（档案 49–8）。在词中音节首写作、、，如：（qoni）"羊"（老档 7–376–7）、（qoni）"羊"（老档 7–355–2）、（onotuγai）"骑吧"（汇编 1–35–4）、（quluγana）"鼠"（汇编 1–19–5）、（ünege）"狐狸"（档案 272–1）、（ǰinüng）"济农"（档案 138–15）。在词中音节末写作、，如：（ende）"在此"（老档 8–315–3）、（qoina）"之后"（老档 5–45–6）、（maduγulǰu）"使兴旺"（汇编 1–10–7）、（endeki）"此处的"（汇编 1–204–5）、

（ende）"在此"（档案6-7）。在词尾写作√、√，如：（ünen）"真实"（老档5-45-6）、（qaɣan）"皇帝"（汇编1-17-1）、（qatun）"皇后"（汇编1-170-5）、 （arban tbun）"十五"（档案138-19）。

9. 辅音 b 在词头写作⊙，如：（berke）"困难"（老档8-302-2）、（beye）"身体"（汇编1-10-4）、（bide）"我们"（档案6-9）。在词中音节首写作⊙，如：（arban）"十"（老档7-354-4）、（eböged）"老人们"（汇编1-149-5）、（yabunam）"行走"（档案152-5）。在词中音节末写作⊙，如：（abču）"拿着"（老档6-327-7）、（töbsin）"平安"（汇编1-152-2）、（dobtolju）"作战"（档案64-8）。在词尾写作⊙、ⴰ，如：（jöb）"正确"（老档8-301-7）、（jöb）"正确"（老档9-443-8）、（eldeb）"异样"（汇编5-333-5）、（töb）"正"（汇编1-33-4）、（ab）"拿"（档案170-3）。

10. 辅音 p 在词头写作⨪、⨀，如： （ping an doo）"平安道"（汇编1-146-1）、（puu）"炮"（汇编2-93-6）。在词中写作⨪，如：（pagspa）"八思巴"（汇编2-165-1）。

11. 辅音 q、k 在词头分别写作ᠠ、ᠺ和ᠶ，如：（qalqa）"喀尔喀"（老档10-30-2）、（qaɣan）"皇帝"（汇编1-3-7）（档案151-1）、（qaɣan）"皇帝"（汇编1-43-5）、（kürtele）"到达"（汇编1-18-1）、（kene）"谁"（档案151-5）。在词中分别写作ᠠ、ⴰ、ᠨ、ᠨ和ᠶ，如：（baɣaqan）"稍微"（老档8-306-2）、（ailadqaqu）"奏闻"（档案165-1）、（aqa）"兄"（老档7-357-2）、（jakirqu）"统领"（汇编1-73-3）、（yeke）"大"（汇编1-11-3）、（kegüked）"子孙们"（档案167-3）、（qomqa）"脸盆"（汇编2-163-4）、（uqaqa）"神经"（汇编7-76-3）、（aqa）"兄"（档案8-8）。

12. 辅音 ɣ、g 在词头分别写作ᠠ和ᠺ，如：（ɣar）"手"（老档7-399-6）、（ger）"家"（老档7-355-2）、（ɣajar）"地方"（汇编6-258-2）、（gün）"深"（汇编1-7-6）、（ɣurban）"三"（档案31-3）、（ger）"家"（档案64-12）。在词中音节首分别写作ᠨ、ᠨ、ᠨ、ᠨ和

ᠴ，如：ᠪᠠᠶᠢᠯᠭᠠᠭᠰᠠᠨ（bailɣaɣsan）"使停止"（老档7–371–4）、ᠬᠠᠭᠠᠨ（qaɣan）"皇帝"（老档4–68–2）、ᠪᠥᠭᠦᠳᠡ（bögüde）"全部"（老档7–373–2）、ᠪᠤᠳᠠᠭᠠ（budaɣa）"饭"（老档7–373–6）、ᠳᠠᠭᠠᠭᠠ（daɣaɣa）"二岁马"（老档7–399–1）、ᠵᠠᠯᠭᠠᠮᠵᠠᠬᠤ（jalɣamǰaqu）"继承"（汇编3–241–1）、ᠬᠣᠰᠢᠭᠤᠨ（qosiɣun）"旗"（汇编1–249–1）、ᠵᠠᠭᠤᠨ（jaɣun）"百"（档案64–7）、ᠠᠷᠭᠠ（arɣa）"方法"（档案33–5）、ᠦᠭᠡ（üge）"话语"（档案33–3）。在词中音节末分别写作ᠷ和ᠴ，如：ᠴᠢᠨᠠᠭᠰᠢ（činaɣsi）"往外"（老档9–443–8）、ᠠᠭᠲᠠ（agta）"骏马"（老档8–313–4）、ᠺᠢᠭᠰᠡᠨ（kigsen）"所做的"（老档7–357–2）、ᠳᠣᠷᠣᠭᠰᠢ（doroɣsi）"往下"（汇编1–56–3）、ᠳᠡᠭᠡᠭᠰᠢ（degegsi）"往上"（汇编1–56–1）。在词尾分别写作ᠯ和ᠭ，如：ᠵᠠᠷᠯᠢᠭ（jarlaɣ）"命令"（老档6–327–3）、ᠪᠡᠯᠡᠭ（beleg）"礼物"（老档9–213–4）、ᠠᠶᠢᠮᠠᠭ（aimaɣ）"部落"（汇编1–81–1）、ᠪᠢᠴᠢᠭ（bičig）"文书"（汇编1–8–5）、ᠪᠢᠴᠢᠭ（bičig）"文书"（汇编5–286–8）（档案37–1）、ᠴᠡᠷᠢᠭ（čerig）"军队"（档案37–2）、ᠨᠤᠲᠤᠭ（nutuɣ）"故乡"（档案172–4）。

13. 辅音 m 在词头写作ᠮ，如：ᠮᠣᠷᠳᠠᠬᠤ（mordaqu）"出兵"（老档8–301–5）、ᠮᠣᠩᠭᠣᠯ（monɣɣol）"蒙古"（汇编1–4–6）、ᠮᠠᠭᠤ（maɣu）"坏，恶"（档案130–1）。在词中音节首写作ᠮ、ᠥ，如：ᠠᠮᠠᠨ（aman）"口"（老档7–351–3）、ᠡᠮᠡ（eme）"妻"（老档8–322–3）（档案161–7）、ᠡᠮᠢᠶᠡᠵᠦ（emiyeǰü）"惊怕"（汇编1–12–3）、ᠠᠮᠠᠯᠳᠠᠵᠢ（amaldaǰi）"宣誓"（档案138–8）。在词中音节末写作ᠮ，如：ᠨᠢᠮᠭᠡᠨ（nimgen）"薄"（汇编1–10–5）、ᠶᠠᠮᠪᠠᠷ（yambar）"什么"（档案167–8）。在词尾写作ᠥ，如：ᠭᠡᠮ（gem）"弊害"（老档5–45–5）、ᠡᠷᠳᠡᠮ（erdem）"德"（汇编1–7–4）（档案163–5）。

14. 辅音 l 在词头写作ᠯ，如：ᠯᠠᠩ（lang）"两"（老档8–140–2）、ᠯᠤᠤ（luu）"龙"（汇编1–67–1）（档案29–1）。在词中音节首写作ᠯ、ᠥ，如：ᠠᠯᠠ（ala）"杀"（老档6–342–6）、ᠤᠯᠠᠨ（ulan）"多"（汇编1–83–3）、ᠶᠠᠯᠠ（yala）"罪"（老档5–45–6）、ᠶᠠᠯᠠ（yala）"罪"（档案167–8）、ᠥᠭᠭᠦᠯᠡ（öggüle）"给了"（档案29–9）。在词中音节末写作ᠯ，如：ᠪᠣᠯᠵᠤᠭᠠ（bolǰuɣa）"约定"（老档7–374–5）、ᠰᠢᠯᠭᠠᠷᠠᠭᠰᠠᠨ（silɣaraɣsan）"精锐"（汇编1–83–3）、ᠬᠠᠷᠢᠭᠤᠯᠵᠤ（qariɣulǰu）"放牧"（档案167–10）。在词尾写作ᠥ，如：ᠨᠢᠭᠦᠯ（nigül）"孽"（老档

4–68–5）、ᠰᡝᡑᡍᡳᠯ（sedkil）"心"（汇编1–10–5）、ᠮᠠᠯ（mal）"牲畜"（档案31–6）。

15.辅音 s 在词头写作ᠰ，如：ᠰᠠᠶᠢᠨ（sain）"好"（老档5–45–4）、ᠰᡠᠨᡳ（süni）"夜"（汇编1–10–6）、ᠰᠠᠷᠠ（sara）"月份"（档案31–1）。在词中音节首写作ᠰ、ᠰ，如：ᠡᠰᡝᠷᡤᡠᠯᡝᠪᡝ（esergülebe）"抵抗"（老档5–45–9）、ᠴᡳᠰᡠᠨ（čisün）"血液"（档案33–3）、ᠡᠰᡝ（ese）"未"（档案31–7）。在词中音节末写作ᠰ，如：ᠪᠣᠰᠴᡠ（bosču）"起立"（老档7–400–2）、ᠮᠥᠯᠰᡠᠨ（mölsün）"冰"（汇编1–10–5）、ᠰᠣᠨᡠᠰᠪᠠ（sonusba）"听了"（档案18–8）。在词尾写作ᠰ、ᠰ、ᠰ，如：ᠵᠣᠪᡴᠢᠰ（jobkis）"方位"（老档3–2–1）、ᠣᠯᡠᠰ（olus）"国民"（老档8–298–9）（汇编1–11–4）（档案33–1）、ᠴᠠᠰ（qas）"玉"（汇编2–417–4）、ᠴᠣᠰ（qos）"双"（汇编3–196–5）。

16.辅音 š 在词头写作ᠱ、ᠱ，如：ᠱᠠᠱᠢᠨ（šašin）"宗教"（老档9–443–7）（汇编1–193–2）、ᠱᠠᠩᠨᠠ（šanɣna）"赏赐"（汇编3–37–4）、ᠱᠠᠩ（šanɣ）"赏品"（档案250–12）。在词中写作ᠱ、ᠱ，如：ᠲᠠᠩᠱᠢ（tanɣši）（人名）（老档7–390–2）、ᠪᠣᠱᠣᠭ（bošoɣ）"门槛"（汇编2–217–7）（汇编1–220–4）。

17.辅音 t 在词头写作ᠲ、ᠲ，如：ᠲᡝᠷᡝ（tere）"那个"（老档8–304–9）、ᠲᡝᠷᡳᡤᡠᠨ（terigün）"领受"（汇编1–3–5）、ᠲᡝᡑᡤᡠᡤᠴᡳ（tedgügči）"帮助者"（汇编5–332–8）、ᠲᡝᠷᡤᡝ（terge）"车辆"（档案250–2）。在词中写作ᠲ、ᠲ、ᠲ，如：ᠢᠲᡝᡤᡝᠯᡨᡠ（itegeltü）"可信的"（老档5–45–3）、ᠴᠣᠲᠠ（qota）"城市"（汇编1–3–4）（档案250–10）、ᠨᡝᠷᡝᠲᡠ（neretu）"称者"（汇编1–147–7）、ᠺᠢᠲᠠᡑ（kitad）"汉人"（汇编1–147–3）。

18.辅音 d 在词头写作ᠳ、ᠳ，如：ᠳᠣᠯᠣᠶᠠᠨ（doluɣan）"七"（老档7–371–4）、ᠳᡠᡤᡠᠷᡝᠩ（dügüreng）"满"（汇编1–5–7）、ᠳᠥᠷᠪᡝᠨ（dörben）"四"（档案276–11）、ᠳᠠᠴᡳᠵᡠ（daqiju）"重复"（汇编6–82–6）。在词中音节首写作ᠳ、ᠳ，如：ᠠᠳᠠᠯᡳ（adali）"相同"（老档4–69–3）、ᠪᡳᠳᡝ（bide）"我们"（汇编1–7–3）、ᠮᠣᠷᠳᠠᠴᡠ（mordaqu）"动身"（档案1–18）、ᠡᠳᡠᡤᡝ（edüge）"现在"（汇编1–148–1）。在词中音节末写作ᠳ，如：ᠥᠳᠲᡝᠷ（ödter）"立即"（老档7–40–5）、ᠰᡝᡑᡍᡳᠯ（sedkil）"心情"（汇编1–10–5）、ᠡᠪᡝᡑᠴᡳᠲᠠᠢ（ebedčitai）

"带病的"（档案38–9）。在词尾写作 ᠊ᡩ᠊、᠊ᡩ，如： (ed)"物品"（老档10–30–8）（汇编1–75–3）、 (qad)"皇帝们"（汇编1–197–4）、 (ded)"次"（档案250–7）。

19.辅音č在词头写作 ᡳ᠊、ᡷ，如： (čerig)"军队"（老档7–376–7）（档案39–4）、 (čaɣaǰa)"法律"（老档8–322–4）、 (čula)"号"（汇编1–11–3）、 (čerig)"兵丁"（汇编1–7–1）（档案238–8）。在词中写作 ᡳ᠊、ᡷ，如： (bičig)"文书"（老档10–31–1）（老档8–297–5）（档案161–8）、 (ečige)"父亲"（汇编1–20–4）、 (küčün)"力量"（汇编1–20–3）。

20.辅音ǰ在词头写作 ᡳ，如： (ǰil)"年"（老档7–358–1）、 (ǰun)"夏天"（汇编1–21–6）、 (ǰaqa)"边境"（档案39–12）。在词中写作 ᡳ᠊、ᡷ，如： (ireǰü)"来着"（老档7–70–4）、 (olǰa)"获物"（老档8–325–1）、 (ǰasaǰu)"修"（汇编1–8–4）、 (učaraǰu)"碰见"（汇编7–182–2）、 (qariǰu)"返回"（档案39–6）。

21.辅音y在词头写作 ᠊᠊、᠊，如： (yala)"罪"（老档5–45–6）、 (yala)"罪"（老档8–323–3）、 (yamun)"衙门"（汇编6–157–3）、 (yeke)"大"（汇编1–7–1）、 (yabubasu)"若行走"（档案46–2）。在词中写作 ᠊᠊、᠊，如： (noyan)"官员"（老档8–323–1）、 (beye)"身体"（老档8–323–1）、 (ǰiyun wang)"君王"（汇编1–187–3）、 (noyad)"官员"（汇编1–8–6）、 (üye)"时候，关节"（汇编1–9–4）、 (tariyan)"农田"（档案13–10）。

22.辅音r在词头写作 ᠊，如： (rasiyan)"圣水"（汇编2–377–7）。在词中音节首写作 ᠊᠊、᠊，如： (bariǰu)"抓获"（老档8–323–2）、 (üre)"子孙"（老档4–69–3）、 (terigün)"首，头"（汇编1–10–2）、 (tegri)"苍天"（档案13–7）、 (ɣaǰara)"地点"（档案13–8）。在词中音节末写作 ᠊，如： (ǰarlaɣ)"命令"（老档8–322–2）、 (erdem)"德"（汇编1–9–1）、 (urbaqula)"若反叛"（档案45–4）。在词尾写作 ᠊，如： (qoyar)"二"（老档7–14–3）、 (edür)"天，

日"（汇编 1–10–2）、（ger）"房屋"（档案 13–11）。

23. 辅音 w 在词头写作ᠠ、ᠠ，如：ᠣᠠᠨ（wanγ）"王"（汇编 1–42–6）（档案 220–1）、ᠣᠠᠨ（wanγ）"王"（汇编 2–139–1）。在词中写作ᠠ、θ，如：ᠠᠠᠠ（tawar）"财"（老档 10–30–8）、ᠨᠢᠷᠠᠠᠨ（nirwan）"涅槃"（汇编 2–99–1）、ᠶᠤᠠᠠ（γuwa）"漂亮"（汇编 1–103–1）。

24. 辅音 ng 在词中写作ᠠ，如：ᠠᠠᠠᠠ（engke）"平安"（老档 4–68–7）、ᠯᠣᠨᠭᠤ（lonγqu）"瓶子"（汇编 3–119–5）、ᠮᠢᠩᠭᠠᠨ（minγγan）"千"（档案 27–6）。在词尾写作ᠠᠠ、ᠠᠠ，如：ᠠᠮᠤᠶᠤᠯᠠᠩ（amuγulanγ）"平和"（老档 9–211–1）、ᠳᠤᠨᠭ ᠳᠠᠢᠴᠢᠨᠭ（dunγ daičinγ）（人名）（老档 7–399–3）、ᠣᠠᠨ（wanγ）"王"（汇编 1–42–6）、ᠬᠤᠨᠭ ᠲᠠᠢᠵᠢ（qunγ taiji）"皇太极"（档案 139–1）。

以上例词分析基本体现出近代蒙古文的字母符号和书写特点，而据图力古尔《蒙古文字史概要》一书的研究，蒙古文在从古代蒙古文至近代蒙古文的发展过程中，其字母主要发生如下变化。[1]

第一，古代蒙古文在词头或词中位置混淆书写元音ᠣ（o、u）和ᠥ（ö、ü）的现象消失。

第二，元音 a、e 在词头分别写作ᠠ、ᠠ形式，在词中均写作ᠠ形式。在词尾，辅音ᠠ（γ）、ᠠ（q）之后的元音 a 及辅音ᠠ（n）、ᠠ（m）、ᠠ（y）、ᠠ（r）之后的元音 a、e，使用分开书写形式的ᠠ；辅音ᠠ（x）、ᠠ（g）之后的元音 a 及辅音ᠠ（b）、ᠠ（p）、ᠠ（f）、ᠠ（k）之后的元音 a、e，使用连接书写形式的ᠠ。

第三，从 17 世纪中叶开始，蒙古文词尾 e、g、ng 的书写形式发生ᠠ（e）→ᠠ、ᠠ（g）→ᠠ、ᠠ（ng）→ᠠ的演变，a、n、d 的词尾形式发生ᠠ（a、n）→ᠠ、ᠠ（d）→ᠠ的演变，词尾元音 a 和 e 的分开书写形式发生ᠠ→ᠠ的演变。

第四，辅音 n 在词头、词中、词尾均有两种形式，即在词头写作ᠠ、ᠠ形式，在词中写作ᠠ、ᠠ形式，在词尾写作ᠠ、ᠠ形式。辅音 γ 写作ᠠ、ᠠ、ᠠ、ᠠ形式，其中ᠠ、ᠠ形式与辅音 q 的书写形式产生混淆。辅音 ng 的书写形式

---

① 图力古尔：《蒙古文字史概要》，内蒙古文化出版社 1998 年版，第 308—314 页。

有多种发展，在词中可写作ᠸ、ᠻ、ᠼ、ᠽ形式，在词尾可写作ᠾ、ᠿ、ᡀ形式。出现以ᠢ形式代替ᠣ形式拼写词尾辅音 b，以ᠤ形式拼写辅音 p 的现象。

第五，辅音 č 在词头、词中均可写作ᠴ、ᠵ形式，辅音 j、y 在词头写作ᠶ形式，以ᠷ形式拼写词头辅音 y 的现象较为少见。将ᠠ写作ᠡ形式，呈现出以ᠢ形式拼写词头 t、d，以ᠣ形式拼写词中 t、d 的趋势。在部分词语中，词尾辅音 d 写作ᠤ形式。辅音 s 在词尾写作ᠥ、ᠦ两种形式，辅音 š 在词头写作ᠧ、ᠨ形式，在词中写作ᠩ、ᠪ形式。

第六，蒙古文字母词头形式发生明显的变化。如，a、na、qa、γa、ma、la 等音节词头形式发生ᠠ→ᠡ、ᠢ→ᠣ、ᠤ→ᠥ、ᠦ→ᠧ、ᠨ→ᠩ的变化。

三、现代蒙古文

新中国成立以后，在现代语言学理论和方法的影响之下，现代蒙古文正字法产生进一步的发展。清格尔泰在其专著《蒙古语语法》中首次对现代蒙古文字母进行排序，奠定了现代蒙古文字母及其书写规则的基础。[1]表 3-3 即根据清格尔泰《蒙古语语法》内容整理。

表 3-3　现代蒙古文字母表

音值		a	e	i	ɔꞷ	o u	n	b	p
罗马字转写		a	e	i	o u	ö ü	n	b	p
文字形式	词头	ᠠ	ᠡ	ᠢ	ᠣ	ᠥ	ᠨ	ᠪ	ᠫ
	词中	ᠠ	ᠡ	ᠢ	ᠣ	ᠥ	ᠨ	ᠪ	ᠫ
	词尾	ᠠ	ᠡ	ᠢ	ᠣ	ᠥ	ᠨ	ᠪ	ᠫ

① 清格尔泰：《蒙古语语法》，内蒙古人民出版社 1991 年版。

续表

音值	χ	G	x	g	m	l	s	∫
罗马字转写	q	γ	k	g	m	l	s	š
文字形式 词头								
文字形式 词中								
文字形式 词尾								

音值	t	d	ʧ	dʒ	j	r	ng ~ nγ	w
罗马字转写	t	d	č	ǰ	y	r	ŋ	w
文字形式 词头								
文字形式 词中								
文字形式 词尾								

音值	k	h	ts	dz	f	lh
罗马字转写					f	
文字形式 词头						
文字形式 词中						
文字形式 词尾						

现代蒙古文与近代蒙古文基本相同，阿礼嘎礼字母和满文的因素渗透到蒙古文当中，成为蒙古文正字法的主要内容。

第一，形成由 31 个字母组成的现代蒙古文字母体系，蒙古文十二字头以 、 的顺序排列，形成拼写汉语借词的 、 、 、 、 、 等音节字。

第二，元音 a、e 在词头分别写作 、 形式，在词中均写作 形式，在词尾均写作 、 （分开书写形式）形式，可根据元音和谐律与词义区分词中和词尾的元音 a、e。

第三，在词头，元音 o 与 u 写作ᠣ形式，元音 ö 与 ü 写作ᠥ形式，可根据词义对其进行分辨。当借词词尾与辅音ᠪ、ᠨ、ᠺ、ᠩ连写时，将 u 写作ᠣ形式，将 ü 写作ᠥ形式。

第四，在词中，元音 i 在 a、e、o、u 等元音之后写作ᠶ形式，在 i、ü 等元音之后写作ᠠ形式。

第五，辅音 b、g、r、s、d、n、m、l、ng 在词中音节末尾分别写作ᠪ、ᠠ(ᠠ)、ᠠ、ᠠ、ᠲ、ᠨ、ᠮ、ᠯ、ᠠ形式，在词尾分别写作ᠪ、ᠠ(ᠩ)、ᠠ、ᠠ、ᠠ、ᠠ、ᠠ形式。借词词尾辅音 š、t、č、ǰ、f、p、l、ts、dz、h 分别写作ᠱ、ᠰ、ᠴ、ᠴ、ᠹ、ᠹ、ᠪ、ᠴ、ᠴ、ᠾ形式。

第六，在音节末尾，辅音 n 写作ᠷ、ᠰ形式，辅音 γ 写作ᠠ、ᠠ形式。

第七，拼写借词时，元音 e、ö（ü）分别写作ᠷ、ᠠ形式，音节末尾辅音 n 写作ᠷ形式，辅音 d、t 分别写作ᠲ、ᠠ形式。

第八，汉语借词"基""其""昔"分别写作ᠠ、ᠠ、ᠠ，"资""雌""思"分别写作ᠠ、ᠠ、ᠠ，"知""吃""诗""日"分别写作ᠠ、ᠠ、ᠠ、ᠠ。汉语"儿"单独写作ᠠ，在词尾时写作ᠠ。

第二节　满文的发展历程

金代，女真人创制并开始使用女真文字。至明末，女真人弃用女真文字，转用蒙古文。满族入关之前，努尔哈赤命额尔德尼和噶盖创制满文。额尔德尼等创制的满文没有圈点，后人称其为"无圈点满文"或"老满文"。后来，达海改进"老满文"，创制"有圈点满文"，或称"新满文"。达海改进的满文，添加圈点，克服了老满文"一字多写"或"一音多字"等缺点，并进一步完善满文书写规则和标点符号，为清代满语文的推广奠定了基础。

一、满文的创制

在创制女真文之前，女真人曾使用契丹文。后来，金国元年（1115年），金太祖完颜阿骨打命完颜希尹创制女真字。据《金史》载："女直初无文字，及破辽，获契丹、汉人，始通契丹、汉字，于是诸子皆学之。宗雄能以两月尽通契丹大小字，而完颜希尹乃依仿契丹字制女直字。"①关于完颜希尹创制女真字，《金史》"完颜希尹传"记载如下：

> 金人初无文字，国势日强，与邻国交好，乃用契丹字。太祖命希尹撰本国字，备制度。希尹乃依仿汉人楷字，因契丹字制度，合本国语，制女直字。天辅三年八月，字书成，太祖大悦，命颁行之。赐希尹马一匹、衣一袭。其后熙宗亦制女直字，与希尹所制字俱行用。希尹所撰谓之女直大字，熙宗所撰谓之小字。②

天辅三年（1119年）金朝颁行"女真大字"，天眷元年（1138年），金朝又颁行"女真小字"。这两种文字在女真人当中并行使用逾百年。金朝后期及至其灭亡以后，迁居中原地区的女真人逐渐汉化，皆转用汉语和汉文。至15世纪中叶，居留于东北地区的女真人也逐渐改用蒙古文，女真文字逐渐失传。如，"明英宗正统九年（1444）二月甲午，玄城卫指挥撒升哈、脱脱、木答鲁等奏：'臣等四十卫无识女直字者，乞自后敕文之类第用达达字。'从之"③。此处所讲的"达达字"即蒙古文。

16世纪末，随着女真人（满族）与汉人、蒙古人及朝鲜人的来往日益频繁，以蒙古文记录女真语（满语）已无法满足女真人（满族）的经济文化发展需要。于是，万历二十七年（1599年），清太祖努尔哈赤命额尔德尼和噶盖创制满文。对于满文创制的过程，《清太祖武皇帝实录》记载如下：

---

① 脱脱：《金史》，中华书局1975年版，第1558页。

② 脱脱：《金史》，中华书局1975年版，第1684页。

③ 季永海：《从辉煌走向濒危：季永海满学论文自选集》，辽宁民族出版社2012年版，第3页。

　　时满洲未有文字，文移往来，必须习蒙古书，译蒙古语通之。二月，太祖欲以蒙古字编成国语，榜识厄儿得溺、刚盖对曰："我等习蒙古字，始知蒙古语，若以我国语编创译书，我等实不能。"太祖曰："汉人念汉字，学与不学者皆知。蒙古之人念蒙古字，学与不学者亦皆知。我国之言写蒙古之字，则不习蒙古语者，不能知矣。何汝等以本国言语编字为难，以习他国之言为易耶？"刚盖、厄儿得溺对曰："以我国之言编成文字最善，但因翻编成句，吾等不能，故难耳。"太祖曰："写阿字下合一妈字，此非阿妈乎？（阿妈父也）厄字下合一脉字，此非厄脉乎？（厄脉母也）吾意决矣，尔等试写可也。"于是自将蒙古字编成国语颁行。创制满洲文字，自太祖始。[①]

　　通过以上记载，可知以下三点：

　　第一，在满文创制之前，女真人在来往文书中主要使用蒙古文；

　　第二，满文的创制是由额尔德尼和噶盖二人完成的；

　　第三，满文是依仿蒙古文而创制的。

　　关于额尔德尼和噶盖是如何模仿蒙古文创制满文的，尚未发现详细的文献记载，学者们仅能依据不同时期的满文和蒙古文文献资料，对老满文字母加以研究。本书对比分析台北"故宫博物院"整理出版的《满文原档》和中国第一历史档案馆整理出版的《内阁藏本满文老档》之新老满文，整理归纳老满文字母（见表3-4），分析老满文的特点。在分析研究的过程中，还参考了庄声的论文《老满洲文字音考》中的相关内容。[②]

---

① 郑天挺：《明清史资料（上册）》，天津人民出版社1980年版，第287页。

② 庄声：《老满洲文字音考》，见沈卫荣：《西域历史语言研究集刊（第八辑）》，科学出版社2015年版，第584—591页。

表 3-4　老满文字母表

音值		a	e	i	ɔ ʊ ɔ	u	n
罗马字转写		a	e	i	o ū u	u	n
文字形式	词头						
	词中						
	词尾						

音值		q ɢ χ	k g x	b p	s ş	t d	l
罗马字转写		k g h	k g h	b p	s š	t d	l
文字形式	词头						
	词中						
	词尾						

音值		m	tʂ	dʐ j	w	ŋ
罗马字转写		m	c	j y	w	ng
文字形式	词头					
	词中					
	词尾					

　　老满文创制以后，满族（女真人）打破了文书往来必"习蒙古书，译蒙古语"的局限，开始以满文记录满语，极大推动了满族语言文化的发展。从台北"故宫博物院"出版的《满文原档》所载档簿文字来看，老满文字母形式固定，文字书写清晰，基本达到阅读和识别要求。

　　新满文创制之后，为了便于识读，官方和私人皆以新满文拼写老满文文献资料。如，"乾隆六年（1741 年）七月二十一日，清高宗谕曰：'无圈点字原系满文之根本，今若不编书一部收藏，则将来淹没，人皆不知满文原始于无圈点字。著交鄂尔泰、徐元梦，阅览《无圈点字档》，或循十二字头编书一部，或如何编书一部，于宗学、觉罗学、国子监各学抄录一部收藏。'内阁大学士鄂尔泰、尚书徐元梦奉命行事，'除该档内加圈点读之即可认识之字外，凡与现行之字相异、难认之字，全行摘出，附现行之字，按十二字头编书一部'，并于是年十一月十一日'恭呈御览'"①。

笔者在分析《满文原档》和《无圈点字书》之语言文字后，对老满文字母符号及其书写特点做进一步梳理分析如下：

1. 元音 a 在词头写作 ，如：（amasi）"向后"（原档 1-2-6）、（amba）"大的"（原档 4-99-7）。在词中写作 、 ，如：（gabtabuha）"被射"（原档 4-155-8）、（babe）"把事情"（字书 -ba 字头 5）②。在词尾写作 、 ，如：（hiya）"侍卫"（原档 1-2-2）、（faya）"伤"（原档 1-163-6）、（ba na）"地方"（原档 6-238-3）、（isinjiha）"到达"（原档 7-108-1）。在以上书写形式中，词头 ，词中 ，词尾 （连写）、 是常见的书写形式，词中书写形式 极为少见，不能排除系书写舛误的可能。与近代蒙古文相比，老满文中词尾分开书写的 形式，多以 （ya）形式出现， （na）、 （ma）、 （la）、 （ra）等形式则较为少见。

2. 元音 e 在词头可写作 、 、 、 、 ，如：（enculeme）"特别的"（原档 4-161-1）、（ebufi）"下"（字书 -e 字头 4）、（efin）"游戏"（字书 -e 字头 28）、（emude）"在一日"（原档 1-95-6）（原档 1-98-2）。在词中写作 ，如：（tebufi）"坐下"（原档 3-15-2）。在词尾写作 、 ，如：（nenehe）"先前"（原档 7-128-6）、（beye）"身体"（原档 1-3-2）、（hendume）"讲"（原档 4-189-3）。在元音字母 e 的词头形式中， 形式最为常见， 、 、 、 形式较为少见。在 、 、 、 形式中，有些形式也见于近代蒙古文当中。如，古代蒙古文及近代蒙古文也有将词头元音 e 写作 的现象。与元音字母 a 的词尾形式相同， （连写）、 形式是元音字母 e 常见的词尾形式。词尾分开书写的 形式，多以 （ye）形式出现， （ne）、 （me）、 （le）、 （re）等形式则较为罕见。

① 赵志强：《老满文研究》，载《满语研究》2003 年第 2 期。
② 参见法国国家图书馆藏《无圈点字书》（Tongki fuka akū hergen-i bithe）。括号内"字书"为《无圈点字书》之简称，字母为满文十二字头简称，数字为该词在此词头中出现的行序。下同。

3. 元音 i 在词头写作 ，如：（irgen）"百姓"（原档 7–148–4）。在词中写作 、，如：（niowanggiyan）"绿色"（原档 7–211–7）、（dosimbuki）"让进吧"（原档 4–189–9）、（boihon）"户"（原档 3–113–1）。在词尾写作 ，如：（ubaci）"从此地"（字书 -u 字头 5）。老满文元音字母 i 的书写形式及规则与近代蒙古文基本相同：在辅音字母之后写作 形式，在元音字母之后写作 形式。

4. 元音 o 在词头写作 、、，如：（ombi）"成为"（原档 3–312–8）、（ola ba）"把江"（原档 1–149–3）、（ome）"成为"（原档 1–152–2）。在词中写作 、、，如：（tolome）"数数"（原档 3–312–9）、（bodofi）"计算"（原档 1–194–2）、（dosorakū）"耐不住"（原档 1–81–9）。在词尾写作 、，如：（monggo）"蒙古"（原档 4–34–1）、（tai zi ho）"台子河"（原档 1–344–1）。在老满文元音字母 o 的书写形式中，词头书写形式 、词中书写形式 ，以及词尾书写形式 较为常见，其他形式则较为罕见。

5. 元音 u 在词头写作 、、、，如：（uculere）"唱歌的"（原档 1–66–4）、（ukame）"逃"（原档 6–244–9）、（utala）"这些"（原档 1–183–3）、（ubaci）"从此地"（字书 -u 字头 5）。在词中写作 、、、、，如：（sume）"挑出"（原档 1–42–5）、（tusa）"帮助"（原档 1–65–9）、（tusa）"帮助"（原档 1–66–1）、（bujiri）（人名）（原档 1–148–3）、（bujiri）（人名）（原档 1–148–7）、（tutala）"那些"（原档 7–298–3）。在词尾写作 、、、，如：（ineku）"原本"（原档 3–337–1）、（bu）"给"（原档 1–68–1）、（jakūnju）"八十"（原档 3–354–6）、（du）"囊"（原档 1–19–6）、（ku）"库"（原档 1–16–3）。受近代蒙古文的影响，老满文元音 u 多以 、、、 之形式书写，较少使用 、 之书写形式，而 、、、、、、 等形式则极为罕见。

6. 元音 ū 在词头写作 ，如：（ūren）"佛像"（字书 -ū 字头 1）。在词中写作 、，如：（jakūn）"八十"（原档 4–260–5）、（hūcin）

"井口"（原档 2–20–9）。在词尾写作ᠣ，如：ᠣᠵᠣᠷᠠᡴᡡ（ojorakū）"不可以"（原档 4–323–4）。满语第六元音 ū 和蒙古语第五元音 u 的音值相同，均为 ɷ。因此，老满文基本沿用近代蒙古文 u 字母之书写形式ᠣ、ᠣ、ᠣ书写满语元音 ū，新满文书写形式ᠣ、ᠣ、ᠣ在老满文文献中极为罕见。

7. 辅音 n 在词头写作ᠨ、ᠨ，如：ᠨᡳᠮᠠᠩᡤᡳ（nimanggi）"雪"（原档 1–63–1）、ᠨᡳᠮᠠᠩᡤᡳ（nimanggi）"雪"（原档 1–63–6）。在词中音节之首写作ᠨ、ᠨ、ᠨ，如：ᠮᡳᠨᡳ（mini）"我的"（原档 1–63–8）、ᠮᡳᠨᡳ（mini）"我的"（原档 3–68–4）、ᠮᡳᠩᡤᠠᠨᠠ（minggana）"一千"（原档 1–7–10）。在词中音节末写作ᠨ、ᠨ，如：ᠨᠴᡠ（encu）"异"（原档 5–115–3）、ᠲᠣᠨᡩᠣᡳ（tondoi）"以忠诚"（原档 5–309–2）。在词尾写作ᠨ，如：ᠨᠵᠨ（ejen）"主任"（原档 3–177–7）。老满文辅音 n 之书写形式以ᠨ（词头）、ᠨ（词中音节首）、ᠨ（词中音节末）、ᠨ（词尾）为主，ᠨ（词头）、ᠨ（词中音节末）、ᠨ（词中音节首）、ᠨ（词中音节首）等形式则较为少见。

8. 辅音 b 在词头写作ᠣ，如：ᠪᠠᡳᡴᡠᠸᠨ（beikuwen）"寒冷"（原档 5–79–4）。在词中音节首写作ᠣ、ᠣ，如：ᠸᠰᡳᠮᠪᡠᡥᡝ（wesimbuhe）"谨奏"（原档 5–79–10）、ᠰᡳᠩᡤᡝᠪᡠᠮᡝ（singgebume）"使融合"（原档 1–18–6）。在词中音节末写作ᠣ，如：ᠠᠪᡴᠠ（abka）"天"（原档 4–309–6）。在词尾写作ᠣ，如：ᠣᠣ ᠣᠣ ᠰᠮᡝ（tob tab seme）"端正"（原档 1–143–6）。以上书写形式中，词中书写形式ᠣ极为少见，不能排除书写舛误的可能。

9. 辅音 p 在词头写作ᠣ、ᠣ、ᠣ，如：ᠫᡠᠰᡝᠯᡳ（puseli）"铺子"（原档 2–141–2）、ᠫᡳᠵᠠᠨ（pijan）"皮箱"（字书 -pi 字头 2）、ᠫᠣᠣ（poo）"炮"（原档 4–308–5）、ᠫᡠ（pu）"府"（原档 1–77–12）。老满文辅音 b 和辅音 p 的书写形式基本相同，用ᠣ形式书写辅音 p 的情况相对较多。

10. 辅音 k 在词头写作ᠣ、ᠣ，如：ᠺᠠᠮᠠᠮᡝ（kamame）"围堵"（原档 3–336–1）、ᠺᡝᠮᡠᠨᡳ（kemuni）"业已"（原档 3–287–9）。在词中音节之首写作ᠣ、ᠣ、ᠣ，如：ᠰᠠᡳᡴᠠᠨ（saikan）"好好"（原档 7–361–2）、ᡥᡝᠩᡴᡳᠯᡝᡶᡳ（hengkilefi）"跪拜"（原档 2–125–7）、ᠵᡠᡵᠠᡴᠠ（juraka）"动身"（原档 1–82–2）。在词中音节末尾写作ᠣ、ᠣ，如：ᡶᠠᡴᠰᡳ（faksi）"工匠"（原档 2–125–4）、

（oktolobufi）"使行医"（原档6-234-1）。在词尾写作 、，如：
（lak seme）"恰好"（原档6-235-10）、 （bošok tu）（人名）
（原档4-343-5）。

11. 辅音 h 在词头写作、，如： （harangga）"所属"（原档
3-232-1）、 （hendume）"讲"（原档3-287-9）。在词中写作、、
，如： （lahalarakū）"不断的"（原档7-349-2）、 （alhūdame）
"模仿"（原档2-94-8）、 （nimaha）"鱼"（原档6-231-9）、 （hondaha）
"酒盅"（原档6-349-6）。

12. 辅音 g 在词头写作、，如： （gaifi）"取"（原档3-263-2）、
（gisun）"语言"（原档3-263-5）。在词中写作、、，如： （monggo）
"蒙古"（原档7-365-7）、 （tulergi）"外边"（原档2-95-3）、
（mingga）"千"（原档7-191-7）（原档1-240-2）、 （angga）
（人名）（原档1-314-3）。

老满文辅音字母 g、k、h 的书写形式几乎完全一致（辅音 k 可作为音
节末辅音，而 g、h 不能），其中 形式较为少见。

13. 辅音 s 在词头写作，如： （sunja）"五"（原档5-111-1）。
在词中音节之首写作，如： （dasame）"治理"（原档2-197-8）。
在词中音节末尾写作，如： （gashūfi）"起誓"（原档7-255-4）。
在词尾写作 、，如： （ordos）"鄂尔多斯"（原档6-234-1）、
（cinggis）"成吉思"（原档1-300-4）、 （cinggis）"成吉思"
（原档2-65-2）。

14. 辅音 š 在词头写作、，如： （šanggiyan）"白"（原档5-11-5）、
（šun）"太阳"（原档1-7-5）。在词中写作、、，如： （ubašame）
"叛乱"（原档1-7-8）、 （šušu）"高粱"（原档2-78-7）、
（dabašara）"过分"（原档4-323-2）。为了区分辅音字母 s 和 š 的书写
形式，老满文多用 拼写辅音字母 š。

15. 辅音 t 在词头可写作、、，如： （tulergi）"外边"（原
档6-232-2）、 （tebufi）"驻防"（原档2-239-4）、 （hūlha

tu）"小偷"（原档 1–334–4）。在词中音节之首写作ᡬ，如：ᡥᠣᠲᠣᠨ（hoton）"城市"（原档 5–121–2）。在词中音节末尾写作ᠨ，如：ᡠᡨᡨᡠ（uttu）"这么"（原档 2–111–4）、ᠪᡳᡨᡥᡝ（bithe）"书"（原档 5–116–3）。在词尾写作ᠨ，如：ᡨᡠᠮᡝᡨ（tumet）"土默特"（原档 6–234–2）、ᠵᠠᡵᡠᡨ（jarut）"扎鲁特"（原档 6–234–2）。

16. 辅音 d 在词头写作ᡩ、ᠨ，如：ᡩᠣᠰᡳᡶᡳ（dosifi）"进入"（原档 2–43–2）、ᡩᡠᡳᠨ（duin）"四"（原档 5–115–3）、ᠰᡳᠰᡠᡵᡝᡵᡝ ᡩᡝ（sisurere de）"说时"（原档 6–105–4）。在词中写作ᠨ，如：ᠰᡳᠨᡩᠠᡶᡳ（sindafi）"放置"（原档 1–124–6）、ᡳᠨᡝᠩᡤᡳᡩᠠᡵᡳ（inenggidari）"每天"（原档 1–153–6）。老满文辅音字母 t 的词头形式ᡨ和辅音字母 t、d 的词头形式ᡩ都极为少见，且词头ᡩ形式仅在词干和词缀的分开书写形式中出现。

17. 辅音 m 在词头写作ᠮ，如：ᠮᠣᡵᠣ（moro）"碗"（原档 2–329–3）。在词中音节之首写作ᠮ、ᠨ，如：ᡩᠠᡥᠠᠮᡝ（dahame）"跟着"（原档 5–30–3）、ᡝᠵᡝᠮᡝ（ejeme）"记录"（原档 1–61–5）。在词中音节末尾写作ᠮ，如：ᠠᠮᠪᡠᠯᠠ（ambula）"多"（原档 4–309–2）、ᡝᠮᡨᡝ（emte）"可以吗"（原档 4–309–6）。在词尾写作ᠨ，如：ᠰᠠᠮ（sam）（满语音节）（字书 -sam 字头 1）。以上形式中，ᠨ形式较为少见。

18. 辅音 l 在词头写作ᠯ，如：ᠯᠠᠪᠠ（laba）"喇叭"（原档 2–363–3）。在词中音节之首写作ᠯ，如：ᠠᠮᠠᠯᠠ（amala）"之后"（原档 5–31–3）。在词中音节末尾写作ᠯ，如：ᠨᡳᠶᠠᠯᠮᠠ（niyalma）"人"（原档 5–74–3）。在词尾写作ᠯ，如：ᠴᠣᡥᠣᡵᠣᠯ（cohorol）"谣言（蒙古语借词）"（原档 6–274–2）、ᡥᠠᠩᡤᠠᠯ（hanggal）（人名）（原档 1–300–2）。

19. 辅音 c 在词头写作ᠴ、ᠵ，如：ᠴᠣᠣᡥᠠ（cooha）"兵丁"（原档 5–395–2）、ᠴᠣᠣᡥᠠ（cooha）"兵丁"（原档 5–35–9）。在词中写作ᠴ、ᠵ、ᠰ，如：ᡥᡡᠴᡳᡥᡳᠨ（hūcihin）"亲戚"（原档 5–399–6）、ᡨᡠᠴᡳᡶᡳ（tucifi）"出来"（原档 2–79–1）、ᠪᡠᠴᡝᠮᠪᡳ（bucembi）"死亡"（原档 2–50–6）。以上形式中，词中书写形式ᠰ较为少见。

20. 辅音 j 在词头可写作ᠵ、ᠵ、ᡪ、ᠴ，如：ᠵᠠ�(ᠺᡡᠨ)（jakūn）"八"（原档 5–124–3）、ᠵᡝᡵᡤᡳ（jergi）"等等"（原档 5–123–8）、ᠵᠠᠩ（jang

in jen hoton）"张寅镇城"（原档 2–17–1）、ᠵᡳᡵᠠᠮᡳᠨ（jiramin）"厚"（原档 2–17–9）。在词中写作ᠲ、ᡳ、ᠰ，如：ᠰᡠᠨᠵᠠ（sunja）"五"（原档 5–395–2）、ᠪᡝᠨᠵᡳᡥᡝ（benjihe）"送来"（原档 1–315–3）、ᠣᠵᠣᡵᠠᡴᡡ（ojorakū）"不许"（原档 2–24–6）。在词头书写形式中，ᠲ、ᠰ 极为罕见，在词中书写形式中，ᠰ 形式较为少见。

21. 辅音 y 在词头写作ᠶ、ᠵ，如：ᠶᠠᠯᡳ（yali）"肉"（原档 6–231–3）、ᠶᠠᠮᡠᠨ（yamun）"衙门"（原档 3–177–3）。在词中写作ᠶ、ᠵ、ᡳ，如：ᠠᠨᡳᠶᠠ（aniya）"年"（原档 6–151–8）、ᠶᠠᠶᠠ（yaya）"所有"（原档 7–255–4）、ᡥᡳᠶᠠ（hiya）"侍卫"（原档 1–63–3）、ᠪᡝᠶᡝ（beye）"自己"（原档 1–27–9）。在词头多用ᠶ形式，在词中多用ᠵ形式，ᡳ形式则仅出现在音节ᠵ当中。

22. 辅音 r 在词头写作ᠰ，且词头ᠰ仅出现在词干和词缀的分开书写形式中，如：ᠲᡝᠲᡝᠨᡩᡝᡵᡝ（tetendere）"既然"（原档 1–286–1）。辅音 r 在词中音节之首写作ᠰ，如：ᠰᠠᠷᡳᠨ（sarin）"宴席"（原档 4–308–2）、ᠠᡵᠠᡶᡳ（arafi）"写"（原档 2–115–3）。在词中音节末尾写作ᠰ，如：ᠵᡠᡵᡤᠠᠨ（jurgan）"义"（原档 5–317–1）。在词尾写作ᠰ，如：ᠴᠠᡥᠠᡵ（cahar）"察哈尔"（原档 4–343-7）、ᠪᠠᡨᡠᡵ（batur）"英雄，人名"（原档 7–158–2）。

23. 辅音 f 在词头写作ᡶ、ᡦ、ᠹ，如：ᠹᠠᡵᡥᡡᠨ（farhūn）"阴暗"（原档 2–407–6）、ᡶᠠᡳᡨᠠᠮᡝ（faitame）"剪掉"（原档 6–50–7）、ᡶᡳᠣᡩᠣᠨ（fiodon）（人名）（原档 1–17–1）。在词中写作ᡶ、ᡦ、ᠹ，如：ᠣᡶᡳ（ofi）"因为"（原档 4–323–2）、ᡥᠠᡶᠠᠨ（hafan）"官员"（原档 6–49–8）、ᡤᠠᡳᡶᡳ（gaifi）"拿"（原档 5–399–1）。在词头，多用ᡶ、ᠹ形式；在词中，则多用ᡦ形式。

24. 辅音 w 在词头写作ᡠ、ᠸᡝ、ᠸᡝ、ᠸᡝ，如：ᠸᠠᠰᡳᠮᠪᡠᡥᠠ（wasimbuha）"降下"（原档 4–96–4）、ᠸᡝᡳᠯᡝ（weile）"罪"（原档 5–430–3）、ᠸᡝᠰᡳᡥᡠᠨ（wesihun）"高贵"（原档 5–398–7）、ᠸᡝᠰᡳᠮᠪᡠᡥᡝ（wesimbuhe）"降旨"（原档 4–343–1）。在词中写作ᡠ，如：ᠪᡝᡳᡴᡠᠸᠠᠨ（beikuwan）"寒冷"（原档 2–229–2）、ᠵᡠᠸᡝ（juwe）"二"（原档 2–331–2）。在词头，ᠸᡝ、ᠸᡝ、ᠸᡝ形式出现在音节 we 的书写当中，ᡠ则出现在音节 wa 的书写当中。

25. 辅音 ng 在词中写作ᠩ，如：ᠮᠣᠩᡤᠣᠯᡳᡥᠠᠪᡳ（monggolihabi）"译成蒙古文"（原

档 4–363–6）、🔣（lingse）"绫子"（原档 5–104–7）。在词尾写作🔣，
如：🔣（gung）"功劳"（原档 4–363–4）。

二、老满文到新满文

额尔德尼等依仿蒙古文创制的老满文，虽然更改了部分蒙古文字母的
书写形式和书写规则，但基本是借用蒙古文字母拼写满文的，仍存在很多
缺点。于是，天聪六年（1632 年），皇太极命达海改进老满文。关于达海
改进满文，在不同的文献资料中有如下记载：

《满文老档》载：

十二字头，原无圈点。上下字无别，塔达、特德、扎哲、雅叶等，雷
同不分。书中寻常语言，视其文义，易于通晓。至于人名、地名，必致错误。
是以全国天聪六年春正月，达海巴克什奉汗命加圈点，以分晰之。将原字头，
即照旧书于前。使后世智者观之，所分晰者，有补于万一则已。倘有谬误，
旧字头正之。

是日，缮写十二字头颁布之。[1]

《国朝耆献类征》载：

明年（1632）三月（应为一月），详定国书字体。初，太祖指授文臣
额尔德尼及噶盖创立国书，形声规模本体略具。达海继之增为十二字头。
至是上谕达海曰："国书十二字头，向无圈点，上下字雷同无别，幼学习之，
遇书中寻常语言，视其文义，犹易通晓。若人名地名，必致错误。尔可酌
加圈点，以分析之，则意义明晓，于学字更有裨益矣。"达海遵旨，寻译，
酌加圈点。又以国书与汉字对音未全者，于十二字头正字之外，增添外字。
犹有不能尽协者，则以两字连写切成，其切音较汉字更为精当。由是国书

---

[1]　中国第一历史档案馆、中国社会科学院历史研究所：《满文老档（全二册）》，中华书局
1990 年版，第 1196—1197 页。

之用益备。①

《清史稿》载：

达海承命寻绎，字旁回圈点。又以国书与汉字对音，补所未备，谓："旧有十二字头为正字，新补为外字，犹不能尽协，则以两字合音为一字，较汉文翻切尤精当。"国书始大备。②

从以上文献记载来看，达海对老满文做出以下三点改进：

第一，添加圈点，弥补老满文"一字多音"或"一音多字"的缺陷，实现字母与音位之间的对应；

第二，添加特定字母及切音字，准确拼写满语中借词的语音；

第三，在满文旁边标注汉语对音字，形成满文与汉字的对音体系。

达海改进的满文被学界称为"新满文"或"有圈点满文"，其字母见表 3–5。

表 3–5　新满文字母表

音值		a	ə	i	ɔ	u	ɷ	n
罗马字转写		a	e	i	o	u	ū	n
文字形式	词头	᠊ᠠ	᠊ᡝ	᠊ᡳ	᠊ᠣ	᠊ᡠ	᠊ᡇ	᠊ᠨ
	词中	᠊ᠠ	᠊ᡝ	᠊ᡳ	᠊ᠣ	᠊ᡠ	᠊ᡇ	᠊ᠨ
	词尾	ᠠ	ᡝ	ᡳ	ᠣ	ᡠ	ᡇ	ᠨ
音值		q	k	ɢ	k	χ	x	b
罗马字转写		k	k	g	g	h	h	b
文字形式	词头	᠊ᡴ	᠊ᠺ	᠊ᡤ	᠊ᡬ	᠊ᡥ	᠊ᡭ	᠊ᠪ
	词中	᠊ᡴ	᠊ᠺ	᠊ᡤ	᠊ᡬ	᠊ᡥ	᠊ᡭ	᠊ᠪ
	词尾	ᡴ	ᠺ					ᠪ

————————

① 季永海：《从辉煌走向濒危：季永海满学论文自选集》，辽宁民族出版社 2012 年版，第 5 页。

② 赵尔巽等：《清史稿》，吉林人民出版社 1995 年版，第 7390 页。

续表

音值		p	s	ş	t	d	l	m
罗马字转写		p	s	š	t	d	l	m
文字形式	词头	θ	᠊	᠊	ᡏ ᡏ	ᡏ ᡏ	᠊	᠊
	词中	θ	᠊	᠊	ᡝ ᡝ	ᡝ ᡝ	᠊	᠊
	词尾	᠊	᠊	᠊	᠊		᠊	᠊

音值		tʂ	dẓ	j	r	f	w	ŋ
罗马字转写		c	j	y	r	f	w	ng
文字形式	词头	᠊	᠊	᠊	ᡝ ᡝ	᠊		
	词中	᠊	᠊	᠊	᠊	ᡝ ᡝ	᠊	᠊
	词尾				᠊			᠊

　　虽然达海添加圈点，改进了满文，但在顺治朝和康熙朝前期，在官方文书和刊刻书籍中，仍存在不注重圈点，依旧以老满文形式书写的现象。康熙朝后期及雍正、乾隆两朝，满文得到了高度的规范。雍正、乾隆两位皇帝非常重视满文的规范，要求严格，不允许文书中存在笔误，若有，则必在朱批中改正。这段时间是满语文使用的鼎盛时期，亦使其发展到顶峰。这一时期的主要表现为：

　　第一，满文书写日益规范；

　　第二，普遍使用满语文，其地位大大提高；

　　第三，满语语法日臻完善；

　　第四，形成大量珍贵的历史文献；

　　第五，刊刻发行大量书籍；

　　第六，创制满文篆字和满文阿礼嘎礼字母。[1]

---

[1]　季永海：《从辉煌走向濒危：季永海满学论文自选集》，辽宁民族出版社2012年版，第16—17页。

下面，笔者将参考季永海编著的《满语语法（修订版）》，进一步举例分析新满文的字母符号及书写规则①：

1. 元音 a 在词头写作 ᠠ，如：ᠠᠮᠠ（ama）"父亲"。在词中写作 ᠠ，如：ᠬᠠᡥᠠ（haha）"男"。在词尾写作 ᠠ（辅音 d、c 等之后）、ᠠ（辅音 b、p 等之后），如：ᠨᡳᠶᠠᠯᠮᠠ（niyalma）"人"、ᡩᡠᠯᡳᠮᠪᠠ（dulimba）"中心"。

2. 元音 e 在词头写作 ᡝ，如：ᡝᠮᡝ（eme）"母亲"。在词中写作 ᡝ（在辅音 t 之后）、ᡝ（在其他辅音之后），如：ᡝᡨᡝᠮᠪᡳ（etembi）"战胜"、ᡳᠰᡝᠴᡠᠨ（isecun）"恐惧"。在词尾写作 ᡝ（在辅音 t 之后）、ᡝ（在辅音 k、g、h 之后）、ᡝ（在辅音 b、p 之后）、ᡝ（在其他辅音之后），如：ᡝᠮᡨᡝ（emte）"各一"、ᠮᡠᡴᡝ（muke）"水"、ᠰᡠᠪᡝ（sube）"筋"、ᡠᠰᡝ（use）"种子"。

3. 元音 i 在词头写作 ᡳ，如：ᡳᡥᠠᠨ（ihan）"牛"。在词中写作 ᡳ（在辅音之后）、ᡳ（在元音之后），如：ᡨᡳᠮᡠ（timu）"题目"、ᠠᡳᠮᠠᠨ（aiman）"部落"。在词尾写作 ᡳ，如：ᡳᠴᡳ（ici）"右侧，顺手"。

4. 元音 o 在词头写作 ᠣ，如：ᠣᡴᡨᠣ（okto）"药"。在词中写作 ᠣ，如：ᠪᠣᠨᠣ（bono）"冰雹"。在词尾写作 ᠣ（辅音 b、p 之后）、ᠣ（其他辅音之后），如：ᡥᠣᠪᠣ（hobo）"棺材"、ᠰᠣᠯᠣ（solo）"参须"。

5. 元音 u 在词头写作 ᡠ，如：ᡠᡳᡥᡝ（uihe）"犄角"。在词中写作 ᡠ（辅音 b、p 之后）、ᡠ（其他辅音之后），如：ᡠᠨᡠᠮᠪᡳ（unumbi）"背负"。在词尾写作 ᡠ（在辅音 k、g、h 之后）、ᡠ（在辅音 b、p 之后）、ᡠ（在辅音 t、d 之后）、ᡠ（在其他辅音之后），如：ᠠᡤᡠ（agu）"先生"、ᠰᠠᠪᡠ（sabu）"鞋"、ᡨᡠᡨᡨᡠ（tuttu）"那样"、ᡶᡠᠯᡠ（fulu）"多余"。

6. 元音 ū 在词头写作 ᡡ，如：ᡡᡵᡝᠨ（ūren）"像"。在词中写作 ᡡ，如：ᠠᡤᡡᡵᠠ（agūra）"器械"。在词尾写作 ᡡ，如：ᠠᡴᡡ（akū）"没有"。

7. 辅音 n 在词头写作 ᠨ，如：ᠨᠠᠮᡠ（namu）"海洋"。在词中音节首写作 ᠨ，如：ᠠᠨᠠᠮᠪᡳ（anambi）"推"。在词中音节末写作 ᠨ，如：ᠨᠠᡩᠠᠨᠴᡳ（nadanci）"第九"。在词尾写作 ᠨ、ᠨ，如：ᠵᡠᠸᠠᠨ（juwan）"十"、ᡥᠠᠨ（han）"韩（姓氏）"。

---

① 季永海：《满语语法（修订版）》，中央民族大学出版社 2011 年版。

8.辅音 k 在词头写作⋔、ᴄ，如：ᡍᠣᡵᠣ（koro）"怨恨"、ᠺᡝᠰᡳ（kesi）"恩典"。在词中音节首写作⋔、ᴄ，如：ᡨᠠᡴᠠᠮᠪᡳ（takambi）"认识"、ᡤᡠᡴᡠᠮᠪᡳ（gukumbi）"灭亡"。在词中音节末写作ᡴ、ᴄ，如：ᠠᡴᡩᠠᠮᠪᡳ（akdambi）"相信"、ᡝᡴᠴᡳᠨ（ekcin）"岸"。在词尾写作ᡴᠵ、ᠵ，如：ᠯᠠᡴ ᠰᡝᠮᡝ（lak seme）"恰好"、ᡝᡴ ᠰᡝᠮᡝ（ek seme）"厌烦"。

9.辅音 g 在词头写作ᡤ、ᡬ，如：ᡤᠠᡥᠠ（gaha）"乌鸦"、ᡤᡝᡤᡝ（gege）"格格"。在词中音节首写作ᡤ、ᡬ，如：ᠠᡤᠠ（aga）"雨"、ᡨᡠᡤᡳ（tugi）"云"。

10.辅音 h 在词头写作ᡥ、ᡭ，如：ᡥᠠᡥᠠ（haha）"男"、ᡥᡝᡥᡝ（hehe）"女"。在词中音节首写作ᡥ、ᡭ，如：ᠠᡥᠠ（aha）"奴才"、ᡩᡝᡥᡳ（dehi）"四十"。

11.辅音 b 在词头写作ᠪ，如：ᠪᡳᡤᠠᠨ（bigan）"草原"。在词中音节首写作ᠪ，如：ᠠᠪᠠ（aba）"打猎"。在词中音节末写作ᠪ，如：ᠠᠪᠰᡳ（absi）"何"。在词尾写作ᠪ，如：ᡨᠣᠪ（tob）"端正"。

12.辅音 p 在词头写作ᠫ，如：ᠫᠠᡤᡝ（page）"色字"。在词中音节首写作ᠫ，如：ᠯᠠᠮᠫᠠ（lampa）"混乱"、ᡶᡝᠮᠫᡳᠯᡝᠮᠪᡳ（fempilembi）"封皮"。

13.辅音 s 在词头写作ᠰ，如：ᠰᠠᠪᡳ（sabi）"征兆"。在词中音节首写作ᠰ，如：ᡩᠠᠰᠠᠮᠪᡳ（dasambi）"修理"。在词中音节末写作ᠰ，如：ᠠᠰᡥᠠ（asha）"翅膀"。在词尾写作ᠰ，如：ᠣᡵᠣᠰ（oros）"俄罗斯"。

14.辅音 š 在词头写作ᡧ，如，ᡧᡝᡵᡳ（šeri）"泉"。在词中音节首写作ᡧ，如：ᡨᡠᡧᠠᠨ（tušan）"职务"。在词中音节末写作ᡧ，如：ᠠᡧᡧᠠᠮᠪᡳ（aššambi）"震动"。

15.辅音 t 在词头写作ᡨ、ᡨ，如：ᡨᠠᡵᡳᠮᠪᡳ（tarimbi）"种植"、ᡨᡠᠮᡝᠨ（tumen）"万"。在词中音节首写作ᡨ、ᡨ，如：ᠪᠠᡳᡨᠠ（baita）"事情"、ᡝᡨᡝᠮᠪᡳ（etembi）"胜利"。在词中音节末写作ᡨ，如：ᠪᡳᡨᡥᡝ（bithe）"书"。在词尾写作ᡨ，如：ᡨᡠᠮᡝᡨ（tumet）"土默特"。

16.辅音 d 在词头写作ᡩ、ᡩ，如：ᡩᠣᠪᡳ（dobi）"狐狸"、ᡩᡝᡵᡝ（dere）"脸"。在词中音节首写作ᡩ、ᡩ，如：ᠪᡠᡩᠠ（buda）"饭"、ᡝᡩᡠᠨ（edun）"风"。

17.辅音 l 在词头写作ᠯ，如：ᠯᠠᠮᡠᠨ（lamun）"蓝色"。在词中音节首写作ᠯ，如：ᡠᠯᠠ（ula）"江"。在词中音节末写作ᠯ，如：ᡝᠯᡥᡝ（elhe）"平安"。在词尾写作ᠯ，如：ᠪᠠᡵ ᡴᡠᠯ（bar kul）"巴里坤"。

18. 辅音 m 在词头写作 ᠮ，如：ᠮᡝᡩᡝᡵᡳ（mederi）"海"。在词中音节首写作 ᠮ，如：ᠣᠮᠣᠯᠣ（omolo）"孙子"。在词中音节末写作 ᠮ，如：ᠰᡳᠮᡥᡠᠨ（simhun）"指甲"。在词尾写作 ᠮ，如：ᠵᡝᡵᡳᠮ（jerim）"哲里木"。

19. 辅音 c 在词头写作 ᠴ，如：ᠴᠠᠯᡠ（calu）"仓"、ᠴᡠᡴᡠᠮᠪᡳ（cukumbi）"疲倦"。在词中音节首写作 ᠴ，如：ᠠᠴᠠᠮᠪᡳ（acambi）"见面"、ᡨᠠᠴᡳᠮᠪᡳ（tacimbi）"学习"。

20. 辅音 j 在词头写作 ᠵ，如：ᠵᡝᠮᠪᡳ（jembi）"吃"、ᠵᡳᡥᠠ（jiha）"钱"。在词中音节首写作 ᠵ，如：ᠡᠵᡝᠮᠪᡳ（ejembi）"记"、ᠰᡠᠵᡠᠮᠪᡳ（sujumbi）"跑"。

21. 辅音 y 在词头写作 ᠶ，如：ᠶᠠᠯᡳ（yali）"肉"、ᠶᡝᡵᡠ（yeru）"巢穴"。在词中音节首写作 ᠶ，如：ᡝᠶᡝᠮᠪᡳ（eyembi）"流"、ᠠᠨᡳᠶᠠ（aniya）"年"。

22. 辅音 r 在词中音节首写作 ᠷ，如：ᠠᡵᠠᠮᠪᡳ（arambi）"做"。在词中音节末写作 ᠷ，如：ᠠᡵᠪᡠᠨ（arbun）"模样"。在词尾写作 ᠷ，如：ᠴᠠᡥᠠᡵ（cahar）"察哈尔"。

23. 辅音 f 在词头写作 ᡶ、ᡶ，如：ᡶᡝᡥᡳ（fehi）"脑子"、ᡶᠠᡥᠣᠯᠣᠨ（faholon）"短"。在词中音节首写作 ᡶ、ᡶ，如，ᡨᠠᡶᠠᠮᠪᡳ（tafambi）"登"、ᡝᡶᡳᠮᠪᡳ（efimbi）"玩"。

24. 辅音 w 在词头写作 ᠸ，如：ᠸᠠᠮᠪᡳ（wambi）"杀"、ᠸᡝᡥᡝ（wehe）"石头"。在词中音节首写作 ᠸ，如：ᠰᡠᠸᠠᠶᠠᠨ（suwayan）"黄"、ᡨᡠᠸᡝᡵᡳ（tuweri）"冬天"。

25. 辅音 ng 在词中音节末写作 ᠩ，如：ᠮᠠᠩᡤᠠ（mangga）"难，贵"，ᠮᡠᠩᡤᠠᠨ（munggan）"山岭"。在词尾写作 ᠩ，如：ᡠᠩ（ung）"钟响声"、ᡨᡠᠩ（tung）"打鼓声"。

此外，天聪六年（1632 年），达海在改进满文时，为解决汉语借词等借词拼写问题，增加了十个"新字"，即当今满语文研究者所称的"特定字母"。"特定字母"是辅音与元音相拼的音节，这些辅音当中，七个为满语原有的辅音，三个为新增加的辅音。[①] 具体情况如下：

第一，在汉语借词中，将汉语辅音 kʻ、gʻ、hʻ 分别写作 ᠺ、ᡬ、ᡭ，如：

---

① 季永海：《满语语法（修订版）》，中央民族大学出版社 2011 年版，第 41—48 页。

ᠻᠠᡵᠰᡳ（k'arsi）"袈裟"、ᠻᠣᡵᡴᠠ（k'ork'a）"廓尔喀"，ᡤᠠᠯᡩᠠᠨ（g'aldan）"噶尔丹"、
ᡤᠣᡤᡳᠨ（g'ogin）"鳏夫"，ᡥᠠ（h'a）（满语音节）、ᡥᠣ（h'o）（满语音节）。

第二，在汉语借词中，将汉语辅音 ts'、ts、dz、ž 分别写作�、ᡮ、
ᡯ、ᡷ，如：ᡮᠠᡳ（ts'ai）"蔡"、ᡮᡠᠨ（ts'un）"拵子"、ᡰᡞᠪᡝᠨ（žiben）"日本"。

第三，在汉语借词中，将汉语音节 c'y、jy、sy 分别写作ᡮ、ᡷ、ᠰᡳ，
如：ᡮᡟᠮᡳᠩ（c'yming）"敕命"、ᡷᡞᠯᡞ（jyli）"直隶"、ᠰᡳᠴᡠᠸᠠᠨ（sycuwan）
"四川"。

随着清朝灭亡，满文也逐渐退出历史舞台。目前，满语已经濒危，满
文早已被弃用。但是，清代形成的数量庞大、内容丰富的满文文献资料，
涉及清代经济、政治、历史、语言、文化等各个方面，在当今清史、满族
史的研究中发挥着重要作用。

第三节　满文借用蒙古文的特点

16 世纪末，蒙古文字母及书写规则日臻完善，已逐渐发展成科学成熟
的文字系统。满语和蒙古语语言结构的相似性，为清代满族文人依仿蒙古
文创制满文提供了天然的便利条件。在满文创制初期，老满文字母与近代
蒙古文字母基本相同，以同一字母拼写不同语音的现象十分常见，而新满
文则以添加圈点的方法，基本实现了字母与语音之间的相互对应。以下，
笔者将比较研究近代蒙古文（初期）、老满文与新满文之字母，梳理分析
蒙古文和满文字母的书写形式及其记音功能的演变轨迹。

一、借用元音字母的特点

近代蒙古文、老满文和新满文之元音字母基本相似，其以相同的字母
拼写相同或相近音值的元音，但新满文添加了圈点以区分元音 a 与元音 e、
元音 o 与元音 u 的字母形式。此外，在发展到新满文的过程中，近代蒙古
文字母也发生了一定形式和功能上的变化。如：蒙古文元音字母 a、e 之词

尾分开书写形式˓，在老满文中仅出现在辅音 y 之后，在新满文中其被√形式所替代；蒙古文以ᠣ形式拼写元音 ö、ü，老满文以ᠣ形式拼写元音 u，新满文以ᠣ形式拼写元音 ū。蒙古文和新老满文元音字母的异同，参见表 3–6。

表 3–6　近代蒙古文（初期）、老满文与新满文元音字母对照表

出现位置	近代蒙古文	罗马字转写	音值	老满文	罗马字转写	音值	新满文	罗马字转写	音值
词头	᠊	a	a	᠊	a	a	᠊	a	a
词中	᠊	a	a	᠊	a	a	᠊	a	a
词尾	√˓	a	a	√˓	a	a	√	a	a

出现位置	近代蒙古文	罗马字转写	音值	老满文	罗马字转写	音值	新满文	罗马字转写	音值
词头	᠊	e	ə	᠊	e	ə	᠊	e	ə
词中	᠊	e	ə	᠊	e	ə	᠊	e	ə
词尾	√˓	e	ə	√˓	e	ə	√˓	e	ə

出现位置	近代蒙古文	罗马字转写	音值	老满文	罗马字转写	音值	新满文	罗马字转写	音值
词头	᠊	i	i	᠊	i	i	᠊	i	i
词中	᠊	i	i	᠊	i	i	᠊	i	i
词尾	᠊	i	i	᠊	i	i	᠊	i	i

出现位置	近代蒙古文	罗马字转写	音值	老满文	罗马字转写	音值	新满文	罗马字转写	音值
词头	᠊	o u ö ü	ɔ ʊ o u	᠊	o ū u	ɔ u	᠊ ᠊	o（ᠣ） u（ᠣ）	ɔ u
词中	᠊	o u ö ü	ɔ ʊ o u	᠊	o ū u	ɔ ʊ u	᠊	o（ᠣ） u（ᠣ）	ɔ u
词尾	᠊	u ü	ʊ u	᠊	o ū u	ɔ ʊ u	᠊	o（ᠣ） u（ᠣ）	ɔ u

续表

出现位置	近代蒙古文	罗马字转写	音值	老满文	罗马字转写	音值	新满文	罗马字转写	音值
词头		ö ü	o u		u	u		ū	ᴑ
词中		ö ü	o u		u	u		ū	ᴑ
词尾		ü	u		u	u		ū	ᴑ

近代蒙古文、老满文及新满文以相同的文字符号拼写相同和相近音值的元音音位。现对三者之间不同字母或相同字母间的差异做进一步分析说明如下：

1. 在少数词语中，老满文沿用了近代蒙古文中元音 a 在词尾 na、ma、la、qa、γa、ra 等音节中的分开书写形式，而新满文则完全舍弃了老满文中元音字母 a 的这种词尾分开书写形式。如：

近代蒙古文：（aqa）"哥哥"（档案 8–11）、（tabuna）"五"（老档 7–372–2）、（γadana）"在外"（汇编 1–7–2）。老满文：（hiya）"侍卫"（原档 1–2–2）、（minggana）"一千"（原档 1–7–10）、（nimaha）"鱼"（原档 6–231–9）、（cooha）"兵丁"（原档 1–4–8）、（alara）"告"（原档 1–4–9）。新满文：（aha）"奴才"、（alara）"告"。

2. 与元音 a 的书写形式相似，在少数词语中，老满文沿用了近代蒙古文中元音 e 在词尾 ne、me、le、re 等音节中的分开书写形式。如：

近代蒙古文：（nigene）"一"（汇编 1–11–1）、（öggüle）"给了"（档案 29–9）。老满文：（beye）"身体"（原档 1–3–2）、（ejeme）"记录"（原档 1–61–5）、（beile）"贝勒"（原档 1–6–4）、（hendume）"讲"（原档 1–6–9）。

与老满文不同，新满文中元音 e 之词尾书写形式有√、ʋ、ɔ、ɔ，而其用法也有明确的区分。在新满文中，ɔ 形式用于辅音 b、p 之后，ɔ 形式用于辅音 k、g、h 之后，√ 形式用于辅音 d、t 之后，其他辅音之后则使用 ʋ 形式。如：

老满文：ᠠᡤᡝ（age）"阿哥"，ᡩᠠᡩᡝ（dade）"起初，原来"，ᠪᡝᠯᡝ（bele）"米"。新满文：ᠠᡤᡝ（age）"阿哥"，ᡩᠠᡩᡝ（dade）"起初，原来"，ᠪᡝᠯᡝ（bele）"米"。

在《满文原档》所载的蒙古文档案中，词尾元音 a、e 的书写形式有√形式和分开书写的ᠵ形式两种。如：ᡝᠮᡝ（eme）"母"（原档 5–124–4）、ᡝᠮᡝ（eme）"母"（原档 8–303–5）；ᡤᡝᡨᡝᠯᡝ（getele）"但"（原档 5–45–5）、ᡤᡝᡨᡝᠯᡝ（getele）"但"（原档 7–357–2）；ᠰᠠᠷᠠ（sara）"月"（原档 7–351–3）、ᠰᠠᡵᠠ（sara）"月"（原档 7–359–3）；ᠴᠣᡳᠨᠠ（qoina）"之后"（原档 5–45–6）、ᡥᠣᡳᠨᠠ（hoina）"之后"（原档 5–124–7）；ᠴᠠᠯᠬᠠ（qalqa）"喀尔喀"（原档 5–45–8）、ᠴᠠᠯᠬᠠ（qalqa）"喀尔喀"（原档 7–376–2）；ᡝᠰᡝ（ese）"无"（原档 4–68–5）、ᡝᠰᡝ（ese）"无"（原档 5–124–6）。

3. 在词头，近代蒙古文以ᠣ形式拼写元音 o、u、ö、ü，老满文以ᠣ形式拼写元音 o、ū、u，新满文则以ᠣ、ᠣ形式分别拼写满语元音 o、u。如：

近代蒙古文：ᠣᠷᠤᠪᠠᠴᡳ（orubači）"若投降"（原档 8–298–9）、ᡠᠯᡠᠰ（ulus）"国民"（原档 8–298–9）、ᠥᠷᡡᠰᡳᠶᡝᠵᡠ（örüsiyejü）"慈爱"（原档 4–69–2）、ᡠᠵᡝᠪᡝ（üjebe）"看"（原档 10–31–2）。老满文：ᠣᡵᡥᠣ（orho）"草"（原档 1–63–1）、ᡠᡵᡝᠨ（ūren）"牌位"（原档 1–309–7）、ᡠᡳᠯᡝ（uile）"罪"（原档 1–60–7）。新满文：ᡠᡳᠯᡝ（uile）"罪"、ᠣᡵᡥᠣ（orho）"草"。

在词中，近代蒙古文以ᠣ形式拼写元音 o、u、ö、ü，老满文以ᠣ形式拼写元音 o、ū、u，新满文则以ᠣ、ᠣ形式分别拼写满语元音 o、u。如：

近代蒙古文：ᠨᠣᠶᠠᠨ（noyan）"官员"（原档 8–297–5）、ᠰᠠᠶᡠᠴᡠ（sayuqu）"居住"（原档 7–359–2）、ᡩᠥᠪᡝᠨ（döben）"四"（原档 7–357–6）、ᡨᡠᠰᡳᠵᡠ（tüsijü）"依靠"（原档 4–69–02）。老满文：ᠵᠠᡴᡡᠨ（jakūn）"百"（原档 1–61–2）、ᡨᠣᡶᠣᡥᠣᠨ（tofohon）"十五"（原档 1–89–5）、ᠰᠠᠪᡠᡶᡳ（sabufi）"见"（原档 1–85–1）。新满文：ᡨᠣᡶᠣᡥᠣᠨ"十五"（tofohon）、ᠰᠠᠪᡠᡶᡳ（sabufi）"见"。

在词尾，近代蒙古文以ᠣ、ᠣ形式拼写元音 u，老满文以ᠣ、ᠣ形式拼写元音 ū、o、u，新满文则以ᠣ、ᠣ形式拼写元音 o，以ᠣ、ᠣ、ᠣ形式拼写元音 u。如：

近代蒙古文：ᠠᠯᠠᠬᠤ（alaqu）"杀"（原档 5–45–4）、ᠶᠠᠪᠤ（yabu）"行走"
（原档 6–327–7）；老满文：ᠠᡴᡡ（akū）"无"（原档 1–61–10）、ᠴᠣᡴᠣ（coko）
"鸡"（原档 1–89–9）、ᡤᡠᠴᡠ（gucu）"朋友"（原档 1–89–10）。新满文
以ᠣ、ᠥ拼写元音 o 时，ᠣ用于辅音 b、p 之后，ᠥ用于其他辅音之后。如：ᡥᠠᠪᠣ
（habo）"棺材"、ᠪᠣᠰᠣ（boso）"布"、ᠰᠣᠯᠣ（solo）"参须"、ᡥᠣᠯᠣ（holo）"谎"。
新满文以ᡠ、ᡠ̇、ᡠ、ᡠ拼写元音 u 时，ᡠ用于辅音 k、g、h 之后，ᡠ̇用于辅音 b、
p 之后，ᡠ用于辅音 t、d 之后，ᡠ用于其他辅音之后。如新满文：ᡨᡝᡴᡠ（teku）
"秋千"、ᠰᠠᠪᡠ（sabu）"鞋"、ᡠᠮ᫪ᡠ（umpu）"山楂"、ᡩᡠᡨᡠ（dutu）"聋
子"、ᡶᠠᡩᡠ（fadu）"荷包"、ᡳᠨᡠ（inu）"是"、ᠠᠰᡠ（asu）"网"。

4. 在词头，近代蒙古文以ᡠ形式拼写元音 ö、ü，老满文以ᡠ形式拼写
元音 u，新满文则以ᡠ形式拼写元音 ū。如：

近代蒙古文：ᠥᠰᠢᠶᡝ（ösiye）"仇恨"（原档 9–212–6）、ᡠᡤᡝ（üge）"言
语"（原档 5–117–7）。老满文：ᡠᡵᡠᠯᡝᠯᡝ（urulele）"赞同"（原档 1–81–4）、
ᡠᡧᠠᡵᠠ（ušara）"伤心"（原档 1–82–1）。新满文：ᡡᡵᡝᠨ（ūren）"牌位"。

在词中，近代蒙古文以ᡠ、ᡠ形式拼写元音 ö、ü，老满文以ᡠ形式拼写
元音 u，新满文则以ᡠ形式拼写元音 ū。如：

近代蒙古文：ᠮᠥᠨ（mön）"是"（原档 7–61–6）、ᡴᠥᠮᡠᠨ（kömün）"人"（原
档 8–303–6）、ᠢᠯᡝᡤᡠᡨᡠ（ilegütü）"多余"（原档 8–139–9）、ᠪᠥᡤᡠᡩᡝ（bögüde）"全"
（原档 8–139–10）。老满文：ᡨᡠᠴᡳᠪᡠᡶᡳ（tucibufi）"使出"（原档 1–02–4）、
ᡨᡠᠮᡝᠨ（tumen）"万"（原档 1–2–6）。新满文：ᠠᡥᡡᠨ（ahūn）"兄"、ᠠᡤᡡᡵᠠ（agūra）
"器械"。

在词尾，近代蒙古文以ᡠ、ᡠ形式拼写元音 ü，老满文以ᡠ、ᡠ形式拼写元
音 u，新满文则以ᡡ形式拼写元音 ū。如：

近代蒙古文：ᠥᡤᡴᡠ（ögkü）"给予"（原档 8–30–06）、ᠮᠥᠩᡤᡡ（mönggü）
"银两"（原档 8–139–08）、ᡠᠯᡡ（ülü）"无"（原档 5–45–08）。老满文：
ᠵᠠᡴᡡᠨᠵᡠ（jakūnju）"八十"（3–354–6）、ᡩᡠ（du）"囊"（原档 1–19–6）。
新满文：ᠪᡠᡥᡡ（buhū）"鹿"、ᠠᡴᡡ（akū）"无"。

二、借用辅音字母的特点

与元音字母相比，近代蒙古文、老满文、新满文的辅音字母虽然更多，书写形式及规则亦相对复杂，但其间存在较多的相同点，如表3–7所示。

表3–7　近代蒙古文（初期）、老满文与新满文辅音字母对照表

出现位置	近代蒙古文	罗马字转写	老满文	罗马字转写	新满文	罗马字转写
词头		n		n		n
词中		n		n		n
词尾		n		n		n
出现位置	近代蒙古文	罗马字转写	老满文	罗马字转写	新满文	罗马字转写
词头		b p		b p		b（ᠪ）p（ᠹ）
词中		b		b f		b（ᠪ）
词尾		b		b		b
出现位置	近代蒙古文	罗马字转写	老满文	罗马字转写	新满文	罗马字转写
词头		m		m		m
词中		m		m		m
词尾		m		m		m
出现位置	近代蒙古文	罗马字转写	老满文	罗马字转写	新满文	罗马字转写
词头		l		l		l
词中		l		l		l
词尾		l		l		l

出现位置	近代蒙古文	罗马字转写	老满文	罗马字转写	新满文	罗马字转写
词头	ᠴ ᠴ	č	ᠴ ᠴ	c	ᠴ	c
词中	ᠴ ᠴ	č	ᠴ	c	ᠴ	c
词尾						

出现位置	近代蒙古文	罗马字转写	老满文	罗马字转写	新满文	罗马字转写
词头	ᠵ ᠵ	ǰ (ᠵ) y (ᠵ)	ᠵ	j y	ᠵ ᠵ	j (ᠵ) y (ᠵ)
词中	ᠵ ᠵ	ǰ (ᠵ) y (ᠵ)	ᠵᠵᠵ	j (ᠵ ᠵ) y (ᠵ)	ᠵ ᠵ	j (ᠵ) y (ᠵ)
词尾						

出现位置	近代蒙古文	罗马字转写	老满文	罗马字转写	新满文	罗马字转写
词头						
词中	ᠷ	r	ᠷ	r	ᠷ	r
词尾	ᠷ	r	ᠷ	r	ᠷ	r

出现位置	近代蒙古文	罗马字转写	老满文	罗马字转写	新满文	罗马字转写
词头	ᠰ	s š	ᠰ	s š	ᠰ	s
词中	ᠰ	s	ᠰ	s š	ᠰ	s
词尾	ᠰ	s	ᠰ	s	ᠰ	s

出现位置	近代蒙古文	罗马字转写	老满文	罗马字转写	新满文	罗马字转写
词头					ᠱ	š
词中					ᠱ	š
词尾					ᠱ	š

续表

出现位置	近代蒙古文	罗马字转写	老满文	罗马字转写	新满文	罗马字转写
词头		q γ		k（q）g（G）h（χ）		k（ ）g（ ）h（ ）
词中		q γ		k（q）g（G）h（χ）		k（ ）g（ ）h（ ）
词尾		γ		k		k

出现位置	近代蒙古文	罗马字转写	老满文	罗马字转写	新满文	罗马字转写
词头		k g		k（k）g（g）h（x）		k（ ）g（ ）h（ ）
词中		k g		k（k）g（g）h（x）		k（ ）g（ ）h（ ）
词尾		g		k（k）		k（k）

出现位置	近代蒙古文	罗马字转写	老满文	罗马字转写	新满文	罗马字转写
词头		t d		t d		t（ ）d（ ）
词中		t d		t d		t（ ）d（ ）
词尾		d		t		t

出现位置	近代蒙古文	罗马字转写	老满文	罗马字转写	新满文	罗马字转写
词头		w f		w f		w（ ）f（ ）
词中		w		w f		w（ ）f（ ）
词尾						

出现位置	近代蒙古文	罗马字转写	老满文	罗马字转写	新满文	罗马字转写
词头						
词中		nγ（ng）		ng		ng
词尾		nγ（ng）		ng		ng

注：1. 此形式在音节末尾出现。
2. 此形式为音节末尾辅音形式。

基于以上表格，现对近代蒙古文、老满文及新满文辅音字母的特点做补充说明如下：

1. 在词头，近代蒙古文和老满文以ᠨ、ᠨ形式拼写辅音 n，新满文以ᠨ形式拼写辅音 n。如：

近代蒙古文：ᠨᠢᠭᠡ（nige）"一"（原档 7–313–3）、ᠨᠡᠷᠡ（nere）"名"（原档 4–69–1）。老满文：ᠨᠢᠬᠠᠨ（nihan）"汉人"（原档 1–10–4）、ᠨᠡᠨᠧᠮᠧ（neneme）"事先"（原档 1–14–2）。新满文：ᠨᠢᠬᠠᠨ（nihan）"汉人"、ᠨᠡᠨᠧᠮᠧ（neneme）"事先"。

在词中，近代蒙古文和老满文以ᠨ、ᠨ、ᠨ形式拼写辅音 n，新满文以ᠨ、ᠨ形式拼写辅音 n。如：

近代蒙古文：ᠬᠣᠨᠢ（qoni）"绵羊"（原档 7–376–7）、ᠬᠣᠨᠢ（qoni）"绵羊"（原档 7–355–2）、ᠡᠨᠳᠡ（ende）"在此"（原档 8–315–3）、ᠬᠣᠢᠨᠠ（qoina）"之后"（老档 5–45–6）。老满文：ᠢᠨᠡᠩᡤᡳ（inenggi）"天"（原档 1–5–1）、ᠭᠡᠨᠧᡶᡳ（genefi）"去"（原档 1–4–1）、ᠡᠨᡩᡝᡥᡝᠮᡝ（endeheme）"永远"（原档 1–8–9）、ᠮᡳᠩᡤᠠᠨᠠ（minggana）"一千"（原档 1–7–10）。新满文：ᠢᠨᡝᠩᡤᡳ（inenggi）"天"、ᠡᠨᡩᡝᡥᡝᠮᡝ（endeheme）"永远"。

在词尾，近代蒙古文和老满文以ᠨ形式拼写辅音 n，新满文以ᠨ、ᠨ形式拼写辅音 n。如：

近代蒙古文：ᠦᠨᡝᠨ（ünen）"真实"（原档 5–45–4）、ᠠᠷᠪᠠᠨ（arban）"十"（原档 7–354–3）。老满文：ᠠᠮᠪᠠᠨ（amban）"臣"（原档 1–15–6）、ᠮᡳᠩᡤᠠᠨ（minggan）"千"（原档 1–15–1）。新满文：ᠠᠮᠪᠠᠨ（amban）"臣"、ᡥᠠᠨ（han）"汗"。

2. 在词头，近代蒙古文以ᠪ形式拼写辅音 b，老满文以ᠪ形式拼写辅音 b、p，新满文以ᠪ形式拼写辅音 b，以ᠪ形式拼写辅音 p。如：

近代蒙古文：ᠪᠠᠰᠠ（basa）"又"（原档 5–124–4）、ᠪᠡᠷᡴᡝ（berke）"困难"（原档 8–302–2）。老满文：ᠪᡳᡨᡥᡝ（bithe）"信笺"（原档 1–143–10）、ᠪᡝᡩᡝᡵᡝᡶᡳ（bederefi）

"返回"（原档1–142–2）、（poo）"炮"（原档1–42–1）。新满文：（bithe）"信笺"、（poo）"炮"。

在词中，近代蒙古文以形式拼写辅音b，老满文以形式拼写辅音b、f，新满文以形式拼写辅音b。如：

近代蒙古文：（qabur）"春"（原档7–370–5）、（tabu）"五"（原档7–359–4）。老满文：（dobori）"夜间"（原档1–188–5）、（abka）"天"（原档1–188–5）、（gaifi）"拿"（原档1–188–4）。新满文：（dobori）"夜间"、（abka）"天"。

在词尾，近代蒙古文以、形式拼写辅音b，老满文和新满文均以形式拼写辅音b。如：

近代蒙古文：（jöb）"正确"（原档9–443–8）、（jöb）"正确"（原档8–301–7）。老满文：（tob）"正"（原档2–402–9）。新满文：（tob）"正"。

3.在词头，近代蒙古文、老满文和新满文均以形式拼写辅音m。如：

近代蒙古文：（mal）"牲畜"（原档7–373–3）、（mendü）"平安"（原档7–386–2）。老满文：（minggan）"千"（原档1–44–9）、（monggo）"蒙古"（原档1–44–9）。新满文：（minggan）"千"（原档1–44–9）、（monggo）"蒙古"。

在词中，近代蒙古文、老满文和新满文均以形式拼写辅音m。如：

近代蒙古文：（temege）"骆驼"（原档7–359–3）、（kömön）"人"（原档8–139–7）。老满文：（amba）"大"（原档1–67–3）、（erdemu）"德"（原档1–67–5）。新满文：（amba）"大"、（erdemu）"德"。

在部分词语中，老满文沿用近代蒙古文书写形式，而新满文则舍弃了此书写形式。如：

近代蒙古文：（eme）"妻"（老档8–322–3）（档案161–7）。老满文：（ejeme）"记录"（原档1–61–5）。新满文：（ejeme）"记录"。

在词尾，近代蒙古文、老满文和新满文均以形式拼写辅音m。如：

近代蒙古文：（genem）"叫作"（原档5–117–7）、（gem）"弊

病"（原档 5–45–5）。新满文：ᠵᡝᡵᠢᠮ（jerim）"哲里木"、ᠰᠠᡳᡵᡳᠮ（sairim）"赛里木"。在《满文原档》中还有将蒙古人名ᠰᠣᠨᠣᠮ（sonom）写作ᠰᠣᠨᠣᠨ（sonon）（原档 2–500–4）的情况。

4. 在词头，近代蒙古文、老满文和新满文均以ᠯ形式拼写辅音 l。如：

近代蒙古文：ᠯᠠᠪᡩᠠ（labda）"确信"（原档 7–372–3）、ᠯᠠᠩ（lang）"两"（原档 8–140–2）。老满文：ᠯᡳᠣᡩᠣᠨ（liodon）"辽东"（原档 2–273–2）、ᠯᠠᡴᠴᠠᡵᠠᡴᡡ（lakcarakū）"不断"（原档 2–267–1）。新满文：ᠯᠠᠮᡠᠨ（lamun）"深蓝"、ᠯᠠᡴᠴᠠᡵᠠᡴᡡ（lakcarakū）"不断"。

在词中，近代蒙古文、老满文和新满文均以ᠯ形式拼写辅音 l。如：

近代蒙古文：ᠲᠠᠣᠯᠠᡳ（taolai）"兔子"（原档 8–140–1）、ᠡᠯᠴᡳ（elči）"使者"（原档 5–323–4）。老满文：ᠢᠯᠠᠨ（ilan）"三"（原档 2–420–4）、ᠣᠯᠵᡳ（olji）"战获"（原档 2–420–6）。新满文：ᠢᠯᠠᠨ（ilan）"三"、ᠣᠯᠵᡳ（olji）"战获"。

近代蒙古文中还有以ᠯ形式拼写词中位置辅音 l 的现象，但新老满文均舍弃此书写形式，如：

近代蒙古文：ᠥᡤᡤᡡᠯᡝ（öggüle）"给了"（档案 29–9）。老满文：ᠨᡳᠶᠠᠯᠮᠠ（niyalma）"人"（原档 5–74–3）。新满文：ᠨᡳᠶᠠᠯᠮᠠ（niyalma）"人"。

在词尾，近代蒙古文、老满文和新满文均以ᠯ形式拼写辅音 l。如：

近代蒙古文：ᠮᠠᠯ（mal）"牲畜"（原档 7–373–3）、ᠳᡝᡤᡝᠯ（degel）"衣服"（原档 6–327–7）。老满文：ᡥᠠᠩᡤᠠᠯ ᡨᠠᡳᠵᡳ（hanggal taiji）"杭噶勒台吉"（原档 1–300–2）、ᠰᡝᡨᡴᡳᠯ ᡨᠠᡳᠵᡳ（setkil taiji）"色特奇尔台吉"（原档 1–323–8）。新满文：ᠪᠠᡵ ᡴᡠᠯ（bar kul）"巴里坤"、ᠰᡝᡵᡝᡴᡠᠯ（serekul）"色呼库勒"。

5. 在词头，近代蒙古文和老满文以ᠰ形式拼写辅音 s、š，而新满文则以ᠰ形式拼写辅音 s，另以ᡧ形式拼写辅音 š。如：

近代蒙古文：ᠰᠠᠨᠠ（sana）"思念"（原档 7–40–05）、ᡧᠠᠰᡳᠨ（šasin）"宗教"（原档 9–443–7）。老满文：ᠰᡠᠨᠵᠠ（sunja）"五"（原档 1–7–2）、ᡧᠠᠩᡤᡳᠶᠠᠨ（šanggiyan）"白"（原档 1–10–12）、ᡧᠣᡶᡳ（šofi）"刮"（原档 1–10–13）。新满文：ᠰᡠᠨᠵᠠ（sunja）"五"、ᡧᠠᠩᡤᡳᠶᠠᠨ（šanggiyan）"白"。

在词中，近代蒙古文以✦形式拼写辅音 s，老满文以✦形式拼写辅音 s、š，新满文则以✦形式拼写辅音 s，另以✦形式拼写辅音 š。如：

近代蒙古文：✦✦（bisi）"否"（原档 6–343–6）、✦✦✦（bosču）"起身"（原档 7–400–2）。老满文：✦✦✦✦✦（saišafi）"夸奖"（原档 1–4–6）、✦✦（jušen）"女真"（原档 1–6–8）。新满文：✦✦✦✦✦（saišafi）"夸奖"、✦✦✦（jušen）"女真"。

在部分词语中，为了区分辅音字母 s 和 š 的书写形式，老满文多用✦形式拼写满语辅音 š，如：✦✦✦（šun）"太阳"（原档 1–7–5）、✦✦✦✦✦✦（šusihiyame）"鞭策"（原档 1–8–2）、✦✦✦（šušu）"高粱"（原档 2–78–7）。

在词尾，近代蒙古文和老满文以✦、✦形式拼写辅音 s，新满文以✦形式拼写辅音 s。如：

近代蒙古文：✦✦✦（olos）"众人"（原档 7–351–4）、✦✦✦✦（jobkis）"方位"（原档 3–2–1）。老满文：✦✦✦✦（cinggis）"成吉思"（原档 1–300–4）、✦✦✦✦（ordos）"鄂尔多斯"（原档 1–139–4）、✦✦✦✦（cinggis）"成吉思"（原档 2–65–2）。新满文：✦✦✦✦（cinggis）"成吉思"、✦✦✦✦（ordos）"鄂尔多斯"。

6. 在词头，近代蒙古文和老满文以✦形式拼写辅音 t、d，新满文则以✦、✦形式拼写辅音 t，以✦、✦形式拼写辅音 d。如：

近代蒙古文：✦✦✦✦（tabun）"五"（原档 5–124–5）、✦✦✦（tegri）"苍天"（原档 7–157–4）、✦✦✦✦✦（daisun）"敌人"（原档 7–157–6）、✦✦✦✦✦（dailaqu）"征伐"（原档 7–157–6）。老满文：✦✦✦✦✦（tumen）"万"（原档 1–319–1）、✦✦✦（terei）"其"（原档 1–319–1）、✦✦✦✦✦（dojici）"听"（原档 1–319–2）、✦✦✦（dehi）"四十"（原档 1–319–1）。新满文：✦✦✦✦（tacin）"学问"、✦✦✦✦（tembi）"坐"、✦✦✦（daci）"原来"、✦✦✦✦（dergi）"东"。

在词中，近代蒙古文和老满文以✦、✦形式拼写辅音 t、d，其中✦为蒙古语音节末尾辅音 d 和老满文音节末尾辅音 t 的书写形式。新满文则以✦、✦形式拼写辅音 t，以✦、✦形式拼写辅音 d，以✦拼写音节末尾辅音 t。如：

近代蒙古文：✦✦✦✦✦（baɣatur）"英雄"（原档 5–124–5）、✦✦✦✦（kitad）"汉人"

（原档 7–157–4）、ᠪᠢᠳᠡᠨ（biden）"我们"（原档 7–157–4）、ᠡᠪᠳᠡᠭᠰᠡᠨ（ebdegsen）"毁坏"（原档 7–157–6）、ᠨᠢᠭᠡᠳᠪᠡ（nigedbe）"统一"（原档 7–313–2）、ᠰᠡᠳᠬᠢᠯ（sedkil）"心"（原档 4–69–6）。老满文：ᡥᠣᡨᠣᠨ（hoton）"城"（原档 1–224–5）、ᡤᡳᡩᠠᡶᡳ（gidafi）"压"（原档 1–239–6）、ᡨᡠᡨᡨᡠ（tuttu）"那么"（原档 1–233–4）。新满文：ᠪᠠᡳᡨᠠ（baita）"事"、ᡝᠮᡨᡝ（emte）"各一"、ᠪᡠᡩᠠ（buda）"饭"、ᡝᡩᡝ（ede）"加上"、ᠪᡳᡨᡥᡝ（bithe）"书"。

在词尾，近代蒙古文以ᠳ、ᡳ形式拼写辅音 d，老满文和新满文以ᠳ形式拼写音节末尾辅音 t。如：

近代蒙古文：ᠬᠠᠳ（qad）"诸汗"（原档 5–45–3）、ᠨᠣᠶᠠᠳ（noyad）"诸王"（原档 7–358–3）、ᡝᠳ（ed）"财务"（原档 10–30–8）。老满文：ᠵᠠᡵᡠᡨ（jarut）"扎鲁特"（原档 1–323–6）、ᡨᡠᠮᡝᡨ（tumet）"土默特"（原档 1–319–3）。新满文：ᠵᠠᡵᡠᡨ（jarut）"扎鲁特"、ᡨᡠᠮᡝᡨ（tumet）"土默特"。

7. 在词头，近代蒙古文以ᠴ、ᡳ形式拼写辅音 č，老满文以ᠴ、ᡳ形式拼写辅音 c，新满文以ᡳ形式拼写辅音 c。如：

近代蒙古文：ᠴᠡᠷᠢᠭ（čerig）"军"（原档 5–45–9）、ᠴᠡᠷᠢᠭ（čerig）"军"（原档 7–376–9）。老满文：ᠴᠣᠣᡥᠠ（cooha）"兵"（原档 1–225–1）、ᠴᠣᠣᡥᠠ（cooha）"兵"（原档 1–215–1）。新满文：ᠴᠣᠣᡥᠠ（cooha）"兵"、ᠴᠣᠯᠣ（colo）"号"。

在词中，近代蒙古文以ᠴ、ᡳ形式拼写辅音 č，老满文以ᡳ形式拼写辅音 c，新满文以ᡳ形式拼写辅音 c。如：

近代蒙古文：ᠪᡳᠴᡳᠭ（bičig）"文书"（原档 10–31–2）、ᠪᡳᠴᡳᠭ（bičig）"文书"（原档 8–302–2）。老满文：ᠠᡳᠨᠴᡳ（ainci）"如何"（原档 1–214–4）、ᡨᡝᡵᡝᠴᡳ（tereci）"从此"（原档 1–216–6）。新满文：ᠠᡳᠨᠴᡳ（ainci）"如何"、ᡨᡝᡵᡝᠴᡳ（tereci）"从此"。

8. 在词头，近代蒙古文以ᡵ形式拼写辅音 j，以ᡵ形式拼写辅音 y，老满文以ᡵ形式拼写辅音 j、y，新满文以ᡵ形式拼写辅音 j，以ᡵ形式拼写辅音 y。如：

近代蒙古文：ᠵᠠᡵᠯᡳᠭ（jarliγ）"命令"（原档 8–322–2）、ᠶᠠᠯᠠ（yala）"罪"（原档 8–323–3）。老满文：ᠵᠠᡳ（jai）"再"（原档 1–41–3）、ᠵᠠᡶᠠᡶᡳ（jafafi）"抓"（原档 1–41–4）、ᠶᠠᠯᡠᡶᡳ（yalufi）"骑"（原档 1–41–4）、ᠶᡝᡥᡝ（yehe）

"叶赫"（原档 1–14–8）。新满文：ᡬ（jai）"再"、ᡪᠠᡶᠠᡶᡳ（jafafi）"抓"、ᠶᠠᠯᡠᡶᡳ（yalufi）"骑"、ᠶᡝᡥᡝ（yehe）"叶赫"。

在词中，近代蒙古文以ᡪ形式拼写辅音 j，以ᠶ形式拼写辅音 y，老满文以ᠶ、ᡪ形式拼写辅音 j，以ᠶ形式拼写辅音 y，新满文以ᠶ形式拼写辅音 y。如：

近代蒙古文：ᠦᡪᡝᠪᡝ（üjebe）"看了"（原档 10–31–1）、ᡴᡝᠯᡝᠯᠴᡝᡪᡠ（kelelčejü）"谈话"（原档 7–158–1）、ᠨᠣᠶᠠᡩ（noyad）"诸王"（原档 7–354–2）。老满文：ᡨᠠᡳᡪᡳ（taiji）"台吉"（原档 1–216–6）、ᠰᠣᠨᡪᠣᠮᡝ（sonjome）"选择"（原档 1–91–1）、ᠠᡪᡳᡤᡝ（ajige）"小"（原档 1–19–11）、ᠨᡳᠶᠠᠯᠮᠠ（niyalma）"人"（原档 1–215–4）、ᡨᡠᡴᡳᠶᡝᠮᡝ（tukiyeme）"举"（原档 1–224–4）。新满文：ᠨᡳᠶᠠᠯᠮᠠ（niyalma）"人"、ᡨᡠᡴᡳᠶᡝᠮᡝ（tukiyeme）"举"。

此外，在部分词语中，老满文沿用近代蒙古文书写形式ᡝ，而新满文则舍弃此书写形式。如：

近代蒙古文：ᡝᠶᡝ（üye）"时候，关节"（汇编 1–9–4）。老满文：ᠪᡝᠶᡝ（beye）"自己"（原档 1–27–9）。新满文：ᠪᡝᠶᡝ（beye）"自己"。

9. 在词头，近代蒙古文以ᠺ形式拼写辅音 γ、q，老满文以ᠺ形式拼写辅音 k（q）、g（ɢ）、h（χ），新满文以ᠺ形式拼写辅音 k（q），以ᡤ形式拼写辅音 g（ɢ），以ᡥ形式拼写辅音 h（χ）。如：

近代蒙古文：ᠺᠠᠭᠠᠨ（qaγan）"皇帝"（原档 4–69–1）、ᠭᡠᠷᠪᠠ（γurba）"三"（原档 7–356–1）。老满文：ᡴᠣᠣᠯᡳ（kooli）"例律"（原档 1–43–10）、ᡴᠠᠷᡠᠯᠠᠮᡝ（karulame）"回报"（原档 1–44–2）、ᡤᠠᡳᡶᡳ（gaifi）"拿"（原档 1–40–10）、ᡤᡡᠨᡳᠷᡝ（gūnire）"思虑"（原档 1–41–10）、ᡥᠣᡨᠣᠨ（hoton）"城"（原档 1–40–1）、ᡥᠠᠪ�šᠠᠮᡝ（habšame）"告"（原档 1–40–6）。新满文：ᡴᠣᠣᠯᡳ（kooli）"例律"、ᡴᠠᠷᡠᠯᠠᠮᡝ（karulame）"回报"、ᡤᠠᡳᡶᡳ（gaifi）"拿"、ᡤᡡᠨᡳᠷᡝ（gūnire）"思虑"、ᡥᠣᡨᠣᠨ（hoton）"城"、ᡥᠠᠪšᠠᠮᡝ（habšame）"告"。

在词中，近代蒙古文以ᠷ形式拼写辅音 γ、q，老满文以ᠷ、ᠺ形式拼写辅音 k（q）、g（ɢ）、h（χ），新满文以ᠷ、ᡤ形式拼写辅音 k（q），以ᡤ形式拼写辅音 g（ɢ），以ᡥ形式拼写辅音 h（χ）。如：

近代蒙古文：ᠴᠠᠭᠠᠷ（čaqar）"察哈尔"（原档 5–45–4）、ᠪᠠᠶᠠᠭᠠᠨ（baγaqan）"略小"

（原档 8–306–1）、ᡐᠣᡳᠯᡍᠠᠶᠰᠠᠨ（bailγaγsan）"使停"（原档 7–371–4）、ᡍᠠᠶᠠᠨ（qaγan）"帝王"（原档 4–69–1）、ᡁᠨᠠᠶᠰᠢ（inaγsi）"向这儿"（原档 9–443–8）、ᠠᠶᡐᠠ（aγta）"骏马"（原档 8–313–4）。老满文：ᡠᡴᠠᠮᡝ（ukame）"逃跑"（原档 1–54–10）、ᠵᠠᡴᡡᠨ（jakūn）"八"（原档 1–52–13）、ᠪᠣᡴᡩᠠ ᠪᡝᡳᠯᡝ（bokda beile）"布格达贝勒"（原档 1–05–09）、ᠠᡴᡩᡠᠨ（akdun）"坚固"（原档 1–5–13）、ᠰᠠᡵᡎᠠᠨ（sargan）"妻"（原档 1–45–4）、ᠮᡳᠩᡤᠠᠨ（minggan）"千"（原档 1–44–9）、ᡠᠯᡥᠠ（ulha）"牲畜"（原档 1–45–3）、ᠴᠣᠣᡥᠠ（cooha）"兵丁"（原档 1–44–8）。新满文：ᡠᡴᠠᠮᡝ（ukame）"逃跑"、ᠵᠠᡴᡡᠨ（jakūn）"八"、ᡠᡴᠰᡳᠨ（uksin）"甲"、ᠠᡴᡩᡠᠨ（akdun）"坚固"、ᠰᠠᡵᡎᠠᠨ（sargan）"妻"、ᠮᡳᠩᡤᠠᠨ（minggan）"千"、ᡠᠯᡥᠠ（ulha）"牲畜"、ᠴᠣᠣᡥᠠ（cooha）"兵丁"。

在部分词语中，老满文沿用近代蒙古文书写形式ᠵ、ᠶ，而新满文则舍弃此书写形式。如：

近代蒙古文：ᠻᠣᠮᠻᠠ（qomqa）"脸盆"（汇编 2–163–4）、ᠤᠻᠠᠻᠠ（uqaqa）"神经"（汇编 7–76–3）、ᠠᠻᠠ（aqa）"兄"（档案 8–8）。老满文：ᠨᡳᠮᠠᡥᠠ（nimaha）"鱼"（原档 6–231–9）、ᡥᠣᠨᡩᠠᡥᠠ（hondaha）"酒盅"（原档 6–349–6）、ᠮᡳᠩᡤᠠ（mingga）"千"（原档 7–191–7）（原档 1–240–2）、ᠠᠩᡤᠠ（angga）（人名）（原档 1–314–3）。新满文：ᠠᠮᠠᡥᠠ（amaha）"岳父"、ᠠᠮᠠᡤᠠ（amaga）"之后"。

在词尾，近代蒙古文以ᠵ形式拼写辅音γ，老满文以ᠵ形式拼写辅音 k（q），新满文以ᠰ形式拼写辅音 k（q）。如：

近代蒙古文：ᠵᠠᡵᠯᡳᠭ（jarliγ）"命令"（原档 6–327–3）、ᠵᠣᠯᡳᠭ（joliγ）"替代品"（原档 8–323–2）。老满文：ᠪᠠᡴ ᠪᡝᡳᠯᡝ（bak beile）"巴克贝勒"（原档 1–323–5）。新满文：ᠣᡴ, ᠰᡝᠮᡝ（ok seme）"呕吐声"、ᠯᠠᡴ, ᠰᡝᠮᡝ（lak seme）"恰好"。

10. 在词头，近代蒙古文以ᠻ形式拼写辅音 k、g，老满文以ᠻ形式拼写辅音 k（k）、g（g）、h（x），新满文以ᠻ形式拼写辅音 k（k），以ᠬ形式拼写辅音 g（g），以ᠬ形式拼写辅音 h（x）。如：

近代蒙古文：（ken）"谁"（原档 7-351-8）、（ger）"房"（原档 7-356-2）。老满文：（kundulen）"重"（原档 1-4-6）、（kemuni）"业已"（原档 1-6-8）、（geren）"众"（原档 1-3-3）、（gebu）"名"（原档 1-3-4）、（henduhe）"曰"（原档 1-03-05）、（hehe）"女人"（原档 1-11-2）。新满文：（kundulen）"重"、（kemuni）"业已"、（geren）"众"、（gebu）"名"、（henduhe）"曰"、（hehe）"女人"。

在词中，近代蒙古文以形式拼写辅音 k、g，老满文以形式拼写辅音 k（k）、g（g）、h（x），新满文以形式拼写辅音 k（k），以形式拼写辅音 g（g），以形式拼写辅音 h（x）。如：

近代蒙古文：（kürkü）"到达"（原档 7-355-4）、（degü）"弟"（原档 9-443-9）。老满文：（hengkileme）"叩拜"（原档 1-39-9）、（fenksire）"跑"（原档 1-55-8）、（teksileme）"平分"（原档 1-60-40）、（ninggun）"六"（原档 1-38-10）、（manggi）"之后"（原档 1-39-9）、（buhe）"给了"（原档 1-40-1）、（hehe）"女人"（原档 1-11-2）。新满文：（hengkileme）"叩拜"、（jekube）"把米"（原档 1-59-6）、（ninggun）"六"、（manggi）"之后"、（buhe）"给了"、（hehe）"女人"。

在词尾，近代蒙古文以形式拼写辅音 g，老满文以形式拼写辅音 k（k），新满文以形式拼写辅音 k（k）。如：

近代蒙古文：（bičig）"文书"（原档 10-31-2）、（beleg）"礼物"（原档 9-213-4）。老满文：（sihūnek）（人名）（原档 2-53-1）。新满文：（ek seme）"厌烦"。

11. 在词中，近代蒙古文、老满文和新满文均以形式拼写辅音 r。如：

近代蒙古文：（dörben）"四"（原档 7-357-6）、（arban）"十"（原档 7-357-2）。老满文：（takūraha）"派遣"（原档 1-2-6）、（geren）"众多"（原档 1-3-5）。新满文：（takūraha）"派遣"、（geren）"众多"。

在词尾，近代蒙古文、老满文和新满文均以ᠷ形式拼写辅音 r。如：

近代蒙古文：ᠲᠠᠪᠳᠤᠭᠠᠷ（tabduɣar）"第五"（原档 7–357–6）、ᠬᠣᠶᠠᠷ（qoyar）"二"（原档 7–357–6）。老满文：ᠴᠠᠬᠠᠷ（cahar）"察哈尔"（原档 1–300–2）、ᡥᠣᠩᡤᠣᠷ（honggor）"宏格尔"（原档 1–45–2）。新满文：ᠴᠠᠬᠠᠷ（cahar）"察哈尔"、ᡩᠠᡥᡡᠷ（dahūr）"达呼尔"。

12. 在词中，近代蒙古文、老满文和新满文均以ᠩ形式拼写辅音 ng（nɣ）。如：

近代蒙古文：ᠡᠩᠬᠡ（engke）"平安"（原档 4–68–07）、ᠶᠠᠩᠰᠢᠮᠤ（yanɣsimu）"杨喜木"（原档 7–374–6）。老满文：ᡨᠠᠩᡤᡡ（tanggū）"百"（原档 1–2–4）、ᠮᡳᠩᡤᠠᠨ（minggan）"千"（原档 1–4–8）。新满文：ᡨᠠᠩᡤᡡ（tanggū）"百"、ᠮᡳᠩᡤᠠᠨ（minggan）"千"。

在词尾，近代蒙古文以ᠩ、ᠨᠩ形式拼写辅音 ng（nɣ），老满文和新满文以ᠩ形式拼写辅音 ng。如：

近代蒙古文：ᠠᠮᠤᠭᠤᠯᠠᠩ（amuɣulanɣ）"和平"（原档 9–211–1）、ᡩᠦᠨ ᡩᠠᠶᡳᠴᡳᠩ（dunɣ daičinɣ）（人名）（原档 7–399–3）。老满文：ᡤᡠᠶᠠᠩ（guyang）"古英"（原档 1–5–10）、ᠸᠠᠩ（wang）"王"（原档 1–10–13）。新满文：ᡠᠩ（ung）"钟响声"、ᡨᡠᠩ（tung）"打鼓声"。

13. 在词头，近代蒙古文、老满文均以ᠸ形式拼写辅音 w、f，新满文以ᠸ形式拼写辅音 w，以ᡶ、ᡶ形式拼写辅音 f。如：

近代蒙古文：ᠸᠠᠩ（wang）"王"（文书 220–1）、ᡶᡳᠯᠠ（fila）"碟"（文书 348–17）。老满文：ᠸᠠᠨᠯᡳ ᡥᠠᠨ（wanli han）"万历汗"（原档 1–11–5）、ᠸᠠᠯᡳᠶᠠᠪᡠᡥᠠ（waliyabuha）"已丢"（原档 1–11–5）、ᡶᡠᠯᡠ（fulu）"多余"（原档 1–12–3）、ᡶᡝᠵᡳᠯᡝ（fejile）"之下"（原档 1–13–5）。新满文：ᠸᠠᠮᠪᡳ（wambi）"杀死"、ᡶᡝᠵᡳᠯᡝ（fejile）"之下"。

在词中，近代蒙古文以ᠸ形式拼写辅音 w，老满文以ᠸ形式拼写辅音 w、f，新满文以ᠸ形式拼写辅音 w，以ᡶ、ᡶ形式拼写辅音 f。如：

近代蒙古文：ᠲᠠᠸᠠᠷ（tawar）"财务"（原档 10–30–8）、ᠰᡠᠸᠠᠰᡩᡳ（suwasdi）"繁荣"（原档 9–211–1）。老满文：ᠵᡠᠸᠠᠨ（juwan）"十"（原档 1–13–2）、

ᡥᠣᠮᠴᠣᠨ（suifun）"绥芬"（原档 1–16–6）。新满文：ᠲᡠᠸᡝᡵᡳ（tuweri）"冬"、ᡝᡶᡳᠮᠪᡳ（efimbi）"玩耍"。

通过以上的对比分析就可以发现，老满文在仿效近代蒙古文方面有以下特点：

首先，老满文基本沿用了近代蒙古文的字母符号及书写规则。如，老满文的基本字母及书写规则不仅与近代蒙古文基本相同，而且沿用了ᠰ（词尾辅音 s）、ᠩ（词尾辅音 nɣ/ng）等近代蒙古文较少使用的字母符号。

其次，老满文舍弃了近代蒙古文的部分书写规则。如，老满文较少使用近代蒙古文中ᠵ、ᠵ、ᠵ、ᠵ、ᠵ等书写形式，而多用ᠨ、ᠨ、ᠨ、ᠨ、ᠨ等书写形式。新满文则完全舍弃近代蒙古文中ᠵ、ᠵ、ᠵ、ᠵ、ᠵ等书写形式。

此外，老满文试图创造新的字母符号或书写规则。如上所述，在部分词语中，为了弥补近代蒙古文不区分书写辅音字母 s 和 š 的缺陷，老满文使用ᡧ形式拼写满语辅音 š。

第四章

满文对蒙古文的影响

在清代，满文和满语有着特殊地位，满文被尊为"国书"，满语被尊为"国语"。入关后，清朝统治者为保持其民族特色，巩固其统治，全面推行"国语骑射"教育。清廷设立的各类学校，除骑马射箭之外，还重点教习满语、满文。如，《清世宗实录》有载："满洲旗分幼童，教习满书满语；蒙古旗分幼童，教习满洲蒙古书、满洲蒙古语；汉军幼童，教习满书满语，并教习马步箭。"① 此外，清朝统治者禁止蒙古人"延请内地书吏教读或使充书吏"，"禁止蒙古行用汉文"，提倡学习使用满语文，为清廷服务。其结果是，清代八旗蒙古子弟主动学习满语文，并通过满蒙翻译科考获取功名，跻身统治阶层。清朝至民国年间，涌现出众多精通满蒙语言文字的蒙古族学者，他们对蒙古语文的发展及其研究做出了卓越贡献。清廷的"国语"政策不仅对清代蒙古人的语文教育产生了重大影响，而且通过以满文注音或转写蒙古文的方式，使蒙古文借用和吸收了较多的满文要素。

第一节　满文对蒙古人语言教育的影响

学校是清廷对蒙古子弟进行"国语"教育的主要场所，清朝统治者开设的学校既有京师、驻防之分，又有官学、义学、学堂、私塾之别。清前期，

---

① 季永海：《从辉煌走向濒危：季永海满学论文自选集》，辽宁民族出版社2012年版，第319页。

学校主要为官学和义学；清后期，则主要是各类学堂和私塾。通过梳理清代八旗蒙古子弟的各类学校及其课程设置，我们得以窥见清代蒙古人接受蒙古语文教育及满文教育的轮廓，从而揭示满文对蒙古人语文教育的影响。

一、八旗蒙古官学、义学及其满文教学

在清代，官学隶属国子监，分八旗官学及地方官学，而义学是地方政府或个人创办的教育机构。清前期，官学和义学是清廷对八旗子弟开展教育的主要教学机构，其中，蒙古官学、蒙古义学是专门为八旗蒙古子弟开办或以招收八旗蒙古子弟为主的学校。与其他教学机构开设的课程不同，蒙古官学、蒙古义学主要教习满文、蒙古文、藏文及其翻译，兼学骑射等军事技能。对清代蒙古人满文教育影响较大的蒙古官学或义学的满文教学情况见表 4-1。

表 4-1 八旗蒙古官学、义学及其满文教学

名称	设立时间	语文教学	备考
蒙古义学	康熙三十年（1691 年）	满文、蒙古文	在八旗蒙古佐领各设一所，为八旗蒙古子弟教授满蒙语言文字及骑射等军事技能。《钦定八旗通志》载，除京师八旗子弟读汉书者外，"其余幼童十岁以上者，本佐领各选一人教习。满洲旗分教满书、满语；蒙古旗分教满洲、蒙古书语；汉军旗分教满书、满语并教马步箭"[1]。
蒙古清文学	雍正七年（1729 年）	满文	在八旗蒙古参领各设一所，"于每旗前锋护军、领催、马甲内挑老成通晓清文能教训者二人，令为师长。除大臣子弟愿入官学、义学读汉书及在家学习外，其十二岁以上余丁，俱令教清文清语"[2]。蒙古义学和蒙古清文学的学员不受出身和名额限制，普通八旗蒙古子弟也可以就读，为普通平民子弟提供了接受教育的机会，在蒙古族教育史上具有重大的意义。[3]

续表

名称	设立时间	语文教学	备考
绥远城蒙古官学	乾隆八年（1743年）	满文、蒙古文翻译	乾隆六年（1741年），绥远将军补熙等奏请，"绥远城地方，凡咨报、移行、审理偷盗案件，均用满蒙语言文字。现若不教习，则通晓满蒙文者难以为继。请于绥远城两翼各设满蒙学馆一所，以教育兵丁子弟"[4]。乾隆八年（1743年），清廷设绥远城蒙古官学，为当地八旗蒙古子弟教授蒙古文翻译。乾隆十年（1745年），蒙古官学各设满教习一人，掌教满文，增设了满语、满文课程。[5]
吉林蒙古官学	乾隆六年（1741年）	满文、蒙古文翻译	乾隆六年（1741年），清廷设吉林蒙古官学，为吉林地区八旗蒙古子弟教授满文、蒙古文和骑射。"吉林本满洲故里，蒙古、汉军错屯而居，亦皆习为国语（即满语——引者注）。"[6]吉林八旗官学"生徒俱于二月上学，习清文、骑射"，到道光年间才"添习清文翻译"[7]。
科布多蒙古官学	乾隆二十三年（1758年）	满文、蒙古文	该官学从科布多、杜尔伯特、土尔扈特等部招收学生，学生在学馆学习满文和蒙古文，而且总是先识满文，然后才开始学蒙古文。学会读满、蒙文之后就背诵辞典和《圣谕广训》《三字经》等译文，读满文"四书"及有关的刑事律例。[8]乾隆四十一年（1776年）至乾隆四十六年（1781年），土谢图汗部所属各旗均建学校，并要求年幼学生必须学满文，寺院驻地的内外勤务人员，每年集中学习满文三月。[9]
伊犁惠远城蒙古官学	乾隆三十四年（1769年）	满文、蒙古文	因"国语"、蒙古语、汉语有益于办公应事，新疆驻防将军永贵向朝廷请奏，于乾隆三十四年（1769年），在惠远城附近设满、蒙、汉官学。其中蒙古官学生主要学习满文、蒙古文和骑射。[10]
热河蒙古官学	道光八年（1828年）	满蒙翻译	该官学建于道光八年（1828年），为八旗蒙古子弟教授满蒙翻译。该官学规定，能将蒙古文译为满文者，"尽先挑马甲，……如遇蒙古来文暨控告呈词，已挑马甲之学生有能译清文者，著即作为额外笔帖式，以示鼓励"[11]。

注：1.《钦定八旗通志（第三册）》，李洵、赵德贵、周毓方等点校，吉林文史出版社2002年版，第1580页。
    2.《钦定八旗通志（第三册）》，李洵、赵德贵、周毓方等点校，吉林文史出版社2002年版，第1574页。
    3.张永江：《清代八旗蒙古官学》，载《民族研究》1990年第6期。

4. 郭美兰：《乾隆朝绥远城设立八旗官学满文档案》，载《历史档案》2012年第2期。
5. 郭美兰：《乾隆朝绥远城设立八旗官学满文档案》，载《历史档案》2012年第2期。
6. 萨英额：《吉林外纪》，见李澍田：《吉林外纪·吉林志略》，吉林文史出版社1986年版，第35页。
7. 萨英额：《吉林外纪》，见李澍田：《吉林外纪·吉林志略》，吉林文史出版社1986年版，第85页。
8. 阿·马·波兹德涅耶夫：《蒙古及蒙古人（第一卷）》，刘汉明、张梦玲、卢龙译，内蒙古人民出版社1989年版，第333页。
9. 沙·毕拉：《满洲文化与蒙古教育》，见阎崇年：《满学研究（第三辑）》，民族出版社1996年版，第140—141页。
10. 格琫额：《伊江汇览》，见中国社会科学院中国边疆史地研究中心：《清代新疆稀见史料汇辑》，全国图书馆文献缩微复制中心1990年版，第1—88页。
11. 巴根：《清代满蒙翻译考略》，载《满语研究》2004年第1期。

　　以上蒙古官学或蒙古义学是为八旗蒙古子弟"国语骑射"教育而设立的基础性教学机构，在语文教育方面具有以教授满文和蒙古文为主的特点。此外，国子监八旗官学蒙古馆（设立于顺治元年，1644年）、八旗蒙古官学（设立于雍正元年，1723年）、咸安宫蒙古官学（设立于乾隆十三年，1748年）、托忒学（设立时间不详）等几所学校在学员选拔、机构设置等方面的标准均高于以上官学和义学，在语文教育方面，主要以蒙古文教习为主，兼授满文及满文翻译。

　　蒙古官学和蒙古义学通常设立在八旗蒙古集中居住的地域，目的在于培养精通蒙古语文的人才，以治理蒙古地区。雍正九年（1731年）上谕载："近见蒙古旗分能蒙古语言翻译者甚少，沿习日久，则蒙古语言文字必渐至废弃。应照考试清文翻译例，考试蒙古文翻译。取中生员、举人、进士以备理藩院之用。"① 在"国语"教育的推崇之下，满语文教育在清代蒙古人的语言教育中占据首要位置，所有蒙古官学的八旗蒙古子弟既须学习蒙古文，又须学习满语文。清代蒙古地区科考也重点考查考生的满蒙翻译能力，熟练掌握满蒙语言文字是考取功名的必要条件。如，清代蒙古文翻译科设立于雍正九年（1731年），只准八旗蒙古子弟参加，仅考查蒙古文翻译满文的能力。

　　在清代"国语"政策的推动下，八旗蒙古子弟一般都会满文和蒙古文，

---

① 转引自张永江：《清代八旗蒙古官学》，载《民族研究》1990年第6期。

可以直接为清政府服务。按清朝规定，任职理藩院须精通满文和蒙古文，理藩院设兼做满蒙翻译工作的"笔帖式"官缺，额定满洲笔帖式三十四缺，蒙古笔帖式五十五缺，八旗蒙古帖写笔帖式十六缺。除了京城衙门之外，在蒙古地区任职，是否兼通满蒙语言文字，也是能否胜任的主要标准。据《大清历朝实录》载，道光十年（1830 年）二月，"察哈尔镶白旗总管常德不识满洲、蒙古文字，于公事未能明晰，不胜总管之任，著饬令仍回本营当差……各该处总管有统辖一旗之责，似此不识满洲、蒙古文字者，安能办理公事？嗣后各该旗营保送总管及拣选之王大臣，务须认真考察，毋得以不识满洲、蒙古文字之员滥竽充数"[1]。

二、学堂教育及其满文教学

20 世纪初期，在西方教育思想的影响之下，清朝的教育制度发生重大变化。光绪二十八年（1902 年），清廷颁布"壬寅学制"，提出"中学为体，西学为用"的教育方针。光绪三十年（1904 年），清政府制定《奏定学堂章程》，实行"癸卯学制"，之后，全国各地纷纷开始学堂教育。光绪二十八年（1902 年），喀喇沁右翼旗札萨克贡桑诺尔布创办崇正学堂，开蒙古人学堂教育之先河。在清末民初的满蒙学堂教育中，多数学堂仍然非常重视满语文教育，使满文教学在清代末期至民国时期的蒙古人语言教育中得以传承（见表 4–2）。

---

[1]　邢亦尘：《清季蒙古实录（上辑）》，内蒙古社会科学院蒙古史研究所 1981 年版，第 164 页。

表 4-2　学堂教育及其满文教学

名称	设立时间	语文教学	备考
北京满蒙文高等学堂	光绪三十四年（1908年）	满文、蒙古文	光绪三十四年（1908年），"为造就满蒙文通才，以保国粹"，清政府在北京设立满蒙文高等学堂，目的是"使满蒙文字源流以及山川疆域风俗土宜讲习越精，探讨靡遗，庶考古者得实事求是之资，临政者收经世致用效"[1]。满蒙文高等学堂的课程有"满蒙文、蒙语、满蒙地理、满蒙近史"等。
绥远地区满蒙学堂	光绪三十三年（1907年）	满文、蒙古文、汉文、满蒙翻译	光绪三十三年（1907年），清廷在绥远创办满蒙学堂和蒙养学堂。其中，满蒙学堂分四斋，学徒学习满文和蒙古文翻译的"四书"，蒙养学堂学徒则学习满语和汉语。宣统三年（1911年），归化城副都统麟寿奏请朝廷，在土默特所属高等小学堂开设满文、蒙古文小分科，培养满蒙汉翻译人才，以保护国粹。[2]
漠北地区满蒙学堂	光绪三十四年（1908年）宣统二年（1910年）	满文、蒙古文、汉文	光绪三十四年（1908年）库伦办事大臣奏请，设蒙养学堂，用三至五年的时间，教习满洲、汉和蒙古文，校方还为主要课程编制了有四种文字对照的词典。[3] 宣统二年（1910年），在乌里雅苏台创建初级师范学堂，为所属蒙古族子弟教习满文和蒙古文，兼授汉语文。[4] 清代在漠北地区开设的各类学堂以满蒙汉语言文字教育为主，旨在为漠北境内的清朝政权机构培养精通满蒙汉翻译的文吏。
黑龙江满蒙师范学堂	光绪三十四年（1908年）	满文、汉文、满汉翻译	光绪三十四年（1908年），清政府在黑龙江省城俄文学校舍址创办满蒙师范学堂，调西北各城及西南各蒙旗子弟入校肄业。校内附设小学一班。译满、蒙、汉合璧教科书，以资教授。学额百人，从布（特哈）、黑（河）、瑷（珲）、呼（兰）各城，及扎（赉特）、杜（尔伯特）、郭（尔罗斯）三旗招集曾学习满、蒙文及汉文者入学肄业。该班仿照初等小学课程，兼授满文和满汉翻译，诵习满、汉语言，限四年毕业。[5]
吉林满文高等小学堂	光绪三十四年（1908年）	满文、蒙古文、汉文	光绪三十四年（1908年），吉林蒙古官学与吉林清文官学合并为吉林满文高等小学堂，教习满文、蒙古文、汉文、经学等。[6]

续表

名称	设立时间	语文教学	备考
呼伦贝尔地区学堂	宣统二年（1910年）	满文、蒙古文、汉文	宣统二年（1910年），索伦旗莫和尔图村建立新式小学堂，开设满文、汉文等课程。翌年，陈巴尔虎旗副总管讷兴格创办河北小学堂，教习满文、蒙古文、汉文和算盘。清末，呼伦贝尔地区的蒙古族子弟多学习蒙古、满、汉之语言文字，达斡尔、鄂温克等少数民族子弟则多学习满、汉之语言文字。[7]

注：1. 杨晓、曲铁华：《清代的八旗官学》，载《民族教育研究》1989 年第 1 期。
2. 宝玉柱：《清代蒙古族社会转型及语言教育》，民族出版社 2003 年版，第 248–249 页。
3. 沙·毕拉：《满洲文化与蒙古教育》，见阎崇年：《满学研究（第三辑）》，民族出版社 1996 年版，第 141 页。
4. 宝玉柱：《清代蒙古族社会转型及语言教育》，民族出版社 2003 年版，第 251 页。
5. 张伯英：《黑龙江志稿》，黑龙江人民出版社 1992 年版，第 1100 页。
6. 吉林省地方志编纂委员会：《吉林省志·卷三十七·教育志》，吉林人民出版社 1992 年版，第 396 页。
7. 宝玉柱：《清代蒙古族社会转型及语言教育》，民族出版社 2003 年版，第 256 页。

清末，满文渐趋失去"国书"地位，而汉文的影响力逐步扩大。在学堂教育中，亦出现汉文教育取代满文教育的趋势。但是，清政府不提倡八旗子弟学习汉语文，甚至禁止部分驻防八旗设立新式学堂和书院。如，道光二年（1822 年）"蒙古大臣富俊请旨设立吉林白山书院时，上谕申饬：'乃论课生徒学习文艺，必致清语日益生疏，渐形软弱……'同年，西安将军徐锟上奏'西安驻防八旗各佐领下生员及已冠童生必须设立书院，以资训导'，道光帝则由先前的反感上升到严辞驳斥，'满洲风俗，以清语骑射为重。其有志读书上进者原可自行筹师，……该将军奏请拨款，设立书院，于造就人材终无俾益，著不准行'"[①]。清廷一贯推行的"国语"教育政策，使满语教学在清代末期的蒙古族地区的学堂教育中仍占重要地位。除了上述学堂之外，锡林郭勒、乌兰察布、伊克昭等蒙古族聚居地区的教育以旗府官吏教育、寺院宗教教育和家族私塾教育等形式为主，其核心课程多为蒙古语、蒙古文和满语、满文，语文教育多采用"满文–蒙古文–

① 张永江：《论清代八旗蒙古子弟的普通学校教育》，载《烟台师范学院学报（哲学社会科学版）》1995 年第 3 期。

汉文"或"满文－蒙古文－藏文"等以满文为中心的教育模式。①

三、其他教育机构及其满文教学

除了蒙古官学、蒙古义学及满蒙学堂等为八旗蒙古子弟设立的专门学校之外，清代蒙古子弟还可就读于满蒙汉人一体招生的教育机构，与其他旗人一同学习满语文等语言文字。据《论清代八旗蒙古子弟的普通学校教育》一文统计分析，在清代，还有为数不少的教育机构亦招收了数量不等的蒙古子弟，并开设满语文及其他语言文字的课程（见表4-3）。②

表4-3　其他教育机构及其满文教学

设立地点	机构名称	设立时间	语文教学
北京	八旗教场官学	雍正元年（1723年）	满文
	礼部义学	雍正二年（1724年）	满文、汉文
	景山官学	康熙二十四年（1685年）	满文、汉文
	世职官学	乾隆十七年（1752年）	满文
	外火器营义学	乾隆三十八年（1773年）	满文
	健锐营官学	乾隆四十年（1775年）	满文
杭州	驻防八旗官学	顺治初期	满文
成都	八旗义学	乾隆初期	满文、汉文
	八旗官学	乾隆十六年（1751年）	满文、汉文
荆州	牛录官学	乾隆初期	满文、汉文
	八旗两翼清汉义学	乾隆四十五年（1780年）	满汉翻译
	八旗翻译总义学	光绪二年（1876年）	满汉翻译
绥远城	满汉翻译官学	乾隆五十年（1785年）	满汉翻译
盛京	盛京官学	康熙三十年（1691年）	满文、汉文
	盛京义学	不详	满文、蒙古文

① 宝玉柱：《清代蒙古族社会转型及语言教育》，民族出版社2003年版，第265—266页。

② 张永江：《论清代八旗蒙古子弟的普通学校教育》，载《烟台师范学院学报（哲学社会科学版）》1995年第3期。

设立地点	机构名称	设立时间	语文教学
吉林	吉林清文官学	康熙三十四年（1695年）	满文
	吉林翻译官学	光绪九年（1883年）	满汉翻译
伯都纳	伯都纳左右翼官学	雍正四年（1726年）	满文、汉文
伊犁	惠远城清书学	乾隆三十一年（1766年）	满文
	惠远城义学	乾隆三十四年（1769年）	满文、蒙古文、汉文、托忒文
	敬业官学	嘉庆七年（1802年）	满文、汉文
	惠宁城清书学	乾隆中期	满文

与蒙古官学和蒙古义学不同，以上官学和义学是除了八旗蒙古子弟以外，还有八旗满洲、八旗汉军子弟入学就读的教学机构。因此，其教学采取将满蒙汉语言文化化于一炉的混合式教学形式，语言教育具有以满文、汉文及满汉翻译为主，忽略蒙古文、满蒙翻译教学的特点。

清代的"国语"教育，培养了众多精通满文和蒙古文的蒙古文人，推动了清代满蒙合璧书籍的编纂和满蒙语言文字研究的发展。春花统计研究的一百八十一部清代多种文字合璧辞书中，满蒙合璧二体辞书有九部，满、蒙与其他文字合璧的三体辞书有二十九部、四体辞书有三部、五体辞书有六部。[①] 值得一提的是，清代满蒙书籍编纂者往往将学习蒙古文的必要性归结于满文和蒙古文的翻译，一般不会抛开满文而单独突出蒙古文的重要性，从清入关到乾隆年间尤为如此。清末刊行的《蒙文总汇》的校勘者蒙古人李鋐在序中首先强调，学习蒙古文是为学习满文做准备，"窃以为国语译自蒙文，蒙文不通，即无由通国语"[②]。1913年，北京正蒙书局在重新刊印《蒙文总汇》时，作序者提出，在满文的影响之下，蒙古文在清代蒙古人中已失去应有的地位，并在序文中从蒙古人身份的角度强调了学习蒙古文的重要性。该书序载，"'窃维全球万国环立，人文蔚起，皆以本

① 春花：《清代满蒙文词典研究》，辽宁民族出版社2008年版，第4页。

② 关笑晶：《清代满蒙辞书"序"研究》，载《满语研究》2011年第1期。

国文字为冠，他国语言次之。惟我蒙族，前沿清朝宝制，公牍尽用满文，以致精蒙古文者寥寥无几。今既改革国体，凡我蒙古文最关紧要，尤不得不专心肄业'，正是出于让蒙古人学习蒙古文的目的，故'不惜重赀，石印两千部'"①。

第二节 满文对蒙古文书写的影响

清代的"国语"教育政策，不仅对清代蒙古人的语言教育产生了深刻影响，而且培养了众多精通满蒙语言文字的人才，推动了满族和蒙古族的语言接触与文化交流。尤其是满文的"国文"地位，有力地扩大了满语文在蒙古文人中间的使用范围。清代蒙古文人在积极学习、使用满语文的过程中，极度青睐新满文相对准确的记音功能，开始了用满文书写蒙古语或以满文为蒙古文注音的尝试。

天聪六年（1632年），皇太极令达海改进老满文，创制新满文。《满文老档》载："十二字头，原无圈点。上下字无别，塔达、特德、扎哲、雅叶等，雷同不分。书中寻常语言，视其文义，易于通晓。至于人名、地名，必致错误。是以金国天聪六年春正月，达海巴克什奉汗命加圈点，以分晰之。将原字头，即照旧书于前。使后世智者观之，所分晰者，有补于万一则已。倘有谬误，旧字头正之。"② "达海承命寻绎，字旁回圈点。又以国书与汉字对音，补所未备，谓：'旧有十二字头为正字，新补为外字，犹不能尽协，则以两字合音为一字，较汉文翻切尤精当。'国书始大备。"③ 达海改进的新满文，有三个优点：第一，使用添加圈点的方法，弥补老满文一字多音的缺陷，实现字母与音位的对应；第二，添加特定字母及切音字，准确拼写满语中的借词语音；第三，在满文旁边标注汉字对音，形成了满文与汉字的对音体系。与回鹘式蒙古文相比，新满文记音准确，深受清代

① 关笑晶：《清代满蒙辞书"序"研究》，载《满语研究》2011年第1期。

② 中国第一历史档案馆、中国社会科学院历史研究所：《满文老档（全二册）》，中华书局1990年版，第1196—1197页。

③ 赵尔巽等：《清史稿》，吉林人民出版社1995年版，第7390页。

蒙古族文人喜爱，在清朝至民国时期，用满文为蒙古文注音或书写蒙古语的现象盛行于世。从总体上看，清代以满文书写蒙古语的现象，可分为以满文书写蒙古语中的借词、以满文转写蒙古文、混合书写满文和蒙古文三种类型。

一、以满文书写蒙古语中的借词

清代用满文拼写蒙古语中借词的传统源于后金及清早期汉文典籍的满蒙文翻译。天聪九年（1635 年），皇太极令文官用满蒙文字翻译《辽史》、《金史》和《元史》。于是，希福任总裁，查布海、能图、叶成格三人从崇德元年（1636 年）开始用满文译写辽金元"三史"，崇德四年（1639 年）告竣。之后，杜当、乌力吉吐、塞棱、锁诺木四人从崇德四年（1639 年）开始，将辽金元"三史"之满文译本译写为蒙古文，翌年完成。清初"三史"的满蒙文翻译具有以下两个特点。一是，"三史"之满蒙文翻译采取"汉文→满文→蒙古文"的翻译流程，即先将汉文"三史"翻译成满文，再把满文翻译成蒙古文。这种"汉文→满文→蒙古文"的翻译流程不仅对清代满蒙汉翻译事业产生深远的影响，而且促进了满蒙汉三文合璧文体的诞生与发展。[①] 二是，在"三史"满文翻译中遇到人名、地名和官职等专用名称时，未还原蒙古语或相关语言的语音，而一律用满文字母拼写其汉字读音。而"三史"的蒙古文译本，亦沿袭满文译本的拼写法，用满文字母直接拼写人名或地名的汉字读音。如，顺治元年（1644 年）的《元史》蒙古文写本（现藏于北京故宫博物院图书馆），依据其底本，即顺治三年（1646 年）的满文刻本（现藏于国家图书馆），将人名、地名等专用名词均写作满文。

满 文：monggo gurun i taidzung han i gebu ūgudei, taidzu cinggis han i ilaci jui. eme i gebu hūng ji lasy.

---

① 乌兰巴根：《〈元史〉满蒙翻译研究》，中央民族大学博士学位论文，2009 年。

蒙 古 文：mongɣol ulia un taidzung qaɣan u ner-e ūgudei, taidzu cinggis qaɣan u ɣurbaduɣar köbegün bolai. eke yin inü nere hūng jila sy bui.

汉文：太宗英文皇帝，讳窝阔台，太祖第三子。母曰光献皇后，弘吉剌氏。（《元史》卷二《太宗本纪》）

满文：monggoi ju wang sioi liyei u cooha gaifi, hūi hūi ha li fa gurun be dailame necin obfi……

蒙古文：mongɣol un ju wang sioi liyei u čerig iyeren hūi hūi ha li fa ulus i dailaǰu töbsidgeged……

汉文：诸王旭烈兀讨回回哈里发，平之……（《元史》卷三《宪宗本纪》）

以上例句中，《元史》之蒙古文译本在拼写"太宗""窝阔台""太祖""成吉思""弘吉剌""氏""诸王""旭烈兀""回回""哈里发"等汉语借词时，未用蒙古文书写，而是沿袭《元史》满文译本，直接用 taidzung、ūgudei、taidzu、cinggis、hūng jila、sy、ju wang、sioi liyei u、hūi hūi、ha li fa 等满文形式拼写其语音。

"三史"蒙古文译本中用满文拼写专用名词的现象在整个清代汉文典籍的蒙古文译本中都较为普遍。新中国成立之前，在蒙古地区流传的蒙译汉籍中常见以满文拼写人名、地名、书名等汉语借词的现象，我们从《中国蒙古文古籍总目》之目录文字中就可窥见此类现象的轮廓（见表4-4）。[①]

表4-4　《中国蒙古文古籍总目》中满文使用情况表

汉文文献名称	蒙古文翻译	成书年代
封神演义	fung šen yan i bičig	明朝中期
水浒传	šūi hū juwan ü bičig	元末明初
二度梅	el du mei	清朝中期
粉妆楼	fung juwang leu kemekü bičig	清朝末期
圣禅会	šeng can hūi kemekü teuke	清朝中期
金瓶梅	gin ping mei kemekü teuke	明朝中期

①《中国蒙古文古籍总目》编委会：《中国蒙古文古籍总目》，北京图书馆出版社1999年版。

表 4-4 "蒙古文翻译"一栏中，画线的词语为满文形式，其他词语为蒙古文形式。其实，在清代及民国时期，蒙古族文人仿照满文，曾经创制过专门拼写蒙古语借词语音的字母和音节字，而且以蒙古文书写汉语借词的规则也日臻完善。如，《三合便览》等书籍，就在蒙古文十二字头之后，模仿满文添加了专门拼写借词 f、k、h、dz、ts、rh 等辅音和汉语"余、女、律""取、聚、叙""渠、矩、虚""司、尺、至"等借词语音的特定音节。这些专门拼写借词的字母和音节字也得到历代蒙古语文研究者的认可，已成为现代蒙古文拼写借词语音的特定符号。不过，清代至民国时期，在汉文典籍的蒙古文翻译中，以满文书写汉语借词语音的情况仍十分普遍。

二、以满文转写蒙古文

清代的"国语"政策及新满文准确的记音功能，不仅使以满文拼写蒙古语中借词的习惯得以推广，而且使清代满蒙文人开始尝试以满文转写蒙古文。相关研究表明，清代用满文转写蒙古文的现象最早见于乾隆八年（1743 年）刊印的《御制满蒙文鉴》。

清朝廷为巩固"满蒙联盟"，在文化上采用"满蒙汉同文之盛"等举措。但是，入关后的八旗蒙古子弟却普遍不重视学习和使用蒙古语文。为方便八旗蒙古子弟学习蒙古语文，并防止"若耆老凋谢，无法考订其细微语义"的现象，康熙帝谕以蒙古文翻译《御制清文鉴》——"皇帝（指康熙皇帝——引者）生来好育人，又蒙古文字和蒙古语言之功效重要，八旗蒙古习读蒙古文者已少矣，如此年久，恐致谬误和断绝。如若年老者去世殆尽，难于请教辨别。此时不进行考订，后世更难于修订。圣主明鉴，降旨将清文鉴译成蒙古文，修成满洲、蒙古合璧清文鉴一部。一边写满洲字，一边写蒙古字，具引经处，俱行裁去。若有伊等不知之处，著问八旗年老通晓蒙古书之人，于朕起行之前，酌量缮写数篇呈览"[①]。《清文合蒙古鉴》是清代第一部满蒙合璧官修词典，后来清代编纂的多部蒙古文辞书均以其蒙古文部分为蓝本，沿用其编纂体例。

---

① 　宝山：《清代蒙古文出版史研究——以蒙古文木刻出版为中心》，内蒙古教育出版社 2007 年版，第 67 页。

清朝有多位皇帝精通满蒙语言文字，并提倡以满文转写蒙古文。乾隆皇帝认为，蒙古文无圈点，有一字多音等缺陷，读写难辨，而八旗蒙古精通蒙古文音韵者甚少，若不标清读音，日后就会难以辨认，错误读写。于是，乾隆八年（1743年），皇帝敕令将《清文合蒙古鉴》之蒙古文部分由满文进行转写，让武英殿刊行《御制满蒙文鉴》。《御制满蒙文鉴》（故宫博物院图书馆藏本）正文半页十二行，其中满语和蒙古语各六行，每行字数不等，每页首行为满文，次行为满文拼写的蒙古语译文，依次隔行排序，卷首附满语和蒙古语总目。《御制满蒙文鉴》的体例、所收类目及词条与《清文合蒙古鉴》完全相同，仅删除后附之"后序"，将《清文合蒙古鉴》之蒙古文部分全部转写为满文。

　　《御制满蒙文鉴》虽为满蒙两种语言合璧辞书，但其蒙古语部分均为满文拼写，在文字形式上属于单一满文形式的辞书。该辞书为清代官修的首部以满文注音的蒙古语辞书，开创了清代以满文拼写蒙古语的先河，其后编纂的《御制满洲蒙古汉字三合切音清文鉴》《满蒙汉字书》《满蒙维三体字书》《满蒙藏维四体字书》《满蒙藏嘉戎维五体字书》《三合便览》《蒙古托忒汇集》《满汉会话》等书籍均沿袭《御制满蒙文鉴》的拼写方法，用满文拼写蒙古语或以满文为蒙古语注音。

　　据栗林均先生的研究，在"清文鉴"系列辞书中，《四体清文鉴》对其后编纂的满文或蒙古文辞书词条选取的影响较大。[①]第一，《四体清文鉴》词条被原封不动收录于《三合便览》，即《三合便览》是以《四体清文鉴》为基础，选取其满语、蒙古语、汉语词汇，以满语音序排序，添加蒙古文译词的满语读音而形成的。第二，《蒙古托忒汇集》是以蒙古文作为主词条的辞书，此辞书蒙古文、满文和汉文与《三合便览》相同，是以《四体清文鉴》为基础，添加蒙古口语（满文标记）和卫拉特书面语（托忒文标记）而编纂的。第三，《蒙文汇书》是蒙古、汉、满三种文字合璧辞书，是以《四体清文鉴》为基础，添加部分词语而形成的。第四，与《蒙文汇书》同年编纂的《蒙文总汇》收录《蒙文汇书》的部分词条，修改或补充《四体清

---

① 详情参见栗林均著，长山译：《近代蒙古文辞书的形成历程——"清文鉴"至〈蒙汉字典〉》，载《满语研究》2019年第1期。

文鉴》的汉文翻译部分。第五，1912年，北京筹蒙学社石刻出版蒙汉辞书《蒙古大辞典》，其蒙古文和汉文翻译部分与《钦定蒙文汇书》完全相同。第六，1926年北京蒙文书社出版的《蒙文分类辞典》，其词汇分类与《四体清文鉴》正编完全相同，从《四体清文鉴》中选取蒙汉文词语，以对译形式排列词条。

　　1977年，内蒙古蒙古语言文学历史研究所将整理的《御制满蒙文鉴》，以《二十一卷本辞典》之名，交由内蒙古人民出版社出版发行。[①] 在出版过程中，整理者对辞书进行了以下调整：删除满语部分，增补少量词语，将以满文拼写蒙古语的部分还原为蒙古文，以现代蒙古语音序对词条进行排序。虽然《御制满蒙文鉴》的蓝本《御制清文鉴》为满语辞书，但通过蒙古文翻译，其已成为当今学者研究清代蒙古语文的重要工具书。

　　在用满文注音或以满文拼写的蒙古语书籍中，敬斋公、秀升富俊合著的《三合便览》最为重要。该书编者认为，"盖蒙古书与国书不同。国书有圈有点，不难开卷了然，蒙古书既无圈点可别，而其中更有书此读彼及同音异写等字，使人易致混淆。初习蒙古文者恒苦之"[②]。因此，"是书行分四格，首冠以国语，次汉语，次蒙古语，末则以清书书蒙古语。使阅是书者，既易得蒙古语之本体与蒙古语之本义，而尤易得蒙古语之本音。其次序即依十二字头，而每字头之中又自为次序之。以故卷帙虽繁，而检阅颇易"。[③]《三合便览》是清代蒙古人学习满蒙语言文字及满蒙翻译的重要读本，以满语文为基础，解释蒙古语语法现象和蒙古文书写规则。全书由十二卷构成，其中卷一包括"满文十二字头""清文指要""蒙文指要"等内容，卷二至卷十二为"满汉蒙文对照词汇集"。在以满文拼写蒙古语方面，《三合便览》有以下几个特点。

　　第一，《三合便览》"蒙文指要"中，在对比满文列蒙古文十二字头之第一字头时，仅列与满文前五个元音字母相对应的蒙古文的五个元音字

---

① 内蒙古蒙古语言文学历史研究所：《二十一卷本辞典》，内蒙古人民出版社1977年版。

② 敬斋公、秀升富俊：《三合便览》，见青林、乌·托娅整理：《蒙古语言文字研究文献荟萃（第四辑）》，内蒙古文化出版社2016年版，第3—4页。

③ 春花：《清代满蒙文词典研究》，辽宁民族出版社2008年版，第35页。

母，并未说明缘由。① 这种列法虽然不符合蒙古语语音规律，但是，交代了满文和蒙古文元音之间的相互对应关系，为卷二至卷十二"满汉蒙文对照词汇集"之蒙古文词语的满文拼写奠定了基础。

第二，该书卷二至卷十二"满汉蒙文对照词汇集"正文半页八行，每行为一组满、汉、蒙文字对照的词条，每条由满文词语、汉文译词、蒙古文译词、蒙古文译词的满文转写词四个词语构成。② 全书通过蒙古文译词的满文转写，对蒙古文"同音异字"的读音进行识别。

第三，在"清文指要"中，在解释满语功能语类的语法功能时，先列出蒙古语中与其对应的几种形式，再以汉文进行解释，最后用满蒙两种语言举例说明该功能语类的语法功能。③ 此种解释法不仅使蒙古语母语者易于理解满语功能语类的语法功能，也为满蒙翻译学习者提供了方便。

受满文影响，《三合便览》蒙古文词语中出现了不少"错别字"或"满蒙混合词"等不规范的词语。赛尚阿对《三合便览》进行修改、考证、补充，编成"便览补遗""续编讹字""便览正讹""便览讹字更定"等，分别附于《蒙文晰义》《蒙文法程》二书之后，又汇编成《蒙文指要》，于道光二十八年（1848年）刊行。

与《三合便览》相同，清代有关蒙古语言文字的研究论著中，模仿或对比满文列蒙古文十二字头的现象比较常见。正如前文的分析，《蒙文启蒙》《蒙文诠释》《蒙文十二字头》等书籍的蒙古文十二字头排序均模仿满文，而此类排序对现代蒙古文十二字头的完善及拼写借词语音字母的形成起到了关键作用。

三、混合书写满文和蒙古文

在清代形成的蒙古文文书中，混合书写满文和蒙古文的现象比较常见，

---

① 敬斋公、秀升富俊：《三合便览》，见青林、乌·托娅整理：《蒙古语言文字研究文献荟萃（第四辑）》，内蒙古文化出版社2016年版，第15页。

② 敬斋公、秀升富俊：《三合便览》，见青林、乌·托娅整理：《蒙古语言文字研究文献荟萃（第四辑）》，内蒙古文化出版社2016年版，第51—68页。

③ 敬斋公、秀升富俊：《三合便览》，见青林、乌·托娅整理：《蒙古语言文字研究文献荟萃（第四辑）》，内蒙古文化出版社2016年版，第18—28页。

在公文档案或刊刻图书中均有此类现象。本书以《清内秘书院蒙古文档案汇编》中的蒙古文档案及《蒙古杂字》蒙古文部分的文字为例，分析解释清代蒙古文文书中的满蒙两种文字混合书写的特点。

清代形成的蒙古文档案，其数量庞大，内容丰富，涉及清朝各民族政治、经济、文化等多个方面，是研究清代蒙古历史文化的珍贵史料。与其他书籍相比，清代档案资料中的语言文字多带有方言或个人特点，在某些方面更能真实地反映当时蒙古语文的面貌。《清内秘书院蒙古文档案汇编》辑录崇德元年（1636年）至康熙九年(1670年)"内秘书院内翰林院蒙古文档簿"两千余件。[①] 其蒙古文档案中大量混杂满文的现象，亦反映出清前期满文对蒙古文书写的影响。据达古拉的研究，该汇编所收入的档簿中蒙古文和满文混写的现象具有以下两个特点。[②]

其一，档簿除了用满文拼写满语词语及梵、藏、汉等语言借词以外，还用满文拼写了蒙古语词语。首先，与清代其他蒙古文档簿相同，这些档簿中亦出现书写的成段满文，记录了抄录存档的过程。这些文字在原来的文书中并不存在，而是在抄录存档的过程中形成的。其次，档簿用满文书写满语的官员称谓、机构名称，未将其翻译成蒙古文，而当出现梵、藏、汉等语言借词时，则用满文拼写其语音。此外，档簿用满文拼写蒙古语基本词汇。如，档簿在拼写蒙古语 ede "这些"、erdem "技能"、nasuta "终身"、kedüi "几"、tabun "五"、küčütü "有力的"、naɣur "湖" 等常用基本词汇时，均未采用其蒙古文形式，而是分别写作 ede（3–91–8）[③]、erdem（2–105–5）、nasuta（2–170–2）、hedui（2–109–1）、tabun（2–125–6）、hucutu（2–109–1）、nagūr（3–128–2）等满文形式，在 de、dem、su、dui、bun、tu、gūr 等音节前后添加圈点，以明确其语音。

其二，档簿中把同一蒙古语或满语词语写成蒙古文和满文两种形式。

① 齐木德道尔吉、吴元丰：《清内秘书院蒙古文档案汇编（全7册）》，内蒙古人民出版社2004年版。

② 达古拉：《〈清内秘书院蒙古文档案汇编〉语言研究》，内蒙古大学博士学位论文，2012年。

③ 括号内数字中，第一个数字为该字词在《清内秘书院蒙古文档案汇编》中所在的册码，第二个数字为所在页码，第三个数字为所在行序。下同。

同一词语被写成几种形式的现象在蒙古文文献资料中比较常见，但在同一书页中把同一词语写成两种不同文字形式的现象在历代蒙古文文献中都比较少见。在《清内秘书院蒙古文档案汇编》之第五辑第 243 页中，就有多处将同一个词语写成满文和蒙古文两种形式。

erkin tüsimel gioro omoγtu margi niman čanγnai <u>eden</u> dür keleǰü, ded tüsimel čanγnai <u>eǰeku</u> hafan qamur k'ooli <u>soqaisa</u> <u>ede</u> üǰeǰü γadaγadu aimaγ un törö yi ǰasaγči yabudal un yamun u aisilakū hafan donǰoγ taciha hafan sadara bithesi hafan borotoi eden dür tosiyaǰu ögbe. qoin-a jaγun qorin debteri gadar ki kiǰü iregsen dür, ǰaγun qorin debter dür <u>eǰekü</u> hafan g'uli <u>sohaisa</u> said dür keleǰü……

与大学士觉罗巴哈纳，学士鄂穆图、麻勒吉、尼满、常乃等言及，学士常乃，主事哈木儿、库里、苏海萨等阅毕，交付理藩院员外郎敦珠克、博士萨达拉、文官布鲁堆等。此后，将其订一百二十册，装封呈送，对主事库里、苏海萨告知……

在以上档案选摘中，画线的词语 eden "等人" 与 ede "等人"、eǰekü "记载" 与 eǰeku "记载"、soqaisa（人名）与 sohaisa（人名）分别有两种文字形式，其中前者为蒙古文形式，后者为满文形式。

满蒙两种文字混合书写的现象也见于清代形成的满蒙文辞书当中。如《蒙古杂字》，又名《蒙古同文杂字》《对像蒙古杂字》《满汉文同文新出对像蒙古杂字》等，既是一部满蒙汉合璧的标音辞书，也是一部图解词典。该辞书为图表与文字对照的词汇集，每页分上、中、下三格，上格为满汉词语，中格为该词条的配图，下格为蒙汉词语。每条词语的右上方书汉文，左上方用满文标出汉语读音，右下方用汉字标出蒙古语读音，左下方书蒙古文。其中，左下方的蒙古文比较复杂，或用蒙古文字母，或用满文字母，或混合使用满蒙文字母书写蒙古语，例见表 4–5。

表 4-5　《蒙古杂字》之满文、蒙古文使用情况

文字形式	蒙古语	汉文标音	语义
蒙古文形式	noqai	诺海	犬
	mori	摩力	马
	anda	唵苍	朋友
满文形式	meci	末七	猴
	buse	布色	腰带
	nuke	奴客	窟窿
蒙古文与满文混合形式	unege	乌那各	狐狸
	bergen	伯勒根	嫂
	debigür	得必乌禄	扇

注：此表格中，带横线的字母为满文字母。

与《清内秘书院蒙古文档案汇编》的满蒙文混合书写不同，《蒙古杂字》是在词语内部同时使用满蒙文字母。如，书写 unege、bergen、debigür 等词语时，音节 u、ne、ber、de 之后添加圈点，系使用满文形式，而音节 ge、gen、gür 之后未添加圈点，系使用蒙古文形式。

此处分析的"混合书写满文和蒙古文"与本节第一和第二部分分析研究的"以满文书写蒙古语中的借词"和"以满文转写蒙古文"相比，有如下三个不同特点：

第一，这些蒙古文文书不仅用满文拼写汉语借词，还用满文拼写蒙古语固有词，当文本中出现满语专用名词时，则直接用满文拼写。

第二，此类文书与全文用满文转写蒙古文的文书不同，其以蒙古文为主，在蒙古文文档中掺杂少量的满文。

第三，除了在语篇的语句中混合书写蒙古文和满文的词语之外，还在同一个词语当中混合书写满文和蒙古文字母。

在"国语"政策的影响下，清代蒙古族文人通晓满蒙两种语言文字，成为在日常生活中使用两种或两种以上语言文字的双语人或多语人。满文

和蒙古文的高度相似性，使掌握满蒙语言的双语人在使用蒙古语言文字的过程中产生语码转换现象，即易于在蒙古文书写过程中出现满文和蒙古文混合书写的现象。

第三节　满文对蒙古文字母的影响

清代是蒙古语文发展的重要时期，在这个时期，蒙古语不仅全方位、多层次地接触汉语，借用大量汉语词语，同时，其书写规则在满文的影响下也得到进一步完善。据前文分析，清代至民国时期，用满文书写蒙古语或为蒙古语注音的现象盛行于世，在蒙古文文书中出现了"以满文书写蒙古语中的借词"、"以满文转写蒙古文"及"混合书写满文和蒙古文"的现象。在这一过程中，满文对蒙古文的字母符号产生影响，满文因素逐渐渗透到蒙古文当中。清代蒙古文拼写借词语音的字母或音节字，借鉴满文的因素较多，或直接借用满文拼写汉语借词的音节字，或一些蒙古文字母在满文的影响下逐渐增加拼写借词的功能。例如，在现代蒙古文中，拼写汉语借词元音 e 的符号 w 和拼写汉语借词"二""玉"的音节字 el、iüi 就是在清代满文的影响下形成的。

一、蒙古文字母 w 的功能演变

在现代蒙古文中，w 具有两种功能。其一，拼写蒙古语固有词或借词的半元音 w，如在 waši（语气词）、γuwa"瓜"、waγar"瓦"等词语中，以字母 w 拼写蒙古语半元音 w；其二，拼写蒙古语借词元音 e，如在 amerika"美国"、seling"司令"、metr"米"等词语中，以字母 w 拼写借词元音 e。[①]

据蒙古文字史研究结果，w 是回鹘式蒙古文借用回鹘文的字母，是拼

---

① 内蒙古大学蒙古学研究院蒙古语文研究所编写的《蒙汉词典（增订本）》用符号 E 转写借词元音 e。

写蒙古语半元音 w 的符号。在 13 世纪至 15 世纪的回鹘式蒙古文文献资料中，字母 w 用以拼写蒙古语半元音 w。[①]1587 年，阿尤喜固什创制拼写梵藏语词语的符号——阿礼嘎礼字母时，用符号 w 拼写元音 e。[②]至清代，在满文的影响下，阿礼嘎礼字母用符号 w 拼写元音 e 的习惯得以传承。在清代蒙古文中，符号 w 除半元音 w 之外，还可拼写蒙古语借词元音 e。此类变化的发生，与清代文人模仿满文书写蒙古文十二字头的尝试有密切关系。

18 世纪至 20 世纪，丹赞达格巴的《蒙文启蒙诠释苍天如意珠》，敬斋公、秀升富俊的《三合便览》，嘎拉桑的《蒙文诠释》等语言学巨著为清代蒙古文书写规则的完善做出卓越贡献。其中，前一著作模仿藏语文列蒙古文十二字头并解释其书写规则，后两部著作则模仿满文，或直接借用满文因素，列蒙古文十二字头并对其进行解释。

据上文分析，乾隆四十五年（1780 年），敬斋公、秀升富俊在其《三合便览》中列蒙古文十二字头时，完全模仿满文。该书蒙古文第一字头中，仅列出与满文 a、e、i、o、ü, na、ne、ni、no、nü, ba、be、bi、bo、bü 等音节相互对应的五个音节，并模仿新满文加点分辨元音 a、e 的方法，以字头或辅音字母之后连写字母 w 的形式书写蒙古语元音 e。[③]显而易见，这种书写法的目的在于克服蒙古文"一字多音"的缺点，以不同的形式区分蒙古语元音 a 和元音 e 的书写形式，试图实现字母和音位之间的相互对应。

道光八年（1828 年），嘎拉桑在《蒙文诠释》一书中解释蒙古文十二字头之书写规则时，列 a、e、i、o、u、ö、ü 七个音节字。[④]虽然作者在此未沿用《三合便览》以 w 拼写蒙古语元音 e 的方法，而是以传统的回鹘式蒙古文形式书写蒙古语元音 e，但仍对以符号 w 拼写蒙古语元音 e 的现象做如下解释：每个字头中 e、ne、be、pe 等二十余字均类似满文，是旁边

① 乌·满达夫：《蒙古语言研究》，内蒙古教育出版社 1990 年版，第 333—335 页。

② 卡拉：《蒙古人的文字与书籍》，范丽君译，内蒙古人民出版社 2004 年版，第 66 页。

③ 敬斋公、秀升富俊：《三合便览》，见青林、乌·托娅整理：《蒙古语言文字研究文献荟萃（第四辑）》，内蒙古文化出版社 2016 年版，第 15 页。

④ 土默特·嘎拉桑：《蒙文诠释》，内蒙古人民出版社 2014 年版，第 8 页。

带"点"的阴性字，但蒙古文不能附加"圈点"，故将其写作 w 形式，此类字母仅用于借词拼写当中，书写蒙古语固有词时仍用传统的直写形式。[①]由嘎拉桑的解释可知，蒙古语元音 e 在清代蒙古文中有两种形式，即拼写固有词语音和借词语音的两种形式，其中 w 形式是专门拼写借词元音 e 的形式，而此形式是模仿满文创制的。

20 世纪以来，蒙古语文研究论著的十二字头排序中，用字母 w 拼写蒙古语元音 e 的现象比较常见，但对其使用目的和功能的解释，各家观点不一。单一蒙古文形式的论著，如，清末《蒙文启蒙》[②]及清末刊刻的《蒙文十二字头》（内蒙古社会科学院图书馆藏本）[③]、民国时期刊刻的《蒙文十二字头》（国家图书馆藏本）[④]等均以字母 w 拼写蒙古语元音 e，并试图区分元音 a 和元音 e 的书写形式。蒙汉对音形式的论著，如《对音字式》[⑤]《汉字对音蒙文十二字头头字目附虚字释用》[⑥]等，虽然亦用字母 w 拼写蒙古语元音 e，但将其解释为拼写借词元音的形式，试图将其与蒙古语固有词元音 e 的书写形式区分开来。

20 世纪初，吴燕绍、乌勒济图为规范书写蒙译汉籍中的汉语借词，编著了蒙汉《对音字式》，以汉字注蒙古文十二字头之读音。是书序载："凡来往公牍，往往翻译舛误，彼此误会，动成笑柄。诚所谓鄙俚，有地名歧误及改易名称，悉加改正。以为蒙汉文字沟通之嚆矢，仍其旧名，不欲掠美也。是书专以蒙音译汉，仿对照之例，至蒙文译汉，则词取意达。"[⑦]《对音字式》蒙汉字对应部分以元音字母 a、e、i、o（u）、ö（ü）及其与辅音

① 土默特·嘎拉桑：《蒙文诠释》，内蒙古人民出版社 2014 年版，第 41 页。

② 图贵：《蒙文启蒙》，见青林、乌·托娅整理：《蒙古语言文字研究文献荟萃（第二辑）》，内蒙古文化出版社 2016 年版，第 51 页。

③ 北平蒙文书院：《蒙文十二字头》，见青林、乌·托娅整理：《蒙古语言文字研究文献荟萃（第五辑）》，内蒙古文化出版社 2016 年版，第 393—399 页。

④ 北平蒙文书院：《蒙文十二字头》，见青林、乌·托娅整理：《蒙古语言文字研究文献荟萃（第五辑）》，内蒙古文化出版社 2016 年版，第 401—411 页。

⑤ 吴燕绍、乌勒济图：《对音字式》，见青林、乌·托娅整理：《蒙古语言文字研究文献荟萃（第六辑）》，内蒙古文化出版社 2016 年版，第 38—70 页。

⑥ 嘎拉桑：《汉字对音蒙文十二字头头字目附虚字释用》，见青林、乌·托娅整理：《蒙古语言文字研究文献荟萃（第五辑）》，内蒙古文化出版社 2016 年版，第 3—19 页。

⑦ 吴燕绍、乌勒济图：《对音字式》，见青林、乌·托娅整理：《蒙古语言文字研究文献荟萃（第六辑）》，内蒙古文化出版社 2016 年版，第 65—66 页。

字母结合而成的音节形式列蒙古文十二字头。是书沿用了《三合便览》和《蒙文诠释》在字头或辅音字母之后连写 w 书写蒙古语元音 e 的方法，区分了蒙古语元音 e 在固有词和借词中的书写形式。此外，《汉字对音蒙文十二字头头字目附虚字释用》（1916 年）①和《蒙汉合璧五方元音》（1917 年）②两书的前半部分均为蒙汉文对照字汇，其中也用字母 w 拼写汉语元音 e。

在民国刊刻的部分蒙古文书籍的十二字头排序中，又出现除传统的十二字头之外，还附加专门拼写借词语音的音节字的现象。如，1929 年刊行的《初学国文》第一册第一字头部分即由"元音字""辅音字""阳性音节末辅音字""阴性音节末辅音字""新加字"等部分构成。其中"元音字""辅音字"为拼写蒙古语固有词的音节，而"新加字"为专门拼写借词的音节字。"新加字"与"元音字""辅音字"不同，其在 e、ne、be、pe、de、te 等带有元音 e 的音节中，均把元音 e 写作 w，以与蒙古语固有词的书写形式区分开来。③

用 w 拼写借词元音 e，已成为 20 世纪以来蒙古文正字法中的重要规则，相关的蒙古语文研究论著中均有对其的解释。如，《详解蒙文文法金鉴》一书中，作者在解释拼写蒙古语中借词的规则时强调：为区分第二阴性字而使用的特殊书写形式中，必须理解掌握 čese "册"之类词语中用字母 w 书写元音 e 的规则。④

在现代蒙古文中，元音 e 的两种书写形式并存，而符号 w 为专门拼写蒙古语中各类借词语音的形式。蒙古语言学家清格尔泰认为，在蒙古文的书写习惯上，汉语借词元音 e 一般写作 w 形式。其字形按蒙古文的书写规则发生变化，读音与汉语基本一致，但声调差别消失，单一 e 韵母在蒙古语中发长元音 əː。在被借用时间较长的借词里，汉语的 ei 韵母在口语中

① 嘎拉桑：《汉字对音蒙文十二字头头字目附虚字释用》，见青林、乌·托娅整理：《蒙古语言文字研究文献荟萃（第五辑）》，内蒙古文化出版社 2016 年版，第 3—28 页。

② 海山：《蒙汉合璧五方元音》，见青林、乌·托娅整理：《蒙古语言文字研究文献荟萃（第五辑）》，内蒙古文化出版社 2016 年版，第 295—301 页。

③ 和兴格：《初学国文》，见青林、乌·托娅整理：《蒙古语言文字研究文献荟萃（第六辑）》，内蒙古文化出版社 2016 年版，第 123—124 页。

④ 拉木苏荣：《详解蒙文文法金鉴》，见青林、乌·托娅整理：《蒙古语言文字研究文献荟萃（第二辑）》，内蒙古文化出版社 2016 年版，第 130—131 页。

演变为 ə: 或 i:，有些时候其写法也变成长元音组合形式，如 begejing "北京" 等。①

纵观以上论述，可得出以下结论：现代蒙古文符号 w 是在回鹘式蒙古文创制过程中借自古代回鹘文的字母，用来拼写蒙古语半元音 w；在清代，在满文的影响下，该符号的功能发生变化，除了半元音之外，还拼写蒙古语借词元音 e。其功能演变经历了以下两个阶段：首先，在蒙古文十二字头的排序中，清代文人为区分蒙古语元音 a 和 e 的书写形式，模仿满文用 w 拼写蒙古语元音 e；其次，在使用过程中其功能进一步发生变化，逐渐演变为拼写借词元音 e 的符号，以区别于蒙古语固有词元音 e 的书写形式。

二、蒙古文音节字 el 的来源

现代蒙古语的汉语借词 "二"，其蒙古文书写形式为 el。如，汉语借词 "二锅头" "店小二" "二龙屯"，在蒙古文中分别写作 el güwe teü、diyan siyaoo el、el long tün。现代蒙古语 e 为央、中、展唇元音，l 为中、浊、边辅音，蒙古文音节 el 之读音为 əl，与汉语 "二" 之读音 ɚ 相差甚远。其实，关于蒙古文音节字 el 的不同读音及其拼写汉语借词的问题，清代蒙古文研究论著中已有详细记载。以下，笔者拟在梳理分析清代蒙古文研究论著中有关音节字 el 的记载的基础上，对比研究清代满语文研究论著中对满文音节字 el 的相关论述，从而说明蒙古文拼写汉语借词 "二" 的音节字 el 之来源。

（一）清代满蒙语言研究论著对音节 el 的读音解释

在清代蒙古语文研究的相关论著中，涉及音节 el 的读音及相关问题的记载如下。

其一，民国初年刊刻的蒙汉《对音字式》第十一字头为以辅音 l 结尾的音节组，其中与蒙古文 al、el、il 对应的汉字分别为 "阿勒" "额勒" "伊

---

① 清格尔泰：《蒙古语语法》，内蒙古人民出版社 1991 年版，第 32—33 页。

勒"，书中解释道：此字头以勒字带音，有向用尔字对音者，仍通用尔字。①
而第二字头为以辅音 r 结尾的音节组，其中与蒙古文 ar、er、ir 对应的汉字分别为"阿尔""额尔""伊尔"，并解释道：此字头以尔字带音。②

蒙汉《对音字式》中，与蒙古文音节字 el 对应的汉字为"额勒"，书中解释为"此字头以勒字带音"。因此，清代蒙古文 el 音节读作 əl。此外，从该书对音节字 el 读音"有向用尔字对音者，仍通用尔字"，及对音节字 er "此字头以尔字带音"的解释来看，蒙古文 el 音节又可读作 ɹ。但是，蒙汉《对音字式》未附加佐证音节读音的例词，故难以分辨两种语音的语用条件。

其二，蒙古文 el 音节读音及语用关系的问题，在《蒙汉合璧五方元音》一书汉字的蒙古文注音中得到解释。1917 年刊刻的海山著作《蒙汉合璧五方元音》，是规范蒙古文汉字注音的著作，所用蒙古文字的读音与其所注汉字读音基本相同。从书中用 el 音节标注汉字"而""耳""二"的读音来看③，清代蒙古文音节 el 在给汉语词语注音或拼写汉语借词时读作 ɹ。

以上两种文献的记载证明，在清代以来的蒙古文中，音节 el 具有两种读音。一是将 el 读作 əl，用来拼写蒙古语固有词语音；二是将 el 读作 ɹ，专门用来拼写汉语借词"二"。其实，在清代和民国时期的蒙古文文献中，有关拼写汉语借词的音节字 el 的论述比较常见。如，民国初期刊刻的《蒙文新字母》一书汇总的是为记录蒙古语中日益增多的借词，模仿新满文十二字头及满文切音字、新加字，从阿礼嘎礼等文字中选取字母而创制的蒙古文新字母。其第七类"变读特定音字"中载入 el 等音节字，并解释道：此类字仅用于以满蒙文翻译汉文典籍及人名、地名等名词的书写中。④

与蒙古文相同，清代满文中也有用 el 音节拼写汉语借词"二"的现象。

① 吴燕绍、乌勒济图：《对音字式》，见青林、乌·托娅整理：《蒙古语言文字研究文献荟萃（第六辑）》，内蒙古文化出版社 2016 年版，第 52 页。

② 吴燕绍、乌勒济图：《对音字式》，见青林、乌·托娅整理：《蒙古语言文字研究文献荟萃（第六辑）》，内蒙古文化出版社 2016 年版，第 45 页。

③ 海山：《蒙汉合璧五方元音》，见青林、乌·托娅整理：《蒙古语言文字研究文献荟萃（第五辑）》，内蒙古文化出版社 2016 年版，第 301 页。

④ 德穆楚克道尔吉：《蒙文新字母》，见青林、乌·托娅整理：《蒙古语言文字研究文献荟萃（第六辑）》，内蒙古文化出版社 2016 年版，第 85—86 页。

如，康熙四十七年（1708年）的满文刻本《满文金瓶梅》和康熙四十九年（1710年）的《满汉西厢记》中，就使用音节 el 拼写汉语借词"二"和"儿"。

meng ioi leo, li giyoo el, u yuwei niyang ni jili banjiha be sabufi……

孟玉楼、李娇儿见吴月娘生了气……（《满文金瓶梅》）

diyan siyoo el agu aba.

店小二哥在哪里。（《满汉西厢记》）

对于满文 el 音节的读音问题，清代满语文研究论著中有如下解释：

其一，成书于雍正八年（1730年）的《清文启蒙》中"满洲十二字头单字连字指南"之"第十一字头"为以辅音 1 结尾的闭音节字。其中，满文 al、el、il、ol、ul、ūl 的注音汉字分别为"阿勒""恶勒""衣勒""窝勒""屋勒""窝勒"，其读音解释为"系舌尖上柱喉音。只将 a、e、i 头每个字后添一勒字紧紧重念即是。勒字者勒兹切。乃舌尖上贴不动，舌根下洼也。余俱同此"。在此书的另一部分"异施清字"中，当例词辅音 1 出现在音节末时，汉字注音为"儿"或"二"。如，该部分载：el 念"二"、ul 念"五儿"、bal 念"八儿"、sal 念"三儿"、jol 念"住儿"、piyal 念"偏儿"。又将其读音解释为："凡十二字头单字、切音单字，如作汉话单用。除仍不改音者之外，余如从俗。"①

《清文启蒙》用汉字给满文注音，为清代汉人学习满语文的教材。该书指出满文音节字的不同读音及语用情况。如，从其"第十一字头"以汉字"恶勒"注满文 el 之音，以及"异施清字"中"el 念'二'……凡十二字头单字、切音单字，如作汉话单用。除仍不改音者之外，余如从俗"的解释来看，满文十二字头的 el 在拼写汉语借词时读作 ɚ，其他情况，即拼写满语固有词时读作 əl。

其二，乾隆三十七年（1772年）由武英殿刊行的《钦定清汉对音字式》中，第十一字头为以辅音 1 为音末的音节组，其中与满文 al、el、il 对应

① 见《清文启蒙》（国家图书馆藏本）。

的汉字分别为"阿勒""额勒""伊勒"，并解释道："此字头以勒字带音，有向用尔字对音者，仍通用尔字。"而第三字头为以辅音 r 结尾的音节组，其中与满文 ar、er、ir 对应的汉字分别为"阿尔""额尔""伊尔"，并解释道："此字头以尔字带音"。[①]

与《清文启蒙》不同，《钦定清汉对音字式》虽指出满文 el 音节有两种不同的读音，即 əl 和 ɻɛ，但对其不同读音的语用情况未做进一步解释。后来，上述解释又被蒙汉《对音字式》套用以解释蒙古文 al、el、il 及 ar、er、ir 音节字的读音。

（二）蒙古文借用满文 el

对比分析清代文献中有关音节字 el 的记载可发现，清代满文音节字 el 的读音和语用情况与清代蒙古文音节字 el 完全相同。其一，将 el 读作 əl，用于拼写满语固有词的语音；其二，将 el 读作 ɻɛ，专门用于拼写汉语借词"二"。语音相似性是语言输出借词语音的重要原则，清代之前的以汉字注音的满蒙语言资料及现代满语和蒙古语音节末尾辅音 l 的演变情况为此提供了佐证。

首先，从《蒙古秘史》《女真译语》等用汉字为阿尔泰语系语言注音的资料来看，清代之前的蒙古语音节末尾辅音 l 没有儿化演变的现象，但女真语音节末尾辅音 l 已有儿化演变现象。

在有关古代蒙古语的文献材料中，《蒙古秘史》等用汉文拼写蒙古语的文献具有重要的价值。因为这些文献用汉文拼写蒙古语，译音非常缜密，汉语里没有的蒙古语音，均用特殊的方法进行标注，提高了注音的精确度，所以《蒙古秘史》[②]和《华夷译语》之"蒙古译语"[③]中的汉文拼写法对后来汉语中蒙古语借词的拼写法影响很大。

《蒙古秘史》和《华夷译语》用特殊的方法拼写蒙古语音节末尾辅音 l、r。《蒙古秘史》中，凡蒙古语音节末带有辅音 l 的地方，一律以字下注

---

① 见《钦定清汉对音字式》（中央民族大学图书馆藏本）。

② 额尔登泰、乌云达赉：《〈蒙古秘史〉校勘本》，内蒙古人民出版社 1980 年版。

③ 乌·满都夫：《蒙古译语词典》，民族出版社 1995 年版。

小"勒"字的纽切法处理。如，蒙古书面语的 altan "金"写作"阿勒坛"，ildü "环刀"写作"兀勒都"，eböl "冬"写作"兀不勒"，moŋɣol "蒙古"写作"忙中豁勒"。而《华夷译语》之"蒙古译语"则采用两种方法，其中之一与《蒙古秘史》的拼写法相同，也用字下注小"勒"字的方法。如《华夷译语》之"蒙古译语"把蒙古书面语的 mölsön "冰"写作"莫勒孙"，čaɣalsun "纸"写作"察阿勒孙"，čegel "潭"写作"扯额勒"，tuɣul "牛犊"写作"土中忽勒"。

蒙古语音节末尾辅音 r 在《蒙古秘史》和《华夷译语》之"蒙古译语"中以"兒""児"两字进行拼写，但与"勒"字不同，其并不小写。如，《蒙古秘史》把蒙古书面语的 mergen "聪明"写作"篾兒干"，gergei "妻"写作"格兒該"，ɣurban "三"写作"中忽兒班"，nökör "伴当"写作"那可兒"。同样，《华夷译语》之"蒙古译语"把蒙古书面语的 edör "昼"写作"兀都児"，qabur "春"写作"中合不児"，ger "房子"写作"格児"，temör "铁"写作"帖木児"。

《蒙古秘史》和《华夷译语》之"蒙古译语"中，用"兒""児"两字拼写蒙古语音节末尾辅音 r 及用"勒"字拼写蒙古语音节末尾辅音 l 的方法说明，元代蒙古语和明代蒙古语中音节末尾辅音 l 没有发生儿化演变。

在满－通古斯语族语言中，女真语、满语、锡伯语和赫哲语之间的共有成分较多，共属满语支，而明代的《女真译语》等以汉字为女真语注音的资料在满语及满－通古斯语研究中具有重要的地位。我们从明代四夷馆《女真译语》的资料中得以窥见古代女真语音节末尾辅音 l 儿化演变的痕迹。

与《蒙古秘史》和《华夷译语》之"蒙古译语"基本相同，《女真译语》以"儿"字给音节末尾辅音 r 注音，以"勒""剌"字给音节末尾辅音 l 注音。如《女真馆杂字》将满语的 narhū "细"写作"纳儿洪"，将 orho "草"写作"斡儿和"，将 ajirgan morin "种马"写作"阿只儿母林"，将满语的 ilha "花"写作"一勒哈"，将 delhembi "分离"写作"忒勒黑"，将 gūlha "靴"写作"古剌哈"。此外，《女真译语》"人物门"将满语 niyalma "人"一词写作"捏儿麻"，又将满语的 antaha niyalma "宾客"

写作"岸答孩捏儿麻"，将 tulergi niyalma"夷人"写作"秃里勒捏儿麻"，将 hūlha niyalma"贼人"写作"虎剌孩捏儿麻"。^① 以上记载说明，女真语中已有音节末尾辅音 l 儿化演变的现象。历时语言学"词汇扩散理论"认为，"语音的变化是突然的、离散的，但这种突然的变化在词汇中的扩散却是逐渐的、连续的，即开始的时候可能只在某些词中有变化，而随着时间的推移，首先在少数词中发生的变化逐渐扩散到所有有关的其他词"^②。因此，不能排除女真语"捏儿麻"一词音节末尾辅音 l 的儿化演变扩散至其他词语的可能性。

其次，众所周知，在现代蒙古语方言土语中，并没有蒙古书面语音节末尾辅音 l 儿化演变的现象。如，蒙古书面语 bölküm"团体"一词在蒙古语正蓝旗口语中读作 bolxəm，在巴林右旗口语中读作 bulxəm，在陈巴尔虎口语中读作 buxim，在布里亚特口语中读作 bulgəm，在达尔罕口语中读作 bulxəm，在喀喇沁口语中读作 bulxəm，在东苏尼特口语中读作 bolxom，在鄂托克口语中读作 bulxum，在阿拉善口语中读作 bylkym，在和静口语中读作 bylkym。^③

而据笔者调查，现代满语口语中却存在满语书面语音节末尾辅音 l 儿化演变的现象。如，满语书面语的 jilgan"声"、gūlmahūn"兔"、elhe"平安"、dalba"旁边"等词语在黑龙江三家子满语口语中的形式分别为 tɕiɹkan、ɢuɹmaɢa、əɹxə、daɹba。即在三家子满语中，书面语 jil、gūl、el、dal 等音节的末尾辅音 l 均发生儿化演变，分别演变为 tɕiɹ、ɢuɹ、əɹ、daɹ。^④ 满语和锡伯语同属阿尔泰语系满–通古斯语族满语支，其同源成分较多，其语言使用者之间的可通话程度较高，因此，有些语言学家认为锡伯语是满语的一种方言。据《锡伯语语法研究》，锡伯语中就有音节末辅音 l 卷舌化的演变，即满语和锡伯语同源词的音节末尾辅音 l，在锡伯语口语中演变为 ɹ。如，满语书面语 ilha"花"、gūlha"靴"、

① 齐木德道尔吉：《女真语音初探》，载《内蒙古大学学报（哲学社会科学版）》1983 年增刊。
② 徐通锵：《历史语言学》，商务印书馆 1991 年版，第 251 页。
③ 孙竹：《蒙古语族语言词典》，青海人民出版社 1990 年版，第 175 页。
④ 长山：《蒙古文 el 的来源》，载《民族语文》2011 年第 1 期。

gala "手"、hefeli "肚子" 的锡伯语口语形式分别为 iʐχa、ɢoʐχa、ɢaɹ、χəvəɹ。[①] 其中，满语和锡伯语书面语的 gala "手"、hefeli "肚子" 二词，在锡伯语口语中词尾元音脱落，辅音 l 卷舌化。

在以汉字注音的女真语资料及现代满语、锡伯语的固有词中，音节末尾辅音 l 的卷舌音变现象，为清代满文用 el 拼写汉语借词 "二" 提供了证据。

此外，清代之前的蒙古文文献资料中未发现拼写汉语借词 "二" 或 "儿" 的音节字 el。在蒙古文文献资料中，该音节字最早出现于清代汉文典籍 "汉文→满文→蒙古文" 的翻译流程中。如，清代《元史》的满译本和蒙译本，均用 el 拼写专用名词中 "尔" 或 "儿" 的语音。

满文：taidzu cinggis han i juwan ningguci aniya šahūn meihe niyengniyeri, taidzu cinggis han, bu han el, siowei ni sy gʻan hecen be afame gaiha. taidzu cinggis han i jui juci yang ji gʻan, ba el jen sere juwe hecen be afame gaiha.

蒙古文：taidzu činggis qaɣan u arban ǰirɣuduɣar on, čaɣaɣčin moɣai ǰil ün qabur-a, činggis qaɣan bu han el, siowei ni sy gʻan neretü qoyar qota yi qadqulduǰu abubai. činggis qaɣan u kübegün ǰüči yang ji gʻan, ba el jen neretü qoyar qota yi qadqulduǰu abuba.

汉文：十六年辛巳春，帝攻卜哈儿、薛迷思干等城。皇子术赤攻养吉干、八儿真等城，并下之。（《元史》卷一《太祖纪》）

汉文《元史》所载的 "卜哈儿" "八儿真" 二词，是蒙古语 buqar、barɣuǰin 的汉文拼写形式。但《元史》蒙译本未还原其蒙古文书写形式，而是模仿满文拼写汉语借词的方法，沿用满译本的满文形式 bu han el、ba el jen，即用 el 拼写汉语 "儿"。这就证明，蒙古文拼写汉语借词的音节字 el，是在清代汉文典籍 "汉文→满文→蒙古文" 的翻译过程中借用满文的。

在清代蒙古文或蒙汉对音的相关研究论著中，有关音节字 el 的论述，带有明显的沿用满文研究论著的痕迹。如，蒙汉《对音字式》中，其对蒙

---

① 张泰镐：《锡伯语语法研究》，云南民族出版社 2008 年版，第 67 页。

古文音节字的汉字注音及语音解释完全套用了《清汉对音字式》中相关满文音节字的解释。这就证明，在蒙古文借用满文之拼写汉语借词的音节字 el 之后，清代蒙古语文研究论著又沿用满语文研究论著中的相关论述，对其语音及相关问题进行了解释分析。

三、蒙古文音节字 iüi 的来源

蒙古语中汉语借词的元音 y，在现代蒙古文中写作 iüi 或 ü/iyü，在蒙古语口语中读作 y。其中，iüi 用以拼写汉语单韵母元音 y，ü/iyü 则用以拼写汉语鼻韵母元音部分 y。如：单韵母汉字"玉""女""吕""居""曲""徐"，现代蒙古文写作 iüi、niüi、liüi、 jiüi、čiüi、siüi；鼻韵母汉字"云""军""群""询""永""炯""琼""雄"，现代蒙古文写作 yün、jiyün、čiyün、siyün、yüng、jiyüng、čiyüng、siyüng。在此两种形式中，iüi 及其相关形式是在清代满文的影响下形成的。下文将梳理分析现代汉语单韵母 y 的来历及其在历代蒙古文、满文中的拼写特点，从而解释现代蒙古文 iüi 及 niüi、liüi 等音节字的来源。

（一）古代蒙古文拼写汉语"鱼模"韵的特点

古代回鹘式蒙古文资料有碑刻、典籍、符牌等多种类型，其中，汉语借词多见于碑文当中。回鹘式蒙古文碑文，多为蒙汉文合璧形式，先以汉文撰写，后译成蒙古文。其汉语专用名词的蒙古文翻译，一般使用音译法，以蒙古文直接拼写人名、地名及官署名称的汉字读音。[①] 如，在元明时期形成的回鹘式蒙古文碑文中，以音译法拼写汉语专用名词的现象比较常见。

1. 至元元年（1335 年）的《全宁张氏先德碑铭》系以汉文、回鹘式蒙古文及八思巴文三种文字书写的碑文。该碑文回鹘式蒙古文部分用 kü si ging、daidülü、sünlü 形式拼写汉语"许师敬""大都间""全间"，其中

---

① 哈斯巴根：《回鹘式蒙古文文献中的汉语借词研究》，载《中央民族大学学报（哲学社会科学版）》2012 年第 3 期。

汉字"许""间"的蒙古文书写形式为 kü 和 lü。① 如：

qalim čingǰi <u>kü</u> si ging i manγlai yin bičig bičigülen……

由翰林承旨<u>许</u>师敬写碑额文字……

yekemed inü čütüng, ded inü daidü<u>lü</u>, γudaγar inü sün<u>lü</u>.

长子初统，次子大都<u>间</u>，三子全<u>间</u>。

2. 至正二十二年（1362 年），以蒙汉两种文字书写的《忻都王碑》（全称《西宁王忻都公神道碑》）之蒙古文部分将汉语"御史台"写作 ü tai、üši tai 两种形式。其中前者为后者的缩写形式，二者均用 ü 形式拼写汉字"御"。② 如：

orin kemebesü ši ning ong un ded köbegün inü aǰuγu, törün üile dür barildurun ǰišing šasin ča sinungsi yin gingli, ui tai yin gemčü <u>üši</u>……

臣斡栾则第二子也，繇直省舍人，历大司农司经历、监察<u>御</u>史、吏部员外郎……

basa daidulu yin taruγači, <u>üši</u> tai yin ǰišu……

再为大都路达鲁花赤，<u>御史台</u>治书侍御史……

3. 万历八年（1580 年）的《阿拉坦汗咨神宗皇帝表文》亦为蒙汉两种文字形式，其蒙古文部分以 yüü 形式拼写汉字"于"。③ 此表文蒙古文翻译系依汉文顺序，不符合蒙古语语法之处较多。如：

tusču ling γadaγadu büri <u>yüü</u> öbere ǰin taγa ǰokistai qoo basar……

接令，他处<u>于</u>我镇随便互市……

此外，八思巴文在拼写汉语方面亦有与回鹘式蒙古文相同的特点。据《鲍培八思巴字蒙古文献语研究入门》记载，八思巴文将汉语"禹王庙"写作 yü uaŋ mèv，"御史台"写作 ü ši tay。④ 在此，八思巴文拼写汉字"御"的方法与回鹘式蒙古文基本相同，采用 yü、ü 两种形式。

音译借用是词语借用的常见方式。音译借用过程中的语音输入和语音

---

① 道布：《回鹘式蒙古文文献汇编》，民族出版社 1983 年版。

② 图力古尔：《〈忻都王碑〉蒙古语文研究》，内蒙古文化出版社 1992 年版，第 142 页。

③ 道布：《回鹘式蒙古文文献汇编》，民族出版社 1983 年版。

④ 郝苏民：《鲍培八思巴字蒙古文献语研究入门》，民族出版社 2008 年版，第 81、279 页。

输出分析，可追溯借代发生时期的语言信息，并由此窥见语言的历史演变轨迹。以上文献中蒙古文拼写汉语借词的方法，反映出古代蒙汉两种语言的相互注音习惯。

第一，《全宁张氏先德碑铭》等碑铭汉字及其拼写的蒙古文与《蒙古秘史》等文献的汉字及以汉字注音的蒙古文之间存在相互对应关系。《蒙古秘史》和《华夷译语》用汉字为蒙古语注音的方法非常缜密，两部文献不仅是古代蒙古语语音研究的重要资料，而且可为古代蒙古文拼写汉语借词的研究提供参考。

《蒙古秘史》以汉字拼写蒙古语时，将蒙古语 qači külüg（人名）写作"中哈赤<u>曲</u>鲁克"，kučü（人名）写作"<u>曲</u>出"，üsün"毛发"写作"<u>许</u>孙"，güyüg（人名）写作"古<u>余</u>克"，söyüger"教训"写作"雪<u>余</u>额儿"，yürki"一种"写作"<u>禹</u>儿乞"。[1] 类似现象也见于《华夷译语》蒙古语的汉字注音部分。如，《华夷译语》将蒙古语 üre"种子"写作"<u>许</u>舌列"，üsün"毛发"写作"<u>许</u>孙"，sölüsün"胆"写作"雪<u>吕</u>孙"，süban（人名）写作"<u>序</u>班"，beye yügen"将身体"写作"别耶<u>余</u>延"。[2]

据分析，《蒙古秘史》等文献中用以为蒙古语注音的"曲""许""余""吕""序"等汉字的韵母与"全宁张氏先德碑铭"等以蒙古文注音的"许""间""御""于"等汉字的韵母完全相同。即"全宁张氏先德碑铭"中以元音 ü 输出的汉字韵母与《蒙古秘史》中用以拼写古代蒙古语元音 ü 的汉字韵母相同，反映出古代蒙汉两种语言的相互注音习惯。

第二，以上文献是在元代或明代形成的，且明代蒙古文拼写汉语的方法沿自元代蒙古文。因此，关于元明两代以蒙古文 ü 拼写的汉字或拼写蒙古文 ü 的汉字韵母的分析均涉及元代汉语的音韵研究。在元代的汉语韵书及现代学者的研究论著中，相关汉字的音韵解释及语音构拟如表 4-6 所示。

---

[1]　额尔登泰、乌云达赍：《〈蒙古秘史〉校勘本》，内蒙古人民出版社 1980 年版，第 41、184、30、800、20、49 页。

[2]　张双福：《华夷译语》，内蒙古教育出版社 2017 年版，第 350、390、391、336、319 页。

表 4-6　元代以来汉文文献记录蒙古语元音 ü 的情况

汉字	文献来源	《中原音韵》声韵描写	元代汉语语音构拟
序	《全宁张氏先德碑铭》《华夷译语》	鱼模，去声	siu
许	《蒙古秘史》《华夷译语》	鱼模，上声	xiu
曲	《蒙古秘史》	鱼模，入声作上声	xiu
闾	《全宁张氏先德碑铭》	鱼模，平声阳	liu
吕	《华夷译语》	鱼模，上声	liu
御	《忻都王碑》《鲍培八思巴字蒙古文献语研究入门》	鱼模，去声	iu
于	《阿拉坦汗咨神宗皇帝表文》	鱼模，平声阳	iu
禹	《鲍培八思巴字蒙古文献语研究入门》《蒙古秘史》	鱼模，上声	iu
余	《蒙古秘史》《华夷译语》	鱼模，平声阳	iu

在元代汉语中，以上汉字均属"鱼"韵。赵荫棠在《中原音韵研究》中提出元代汉语韵部有四呼之别，把"鱼模"韵构拟为 y 和 u。[①] 但其他汉语音韵研究者普遍认为此观点证据不足，而将"鱼模"韵构拟为 iu、u。杨耐思提出："鱼模韵的小韵可分为两类，一类来自中古的遇摄一等韵以及三等唇音；一类来自遇摄三等韵。《古今韵会举要》、《蒙古字韵》也是分为两类：孤类，居类。八思巴字汉语作 u，iu。陆志韦认为《中原音韵》的 u 元音比较靠前，所以跟尤侯韵不混，曲韵里除入声字外，也不跟尤侯韵通押。"[②] 由此可知，元代汉语"鱼"韵为 iu，但这类 iu 类的"u 元音比较靠前"。

第三，据蒙古语言学家的研究，中世纪蒙古语圆唇元音 ö、ü 的读音分别为 o、u。此外，亦邻真、呼格吉勒图等学者认为，中世纪蒙古语圆唇元音 ö、ü 除了读作 o、u 之外，还有在突厥语族语言的影响之下形成的自

---

① 赵荫棠：《中原音韵研究》，商务印书馆 1956 年版，第 114—298 页。

② 杨耐思：《近代汉语音论》，商务印书馆 2012 年版，第 111 页。

有变体 ø、y。① 如,《蒙古秘史》将蒙古语 ülegü-"多, 剩"写作"许列兀""忽列兀勒恢", 将 üdejü "送着"写作"许迭周""忽迭周"。在《中原音韵》中, "许"字声韵为"鱼模, 上声", 构拟语音为 xiu, "忽"声韵为"鱼模, 如入声作上声", 构拟语音为 xu。《蒙古秘史》以"忽"字拼写蒙古语元音 ü 之 u, 以"许"字拼写其变体 y。②

综上所述, 元明两代蒙古文以元音字母 ö、ü 拼写元代汉语"鱼"韵。元代汉语"鱼"韵为 iu, 但其元音 u 有前化趋势, 中世纪蒙古语圆唇元音 ö、ü 音值为 o、u, 另有自有变体 ø、y。对比分析《蒙古秘史》之汉字注音就可发现, 以上碑铭中"许""闾""御"等汉字韵母为 iu, 其拼写蒙古文音节 kü、lü、ü 之元音 ü 的读音为 y。

(二)满文拼写汉语"居鱼"韵的特点

1599 年, 额尔德尼等仿效蒙古文创制老满文。虽然老满文是以蒙古文字母拼写满语的文字系统, 但其在书写规则方面有一定的改进, 与蒙古文不同之处较多。尤其在拼写汉语借词方面, 老满文与中世纪蒙古文差别较大, 其舍弃蒙古文以元音字母 ü 或 ö 拼写汉语韵母 iu 的习惯, 转而使用 ioi、io 的拼写形式。如,《满文原档》的老满文就用 ioi 或 io 形式拼写汉语韵母 iu。表 4–7 为台北"故宫博物院"整理出版的《满文原档》第一、二册中以 ioi、io 形式拼写明末清初汉语韵母的情况。

表 4-7 《满文原档》拼写汉语韵母 iu 的情况

老满文形式	记录汉语	文字来源
jin ioi ho	金玉和	1–266–4
jin io ho	金玉和	2–503–5
cing tai ioi	青苔峪	2–258–3、2–258–4
cing tai io	青苔峪	2–457–2、2–471–5、2–558–6
ioi ioki	于游击	2–334–3
sang iolin	上榆林	2–557–11
lioi sion keo	旅顺口	2–176–1
lio seion keo	旅顺口	2–361–6、2–472–2、2–558–3
lioi ioki	吕游击	2–305–3
lio yang io	闾阳驿	2–409–6
nioji	女直	1–41–5、1–41–8
nioi ji	女直	1–348–2、1–348–3
kioi seobei	徐守备	2–199–10

注： "文字来源"一栏每组数字中，第一个数字为该词在《满文原档》中所在的册序，
第二个数字为页码，第三个数字为行序。

与回鹘式蒙古文不同，老满文以 ioi、io 形式拼写明末清初汉语"居鱼"
韵。但在新满文当中，ioi、io 形式的功能发生变化。ioi 形式专门用于拼写
清代汉语"居鱼"韵，io 形式则失去拼写汉语"居鱼"韵的功能。

1. 元代汉语"鱼"韵在明清汉语中属于"居鱼"韵，但汉语音韵学界
对于汉语语音系统撮口呼中 y 形成的确切年代尚持有不同看法。王力认为，
汉语鱼虞模最晚在 16 世纪就已分化成 u 和 y。"潘耒的《类音》把'师依
疏於'认为相配的四呼，其所代表的音正是 ʅ，i，u，y。《康熙字典》前
面所附的《字母切韵要法》可能是明代的东西，里面梗摄开口呼是'得'
字等，齐齿呼是'低'字等，合口呼是'都'字等，撮口呼是'猪'字等，
其所代表的音是 ei，i，u，y，金尼阁《西儒耳目资》把鱼虞模分为 u，iu
两类：u 类所收的是模韵字、鱼虞的轻唇，知照系字和尤侯唇音字；iu 类

所收的是鱼虞两韵的喉音、精系及泥来两母的字；《西儒耳目资》的 iu 实际上就是 y。总之，u，y 的分别是早在距今三百多年前就有了的。"[1] 据此观点，《满文原档》以满文音译的汉字"玉""峪""于""榆"读作 y，"旅""吕""闾"读作 ly，"女"读作 ny，"徐"读作 xy。

李新魁认为，《中原音韵》的"[iu]，没有发展到单元音 [y] 的程度。只是元音 [u] 之前的 [i] 介音由于受圆唇元音 [u] 的影响也略带圆唇的倾向。因此更精确的标音当是 [yu]……这个 [yu] 一直保留到十七世纪初年。《西儒耳目资》中还是把它标为 iu。这个 iu 也还不是 [y]"[2]。据此观点，《满文原档》以满文音译的汉字"玉""峪""于""榆"读作 iu，"旅""吕""闾"读作 liu，"女"读作 niu，"徐"读作 xiu。

2. 额尔德尼等创制满文时，依据明末清初汉语音韵，舍弃了蒙古文拼写汉语"鱼"韵的方法，未使用与蒙古文 ö、ü 字形相同的 ū，而是创造了 ioi、io 形式，用其拼写汉语"居鱼"韵。如，《满文原档》把"女"写作 nioi、nio，把"旅"写作 lioi、lio，把"玉"写作 ioi、io。

在 ioi、io 形式中，io 亦出现于满语固有词的书写当中，用以拼写满语二合元音 iɔ、iu。如，在 niokan"矢"、niohon"淡绿"等词语中，io 读作 iɔ，而在 niohe"狼"、niolhumbi"策马"等词语中，io 读作 iu。在此，满文 io 之读音 iu 与《西儒耳目资》对明末汉语"居鱼"韵的构拟 iu 完全相同。这说明，李新魁对汉语撮口呼中 [y] 音形成年代的假设更为科学，在 17 世纪初期，汉语"居鱼"韵仍读作 iu。《满文老档》使用与其读音相同的 io 形式拼写"玉""女""旅"等汉字韵母。

老满文 ioi 读作 iɔi、iui，与明末清初汉语"居鱼"韵之读音 iu 有一定的区别。笔者认为，此形式的创制，与 io 形式的拼写功能有关。在拼写汉语借词方面，io 形式除了"居鱼"韵之外，还拼写"由求"韵。如，iolembi"刷漆"、siolembi"刺绣"、lio sing"流星"、cio siyang"秋香"等。即，音节字 io 可拼写明清汉语"居鱼""由求"二韵。因此，为区分

---

① 王力：《王力文集·第九卷·汉语史稿》，山东教育出版社 1988 年版，第 223—224 页。

② 李新魁：《〈中原音韵〉音系研究》，中州书画社 1983 年版，第 97 页。

明清汉语"居鱼""由求"二韵的满文书写形式，清代文人特创制 ioi 形式，拼写汉语"居鱼"韵。

3. 新满文对老满文 ioi、io 形式的拼写功能加以区分，并对音节字 ioi 的读音做出解释说明。1730 年刊刻的《满汉字清文启蒙》"满洲外单字"部分，对老满文拼写明清汉语"居鱼"韵的 ioi、io 形式加以区分。如，以 ioi 形式拼写汉语单韵母 y，对应的满汉词语及相关解释为：ioi——淤、nioi—— 女、lioi—— 驴、jioi—— 居、cioi—— 曲、sioi—— 虚、gioi——（揪衣切）、kioi——（丘衣切）、hioi——（羞衣切）。在 io 形式之后添加辅音字母 ng，以拼写汉语鼻韵母 yŋ，对应的满汉词语及相关解释为：niong——（女英切）、liong——（留英切）、jiong——迥、ciong——穷、siong——凶、giong——（揪英切）、kiong——（丘英切）、hiong——（羞英切）。至新满文，老满文 ioi、io 形式的功能发生如下变化：io 形式除了满语固有词二合元音 iɔ、iu 之外，还用于拼写汉语复韵母 iou 和鼻韵母的元音部分 y，而 ioi 形式则专门用于拼写汉语单韵母 y。

除满汉文对音外，《满汉字清文启蒙》"清字切韵法"部分还以音节字 lioi 为例，解释"满洲外单字"的读音。"清字切韵法"载：lioi（驴）字音声是第一字头……与 lioi（驴）字呼切同韵者是 yu（淤）字，拈作下韵，乃紧紧合念 li（哩）、yu（淤）二字，即成 lioi（驴）字音声。[①] 由此可知，18 世纪上半叶，汉语"居鱼"韵已演变为 y，汉字"驴"读作 ly。依汉字"驴"的读音，满文 lioi 亦读作 ly。

（三）蒙古文借用满文 ioi

现代蒙古文拼写汉语借词的音节字 iüi，是在清代及民国时期以满文书写蒙古语中汉语借词的过程中，受满文影响而形成的。

1. 如上所述，清代之前的蒙古文以 ü 或 yüü 形式拼写汉语"于"或"御"，未发现拼写汉语的音节字 iüi[②]。在蒙古文文献资料中，该音节字最早出现

---

① 参见舞格：《满汉字清文启蒙》，雍正八年（1730 年）宏文阁刻本。

② 满文音节字 ioi 和蒙古文音节字 iüi 的书写形式相同，在借用的过程中蒙古文以 ü 输出满文 o。

于汉文典籍"汉文 → 满文 → 蒙古文"的翻译流程中。如，顺治元年（1644
年）的《元史》蒙古文写本（北京故宫博物院图书馆藏本），依据其底本，
即顺治三年（1646 年）的《元史》满文刻本（国家图书馆藏书），将人名、
地名等专用名词均写作满文。

　　满　文：sahahūn ulgiyan inenggi, siyan dzung han, diyoo <u>ioi</u> san alin de
urihe. soorin de uyun aniya tehe. susai juwe se bihe.

　　蒙古文：qaraɣčin ɣaqai edür siyan dzung qaɣan, diyoo <u>ioi</u> san aɣulan dur
töröl yegüdgebei. saɣurin dur yisün ǰil saɣuluɣa.

　　汉文：癸亥，帝崩于钓鱼山，寿五十有二，在位九年。（《元史》卷三《宪
宗本纪》）

　　满文：monggoi ju wang <u>sioi</u> liyei u cooha gaifi, hūi hūi ha li fa gurun be
dailame necin obufi, gurun i ejen wang be jafafi niyalma takūrafi, siyan zhung
han de benjihe.

　　蒙古文：momɣɣol un ǰu wanɣ <u>sioi</u> liyei u čerig iyeren hūi hūi ha li fa ulus i
dayilaǰu töbsidgeged, ulus un eǰen wanɣ i bariǰu, kömün iiyer siyandzung qaɣan
dur kürgegülbei.

　　汉文：诸王旭烈兀讨回回哈里发，平之，禽其王，遣使来献捷。（《元
史》卷三《宪宗本纪》）

　　汉文《元史》所载"钓鱼山""旭烈兀"二词，在《元史》满译本和
蒙译本中均写作满文形式，分别为 diyoo ioi san、sioi liyei u，即蒙古文书
写形式直接沿用满文书写形式。尤其是汉文"旭烈兀"一词，它是蒙古语
ülekü 的汉文拼写形式，但《元史》蒙译本未还原其蒙古文书写形式，而
是模仿满文拼写汉语借词的方法，沿用了满文书写形式 sioi liyei u。《元史》
满文和蒙古文翻译本用 ioi、sioi 拼写汉语"鱼""旭"的现象说明，蒙古
文拼写汉语借词的音节字 iüi、siüi 等是在清代汉文典籍"汉文 → 满文 →

蒙古文"的翻译过程中借自满文的。

2. 历史上，蒙古人非常重视蒙古语中各类借词的拼写问题。1587年，蒙古高僧阿尤什·固什为翻译佛经，解决拼写梵藏语专用名词问题，创制了一套转写梵藏词语的阿礼噶礼音标。而新满文创制之后，在汉文典籍的蒙古文翻译中，则以满文拼写人名、地名等专用名词。这种习惯贯穿于整个清代和民国时期，至20世纪中叶，在蒙古族地区流传的蒙译汉文典籍中，以满文书写汉语借词的现象还比较常见。

在清代及民国时期，蒙古族文人模仿满文，创制了专门拼写蒙古语借词语音的字母和音节字，蒙古文书写汉语借词的规则也日臻完善。但是，清代至民国时期，在汉文典籍的蒙古文翻译中，以满文书写汉语借词语音的现象仍屡见不鲜。清代和民国年间以满文拼写蒙古语中汉语借词的习惯，为满文拼写汉语借词的 ioi 等音节字被借用于蒙古文提供了便利条件。

3. 清代以来的部分蒙古语文研究论著模仿或对比满文，在列蒙古文十二字头的过程中将音节字 iüi、niüi、liüi 等列入蒙古文拼写借词的音节当中。

（1）在蒙古语文研究论著中，拼写汉语词语的 iüi、niüi、liüi 等音节字最早出现于《三合便览》当中。乾隆四十五年（1780年），敬斋公、秀升富俊在其《三合便览》中列蒙古文十二字头时，完全模仿满文，在蒙古文第一字头中，仅列 a、e、i、o、ü、na、ne、ni、no、nü 等与满文相互对应的五个音节，并模仿满文排列拼写汉语借词的音节字 iüi、niüi、liüi、kiüi、giüi、hiüi、čiüi、ǰiüi、siüi 等。但原书未说明这些音节字的读音和功能，此问题在后来的《蒙文新字母》、蒙汉《对音字式》及《初学国文》等书籍中得到解释。

（2）民国初年刊刻的蒙汉《对音字式》是模仿《钦定清汉对音字式》而编的著作。此书第一字头收录音节字 iüi、niüi、liüi、kiüi、giüi、hiüi、čiüi、ǰiüi、siüi，并对其进行汉字对音解释。原书载：kiüi，渠、曲，曲字平声读；giüi，举、矩，俱平声读；hiüi，虚、旭，旭字平声读；iüi，余、雨、遇，雨、遇二字平声读；niüi，女，平声读；liüi，律、旅，俱平声读；

čiüi，取，平声读；jiüi，聚，平声读；siüi，须、叙，叙字平声读。虽然在蒙古书面语中，iüi、niüi、liüi 为以三合元音构成的音节字，但蒙汉《对音字式》将其归入第一字头。蒙古文第一字头为单元音音节，因此，三合元音 iüi 在清代蒙古语口语中读作单元音。对比分析蒙汉《对音字式》的蒙汉对音及读音解释可以确定，三合元音 iüi 在蒙古语口语中读作 y，与"余""女""律"等字的韵母完全相同。

（3）民国初期刊刻的《蒙文新字母》一书汇总的是为记录蒙古语中日益增多的汉语借词，模仿满文，从满文十二字头、满文切音字及蒙古文阿礼嘎礼字中选取字母或音节字而创制的蒙古文新字母。其第一类"添加十二字头新创字符"之第一部分，收录蒙古文 iüi、niüi、liüi、kiüi、giüi、hiüi、čiüi、jiüi、siüi 等音节字，并解释道：此类字仅用于以满蒙文翻译汉文典籍及人名、地名等名词术语的书写当中。在民国刊刻的蒙古语文研究书籍的十二字头中，除传统的十二字头外，还收录了专门拼写借词的音节字。如，1929 年刊行的《初学国文》第一部分之第一字头部分由"元音字""辅音字""阳性音节末辅音字""阴性音节末辅音字""新加字"等部分构成。其中，"新加字"是专门拼写蒙古语中借词语音的字母和音节，收录了 iüi、kiüi、čiüi 等九个音节字。[①]

在清代满文和蒙古文当中，音节字 kioi、gioi、hioi 和 kiüi、giüi、hiüi 用以拼写以团音 k、g、h 开头的汉字，cioi、jioi、sioi 和 čiüi、jiüi、siüi 则用以拼写以尖音 ts、dz、s 开头的汉字。在现代汉语中，古代汉语尖团音的区别已消失，均演变为 dz、tɕ、ɕ 音。因此，在现代蒙古文中，拼写清代汉语团音字的音节字 kiüi、giüi、hiüi 也已消失，以音节字 čiüi、jiüi、siüi 拼写现代汉语中的 dzy、tɕy、ɕy。

历史上，蒙古人曾经创制并使用过回鹘式蒙古文、八思巴文、托忒文等多种文字，并用汉文、藏文和满文等文字注音记录过蒙古语。蒙古人创制、使用过的文字不仅推动了蒙古族语言文化的发展，而且深刻地影响着

---

① 青林、乌·托娅：《蒙古语言文字研究文献荟萃（第六辑）》，内蒙古文化出版社 2016 年版，第 41 页，第 85—86 页，第 123—124 页。

现代蒙古文的完善。满文虽然是模仿蒙古文创制的，但是，在清代"国语"政策及满蒙语言接触与文化交流的影响之下，清代满文 ioi 等音节字被借用到蒙古文当中，促进了蒙古文的完善与发展。

参考文献

一、专著

［1］阿·马·波兹德涅耶夫.蒙古及蒙古人（第一卷）[M].刘汉明，张梦玲，卢龙，译.呼和浩特：内蒙古人民出版社，1989.

［2］爱新觉罗瀛生.满语杂识 [M].北京：学苑出版社，2004.

［3］白音朝克图.方言学（蒙古文）[M].呼和浩特：内蒙古人民出版社，2007.

［4］白音朝克图.科尔沁土语研究 [M].呼和浩特：内蒙古大学出版社，2002.

［5］包祥，包·吉仁尼格.巴尔虎土语 [M].呼和浩特：内蒙古大学出版社，1995.

［6］包祥.蒙古文字学 [M].呼和浩特：内蒙古教育出版社，1984.

［7］宝玉柱.清代蒙古族社会转型及语言教育 [M].北京：民族出版社，2003.

［8］鲍培.阿尔泰语言学导论 [M].周建奇，译.呼和浩特：内蒙古教育出版社，2004.

［9］鲍培.阿尔泰语比较语法 [M].周建奇，译.呼和浩特：内蒙古教育出版社，2004.

［10］孛·蒙赫达赉.巴尔虎蒙古史 [M].呼和浩特：内蒙古人民出版社，2004.

［11］岑麒祥.国外语言学论文选译 [M].北京：语文出版社，1992.

［12］岑运强.语言学基础理论 [M].北京：北京师范大学出版社，2012.

［13］朝克.满通古斯语族语言词汇比较 [M].北京：中国社会科学出版社，2014.

［14］长山.满语词源及文化研究 [M].北京：社会科学文献出版社，2014.

［15］春花.清代满蒙文词典研究 [M].沈阳：辽宁民族出版社，2008.

［16］达力扎布.明代漠南蒙古历史研究 [M].海拉尔：内蒙古文化出版社，1997.

［17］戴庆厦.社会语言学概论 [M].北京：商务印书馆，2004.

［18］戴逸.简明清史 [M].北京：中国人民大学出版社，2006.

［19］额尔登泰.额尔登泰蒙古学文集 [M].呼和浩特：内蒙古教育出版社，2015.

［20］额尔登泰，乌云达赉，阿萨拉图.《蒙古秘史》词汇选释 [M].呼和浩特：内蒙古人民出版社，1980.

［21］高·照日格图，额勒森其其格.蒙古语格研究 [M].呼和浩特：内蒙古教育出版社，2001.

［22］高·照日格图.蒙古语族语与突厥语族语词汇比较研究 [M].呼和浩特：内蒙古教育出版社，2000.

［23］葛本仪.汉语词汇研究 [M].济南：山东教育出版社，1985.

［24］耿世民.古代突厥文碑铭研究 [M].北京：中央民族大学出版社，2005.

［25］哈斯巴特尔.蒙古语和满洲语研究 [M].呼和浩特：内蒙古大学

出版社，1991.

［26］郝苏民.鲍培八思巴字蒙古文献语研究入门 [M].北京：民族出版社，2008.

［27］呼格吉勒图.蒙古语族语言基本元音比较研究 [M].呼和浩特：内蒙古教育出版社，2004.

［28］季永海.从辉煌走向濒危：季永海满学论文自选集 [M].沈阳：辽宁民族出版社，2012.

［29］季永海.满语语法（修订版）[M].北京：中央民族大学出版社，2011.

［30］季永海，刘景宪，屈六生.满语语法 [M].北京：民族出版社，1986.

［31］卡拉.蒙古人的文字与书籍 [M].范丽君，译.呼和浩特：内蒙古人民出版社，2004.

［32］科特维奇.阿尔泰诸语言研究 [M].哈斯，译.呼和浩特：内蒙古教育出版社，2004.

［33］拉施特.史集（第三卷）[M].余大钧，译.北京：商务印书馆，1986.

［34］兰司铁.阿尔泰语言学导论 [M].周建奇，译.呼和浩特：内蒙古教育出版社，2004.

［35］兰司铁.阿尔泰语言学导论（形态学）[M].陈伟，沈成明，译.北京：中国社会科学出版社，1981.

［36］力提甫·托乎提.阿尔泰语言学导论 [M].太原：山西教育出版社，2004.

［37］刘小萌.清代北京旗人社会 [M].北京：中国社会科学出版社，2008.

［38］孟达来.北方民族的历史接触与阿尔泰诸语言共同性的形成 [M].北京：中国社会科学出版社，2001.

［39］诺尔金.标准音——察哈尔土语 [M].呼和浩特：内蒙古人民出

版社，2000.

［40］诺日金.蒙古语构词后缀汇总 [M].呼和浩特：内蒙古教育出版社，2001.

［41］清格尔泰.清格尔泰文集 [M].赤峰：内蒙古科学技术出版社，2010.

［42］清格尔泰.现代蒙古语语法（修订版）[M].呼和浩特：内蒙古人民出版社，1999.

［43］清格尔泰.语言文字论集 [M].呼和浩特：内蒙古大学出版社，1997.

［44］清格尔泰.蒙古语语法 [M].呼和浩特：内蒙古人民出版社，1991.

［45］沈卫荣.西域历史语言研究集刊(第八辑)[M].北京: 科学出版社，2015.

［46］史禄国.北方通古斯的社会组织 [M].吴有刚，赵复兴，孟克，译.呼和浩特：内蒙古人民出版社，1985.

［47］双福.古蒙古语研究 [M].呼和浩特：内蒙古教育出版社，1996.

［48］斯琴.现代蒙古书面语构词附加成分研究 [M].呼和浩特：内蒙古教育出版社，2004.

［49］孙伯君.金代女真语 [M].沈阳：辽宁民族出版社，2004.

［50］孙宏开.中国少数民族语言简志丛书（第 6 卷）[M].修订本 .北京：民族出版社，2008.

［51］滕绍箴.明代女真与满洲文史论集 [M].沈阳：辽宁民族出版社，2012.

［52］滕绍箴.满族发展史初编 [M].天津：天津古籍出版社，1990.

［53］土默特·嘎拉桑.蒙文诠释 [M].呼和浩特：内蒙古人民出版社，2014.

［54］图力古尔，嘎拉桑 .现代蒙古语 [M].沈阳：辽宁民族出版社，2006.

［55］图力古尔 . 蒙古文字史概要 [M]. 海拉尔：内蒙古文化出版社，1998.

［56］图力古尔 .《忻都王碑》蒙古语文研究 [M]. 海拉尔：内蒙古文化出版社，1992.

［57］脱脱 . 金史 [M]. 北京：中华书局，1975.

［58］王国维 . 古行记四种校录 [M]// 王国维遗书 . 上海：上海古籍书店，1983.

［59］王力 . 汉语史稿 [M]. 北京：中华书局，2004.

［60］王力 . 汉语语音史 [M]. 北京：中国社会科学出版社，1985.

［61］王庆丰 . 满语研究 [M]. 北京：民族出版社，2005.

［62］王远新 . 突厥历史语言学研究 [M]. 北京：中央民族大学出版社，1995.

［63］乌·满达夫 . 蒙古语言研究 [M]. 呼和浩特：内蒙古教育出版社，1990.

［64］乌云高娃 . 明四夷馆鞑靼馆及《华夷译语》鞑靼"来文"研究 [M]. 北京：中国社会科学出版社，2014.

［65］徐通锵 . 历史语言学 [M]. 北京：商务印书馆，1991.

［66］薛才德 . 语言接触与语言比较 [M]. 上海：学林出版社，2007.

［67］阎崇年 . 满学研究（第三辑）[M]. 北京：民族出版社，1996.

［68］杨耐思 . 中原音韵音系 [M]. 北京：中国社会科学出版社，1981.

［69］杨锡彭 . 汉语外来词研究 [M]. 上海：上海人民出版社，2007.

［70］亦邻真 . 亦邻真蒙古学文集 [M]. 呼和浩特：内蒙古人民出版社，2001.

［71］赵荫棠 . 中原音韵研究 [M]. 上海：商务印书馆，1936.

［72］赵志强 .《旧清语》研究 [M]. 北京：北京燕山出版社，2002.

［73］张泰镐 . 锡伯语语法研究 [M]. 昆明：云南民族出版社，2008.

［74］张双福 . 华夷译语 [M]. 呼和浩特：内蒙古教育出版社，2017.

［75］张永言 . 词汇学简论 [M]. 武汉：华中工学院出版社，1982.

二、期刊论文

［1］巴根 . 清代满蒙翻译考略 [J]. 满语研究，2004（1）：41–47.

［2］波·索德 . 蒙古语科尔沁土语中的满语借词考 [J]. 满语研究，2005（2）：41–45.

［3］长山，季永海 . 满语元音交替构词法 [J]. 民族语文，2017（4）：69–76.

［4］长山 . 清代满文对蒙古文的影响 [J]. 阿尔泰学报（韩国），2017（27）：203–228.

［5］长山 . 族称 manju 词源探析 [J]. 满语研究，2009（1）：13–16.

［6］长山 . 蒙古文 el 的来源 [J]. 民族语文，2011（1）：68–70.

［7］达力扎布 . 清代察哈尔扎萨克旗考 [J]. 历史研究，2005（5）：47–59，190–191.

［8］关笑晶 . 清代满蒙辞书"序"研究 [J]. 满语研究，2011（1）：14–25.

［9］郭美兰 . 乾隆朝绥远城设立八旗官学满文档案 [J]. 历史档案，2012（2）：46–51.

［10］哈斯巴根 . 回鹘式蒙古文文献中的汉语借词研究 [J]. 中央民族大学学报（哲学社会科学版），2012，39（3）：67–70.

［11］哈斯巴根 . 清早期扎尔固齐官号探究——从满蒙关系谈起 [J]. 满语研究，2011（1）：67–73.

［12］哈斯巴特尔 . 女真语与满语的关系 [J]. 满语研究，2008（2）：23–29.

［13］季永海 . 论清代"国语骑射"教育 [J]. 满语研究，2011（1）：74–81.

［14］金炳喆 . 蒙古、突厥、满–通古斯三个语族共有词的探讨——《五体清文鉴》研究 [J]. 民族语文，1990（4）：34–41.

［15］金启孮 . 中国式摔跤源出契丹、蒙古考 [J]. 内蒙古大学学报（哲

学社会科学版），1979（Z2）：221–245.

［16］栗林均，长山.近代蒙古文辞书的形成历程——"清文鉴"至《蒙汉字典》[J].满语研究，2019（1）：72–86.

［17］涅斯捷罗夫，王德厚.阿穆尔河沿岸地区的北室韦 [J].北方文物，1998（1）：100–111.

［18］齐木德道尔吉.女真语音初探 [J].内蒙古大学学报（哲学社会科学版），1983（Z）：1–239.

［19］齐木德道尔吉.从原蒙古语到契丹语 [J].中央民族大学学报，2002（3）：132–138.

［20］清格尔泰，刘凤翥，陈乃雄，等.关于契丹小字研究 [J].内蒙古大学学报（哲学社会科学版），1977（4）：1–97.

［21］斯琴巴特尔.蒙古语中满语借词 ombolo 及其相关问题探析 [J].满语研究，2009（2）：25–28.

［22］斯勤巴特尔.蒙古语察哈尔土语中的满语借词 [J].满语研究，1995（1）：96–98.

［23］斯钦朝克图.阿尔泰诸语人体部位名称比较 [J].民族语文，2004（2）：13–22.

［24］孙伯君."札兀惕忽里"考释 [J].中央民族大学学报，2006（1）：90–96.

［25］文化，长山.《蒙古秘史》语"赤出阿"探源 [J].满语研究，2013（2）：56–58.

［26］杨晓，曲铁华.清代的八旗官学 [J].民族教育研究，1989（1）：79–83.

［27］亦邻真.中国北方民族与蒙古族族源 [J].内蒙古大学学报（哲学社会科学版），1979（Z2）：1–23.

［28］亦邻真.畏吾体蒙古文和古蒙古语语音 [J].内蒙古大学学报（哲学社会科学版），1976（2）：69–75.

［29］张永江.清代八旗蒙古官学 [J].民族研究，1990（6）：96–102.

［30］张永江.论清代八旗蒙古子弟的普通学校教育 [J].烟台师范学院学报（哲学社会科学版），1995（3）：24-31.

［31］赵志强.老满文研究 [J].满语研究，2003（2）：31-38.

三、学位论文

［1］达古拉.《清内秘书院蒙古文档案汇编》语言研究 [D].呼和浩特：内蒙古大学，2012.

［2］高娃.《蒙古秘史》和满语共有词比较研究 [D].北京：中央民族大学，1996.

［3］李艳.现代汉语意译词语形义关系及相关问题研究 [D].北京：北京语言大学，2009.

［4］斯琴高娃.17 世纪前半叶满蒙关系文书语言研究 [D].呼和浩特：内蒙古大学，2007.

［5］乌兰巴根.《元史》满蒙翻译研究 [D].北京：中央民族大学，2009.

四、辞书

［1］安双成.满汉大辞典 [M].沈阳：辽宁民族出版社，1993.

［2］安双成.汉满大辞典 [M].沈阳：辽宁民族出版社，2007.

［3］故宫博物院.御制满蒙文鉴（第一册）[M].影印本.海口：海南出版社，2000.

［4］胡增益.新满汉大词典 [M].乌鲁木齐：新疆人民出版社，1994.

［5］金启孮.女真文辞典 [M].北京：文物出版社，1984.

［6］内蒙古大学蒙古学研究院蒙古语文研究所.蒙汉词典（增订本）[M].呼和浩特：内蒙古大学出版社，1999.

［7］蒙文分类辞典 [M].北京：民族出版社，1978.

［8］内蒙古蒙古语言文学历史研究所.二十一卷本辞典 [M].呼和浩

特：内蒙古人民出版社，1977.

［9］商鸿逵，刘景宪，季永海，等.清史满语辞典[M].上海：上海古籍出版社，1990.

［10］孙竹.蒙古语族语言词典[M].西宁：青海人民出版社，1990.

［11］沈启亮.大清全书[M].影印本.沈阳：辽宁民族出版社，2008.

［12］乌·满都夫.蒙古译语词典[M].北京：民族出版社，1995.

［13］五体清文鉴[M].北京：民族出版社，1957.

［14］新疆维吾尔自治区古籍整理办公室.旧清语辞典（满文）[M].乌鲁木齐：新疆人民出版社，1987.

五、资料汇编

［1］阿尔达扎布.新译集注《蒙古秘史》[M].呼和浩特：内蒙古大学出版社，2005.

［2］巴雅尔.蒙古秘史[M].呼和浩特：内蒙古人民出版社，1980.

［3］保朝鲁，等.东部裕固语词汇[M].呼和浩特：内蒙古人民出版社，1985.

［4］布和，等.东乡语词汇[M].呼和浩特：内蒙古人民出版社，1983.

［5］陈乃雄，等.保安语词汇[M].呼和浩特：内蒙古人民出版社，1986.

［6］道布.回鹘式蒙古文文献汇编[M].北京：民族出版社，1983.

［7］额尔登泰，乌云达赉.《蒙古秘史》校勘本[M].呼和浩特：内蒙古人民出版社，1980.

［8］恩和巴图，等.达斡尔语词汇[M].呼和浩特：内蒙古人民出版社，1984.

［9］哈斯巴特尔，等.土族语词汇[M].呼和浩特：内蒙古人民出版社，1986.

［10］吉林省地方志编纂委员会.吉林省志 [M].长春：吉林人民出版社，1992.

［11］拉施特.史集（第一卷 第二分册）[M].余大钧，周建奇，译.北京：商务印书馆，1983.

［12］李保文.十七世纪蒙古文文书档案（1600—1650）[M].通辽：内蒙古少年儿童出版社，1997.

［13］李洵，赵德贵，周毓方，等.钦定八旗通志（第三册）[M].长春：吉林文史出版社，2002.

［14］潘喆，孙方明，李鸿彬.清入关前史料选辑（一）[M].北京：中国人民大学出版社，1984.

［15］齐木德道尔吉，吴元丰，萨·那日松，等.清内秘书院蒙古文档案汇编 [M].呼和浩特：内蒙古人民出版社，2003.

［16］青林，乌·托娅.蒙古语言文字研究文献荟萃（全六册）[M].海拉尔：内蒙古文化出版社，2016.

［17］萨英额.吉林外记 [M].北京：中华书局，1985.

［18］舍·嘎丹巴.蒙古秘史 [M].乌兰巴托：蒙古国国家出版社，1990.

［19］宋濂，等.元史 [M].北京：中华书局，1976.

［20］泰亦·满昌.新译注释《蒙古秘史》[M].呼和浩特：内蒙古人民出版社，1985.

［21］武达.巴尔虎土语词汇 [M].呼和浩特：内蒙古人民出版社，1985.

［22］邢亦尘.清季蒙古实录 [M].呼和浩特：内蒙古社会科学院蒙古史研究所，1981.

［23］张伯英.黑龙江志稿 [M].哈尔滨：黑龙江人民出版社，1992.

［24］中国第一历史档案馆，中国社会科学院历史研究所.满文老档 [M].北京：中华书局，1990.

［25］中国第一历史档案馆.内阁藏本满文老档 [M].沈阳：辽宁民族出版社，2009.

［26］《中国蒙古文古籍总目》编委会.中国蒙古文古籍总目 [M].北京：北京图书馆出版社，1999.

［27］中国社会科学院中国边疆史地研究中心.清代新疆稀见史料汇辑 [M].北京：全国图书馆文献缩微复制中心，1990.

后 记

　　本书为国家社科基金"冷门'绝学'和国别史等研究专项"研究项目"《满文原档》语言文字研究"（项目编号 19VJX085）的阶段性成果。书稿付梓之际，谨向我的博士生导师，著名满学家季永海先生致以诚挚的感谢。先生严格但不严厉，宽容而不纵容，尊重学生的学术选择，鼓励学生独立思考，使我在求学生涯中收获颇丰。本书研究主题"清代满语文对蒙古语言文字的影响研究"受益于先生"应该重视清代满语文对东北少数民族的影响研究"的学术思想。先生在满学研究领域的敏感与慧眼独具使我受益终生。

　　感谢黑龙江大学出版社戚增媚老师和高楠楠老师，两位为本书的出版付出了辛勤的劳动。

　　由于本人学识有限，书中舛误之处一定不少，恳请诸位师友不吝赐教。

长 山

2021 年 11 月于黑龙江大学